股权配置规则结构性冲突研究

THE STUDY ON STRUCTURAL CONFLICTS OF
SHAREHOLDERS' RIGHTS ALLOCATION RULES

孙箫 ○ 著

中国社会科学出版社

图书在版编目(CIP)数据

股权配置规则结构性冲突研究/孙箫著. —北京:中国社会科学出版社, 2016.12
ISBN 978-7-5161-9042-5

Ⅰ.①股… Ⅱ.①孙… Ⅲ.①股权管理—研究—中国 Ⅳ.①F279.21

中国版本图书馆 CIP 数据核字(2016)第 237609 号

出 版 人	赵剑英
责任编辑	宋燕鹏
责任校对	朱妍洁
责任印制	李寡寡

出　　版	中国社会科学出版社
社　　址	北京鼓楼西大街甲 158 号
邮　　编	100720
网　　址	http://www.csspw.cn
发 行 部	010-84083685
门 市 部	010-84029450
经　　销	新华书店及其他书店
印刷装订	北京明恒达印务有限公司
版　　次	2016 年 12 月第 1 版
印　　次	2016 年 12 月第 1 次印刷
开　　本	710×1000　1/16
印　　张	14.75
插　　页	2
字　　数	251 千字
定　　价	65.00 元

凡购买中国社会科学出版社图书,如有质量问题请与本社营销中心联系调换
电话:010-84083683
版权所有　侵权必究

序　言

在我国公司法制的变迁过程中，早先制度设计中遗存的国家干预结构已经给后引入的法律规则造成了持续、诱致性的影响。倘若在植入先进立法规则时未能从体系层面进行彻底检讨，只是一味的在具体规则层面撇清过去而并未选择正确的理论指引的话，那么植入规则在实施过程中仍旧会服从于传统结构，引发制度变迁上的路径依赖问题。现行《公司法》拓展了公司章程的自治领域，反映出立法者意图摆脱国家干预对公司肌体产生消极影响的努力。股东可以在公司章程中对表决权、股权转让权、股权继承权、累积投票权以及利润分配请求权的内容另作安排。但除去前述五种权利外，其他股东权利尚不能任意的配置和安排。由于在修法时缺少经济学意义上的产权和交易成本分析，较为盲目的依从经验判断和新思维的驱使，使得上述规则在运行效果上不但没能体现出公司自治的优势，反而引发了司法适用端的混乱和困扰。

孙箫博士的论著即是对公司章程修正案配置股东权利中规制方式选择和救济措施构建上升到经济学与法学理论化交叉分析的有益尝试，同时作者还在论著最后探讨了破解公司法规则层面路径依赖问题的可能路径。

该专著提出了这样的重要观点：

公司自治理念被引入《公司法》时，对股东权利的安排与分配问题产生了不均衡的影响。一方面，在选择规制方式时，原立法中的国家干预成分虽然呈现出消褪的迹象，但可配置的股东权利范围的划分存在问题，且立法中自治规范与强制规范错综交叉，彰显了理论研究和储备不足的缺陷。另一方面，救济领域中的国家干预成分并未出现根本上的松动，仍旧维持着单一、僵化的法定救济措施。简而言之，公司法在处理股权利的配置权时并未理顺法律强制与公司自治的关系，支撑公司自治运行的配套机制尚未健全，新规则受到了旧制度的干扰，落入了路径依赖的陷阱。

在规制方式（初步界定产权）的选择上，立法应当合理安排强制规范和自治规范。强制规范需考虑受制于立法者事前识别能力，自治规范应评估股东之间交易成本水平（协商是否充分）的约束。资本多数决在比较条件下仍旧是克服高交易成本的最具效率的最优的规制方式。为此，立法应最大化其适用范围，允许将股东的表决权、剩余收益分配请求权、剩余财产分配请求权，以及股权转让权、优先购买权、优先认缴权、股权回购权等主要财产权利设置为章定股东权利；仅应将股东知情权、召集权、出席权、主持权以及提案权等保障性权利设置为法定股东权利。

在救济措施（最终界定产权）的重构上，立法应当为受到不当权利配置侵害的少数股东提供多元、灵活的救济渠道。由于规制方式的不完全性，其无法根除多数股东滥用资本多数决对少数股东权利任意配置的不当影响。因此，立法必须给予少数股东在交易成本不稳定的状况下多元、充分的救济，才能达到公司整体实现"卡尔多—希克斯效率"的经济目标。现行立法救济措施单一，不能为不同交易成本状况下的少数股东提供有效救济措施，因此需要对股权回购、损害赔偿、司法解散，以及股东信义义务等救济路径予以完善，并与股东会决议无效制度一同构成保护少数股东权益的法律救济体系。

我国公司法制的变革与国家力量的介入相关联，这既推动了公司法本身的迅速进化，同时也造成了某些制度出现"发育不良"的病症。破解我国公司法中的结构型路径依赖，使得国家干预的限度和领域得到合理定位，必须在以下方面做出努力。首先，立法机关应当将事前规制方式和事后救济措施予以区隔，防止救济领域中的法律强制向规制领域渗透。其次，对于事前规制，立法机关应当注重考察社会需求与现行法律之间的关系和张力，及时创制满足股东自治需求的法律规则。最后，对于事后救济，立法机关应当尽快完善符合公司组织自治特点的多元救济措施；法院应当注重挖掘股东信义义务的救济功能，填补救济机制缺位的影响。总之，在以强制性变迁为主导的公司法制进程中，法律规则中的国家干预因素呈现出不均匀的分布状态。而在诱致性变迁的作用下，司法裁判标准的生长也未必能够弥合自治与强制融合不足所导致的立法缝隙。因此，只有适时的导入诱致的因素与强制的因子，方能实现符合我国国情的法律制度创新。

在本书问世之际,我作为孙箫博士论文指导老师,很高兴为之作序,并将它推荐给各位读者,希望该论著的观点能够对相关研究的深入有所裨益,以有助于我国公司法在经济学和法学交叉研究的道路上走得更为深远。

吴建斌

目 录

导 论 ·· (1)
  一　选题的缘起 ·· (1)
  二　研究的意义 ·· (6)
  三　理论的回顾 ·· (10)
  四　思路与方法 ·· (19)

第一章　股权配置规则的结构性冲突 ································ (22)
  第一节　立法规则的适用及紊乱 ·· (23)
    一　法院的选择性救济 ·· (23)
    二　法律规则的紊乱 ·· (27)
  第二节　司法准则的适用及缺陷 ·· (30)
    一　股东固有权利准则 ·· (31)
    二　股东一致同意准则 ·· (35)
    三　股东信义义务准则 ·· (39)
    四　司法准则的缺陷 ·· (43)
  第三节　自治与强制的结构性冲突 ···································· (46)
    一　法律规则中的结构性冲突 ······································ (47)
    二　司法准则中的结构性冲突 ······································ (49)

第二章　结构性冲突的成因溯源 ·· (53)
  第一节　国企产权配置中的政府强制 ································ (53)
    一　国企产权配置的模式 ·· (53)
    二　政府对国企控制权的配置 ······································ (54)

三　政府对国企分配权的配置 …………………………… (59)
　第二节　政府强制对法律强制的影响 ………………………… (65)
　　一　政府强制的传承和影响 …………………………… (65)
　　二　法律强制在规制领域的变型 ……………………… (67)
　　三　法律强制在救济领域的形成 ……………………… (69)
　第三节　法律强制对公司自治的扭曲 ………………………… (74)
　　一　法律强制的继受和影响 …………………………… (74)
　　二　公司自治在规制领域的初创 ……………………… (75)
　　三　公司自治在救济领域的缺位 ……………………… (79)

第三章　结构性冲突的构造与理论剖析 ……………………… (82)
　第一节　国家干预因素的立法传承 …………………………… (82)
　　一　政府强制中的国家干预 …………………………… (83)
　　二　法律强制中的国家干预 …………………………… (87)
　　三　并存模式中的国家干预 …………………………… (91)
　第二节　路径依赖导致规则的紊乱 …………………………… (95)
　　一　法制转型中的国家干预嵌入 ……………………… (95)
　　二　干预嵌入引发路径依赖效应 ……………………… (97)
　　三　路径依赖阻滞法律的进化 ………………………… (101)

第四章　规制方式的立法调整 ………………………………… (103)
　第一节　破解外部性的理论与策略 …………………………… (103)
　　一　股东权利章程配置的外部性 ……………………… (104)
　　二　破解外部性的传统理论 …………………………… (106)
　　三　破解外部性的规制策略 …………………………… (111)
　第二节　章定权利与法定权利的划分 ………………………… (116)
　　一　对规范选择理论的梳理 …………………………… (116)
　　二　利益冲突的规制目标 ……………………………… (122)
　　三　自治与强制的边界划分 …………………………… (126)
　第三节　多数同意与一致同意的选择 ………………………… (133)
　　一　决议方式与公司合同理论 ………………………… (134)
　　二　公司合同理论的误用和澄清 ……………………… (137)

三　公司自治决议方式的选择 …………………………（144）

第五章　救济措施的立法重塑 …………………………………（149）
　第一节　法定救济措施的体系 …………………………………（149）
　　一　现行救济体系的设计缺陷 …………………………（150）
　　二　重构救济措施的法律理念 …………………………（152）
　　三　重构救济措施的体系安排 …………………………（156）
　第二节　股东的异议回购救济 …………………………………（160）
　　一　法定回购事由限定严格 ……………………………（160）
　　二　英美法域中的回购事由 ……………………………（163）
　　三　回购救济的立法拓展 ………………………………（166）
　第三节　股东的损害赔偿救济 …………………………………（170）
　　一　股东损害赔偿救济的地位 …………………………（171）
　　二　股东损害赔偿救济的构成 …………………………（173）
　　三　股东损害赔偿的范围限定 …………………………（178）
　第四节　股东的解散公司救济 …………………………………（181）
　　一　法定解散事由限定严格 ……………………………（181）
　　二　英美法域中的解散事由 ……………………………（184）
　　三　解散救济的拓展与适用 ……………………………（187）
　第五节　股东的信义义务救济 …………………………………（191）
　　一　股东信义义务的移植和变异 ………………………（191）
　　二　股东信义义务的构成和效果 ………………………（195）
　　三　股东信义义务成文化和适用 ………………………（198）

结语　公司法转型的中国路径 …………………………………（202）

参考文献 …………………………………………………………（206）

后记 ………………………………………………………………（224）

导 论

一 选题的缘起

中国于2005年对《中华人民共和国公司法》（以下简称2005年《公司法》）进行了较大篇幅的修订，修法的一个着力点就是广为拓展了公司章程的自治领域。根据《公司法》的相关规定，股东可以在公司章程中对其表决权、股权转让权、股权继承权、累积投票权及利润分配请求权的原有法律规定另作安排。① 也就是说，股东完全可以重新构造出不同于法律所倡导的股东权利模板。但是，根据反对解释的法理，不难推导出除去法律所明示的五种股东权利之外，其他类型的股东权利尚不能由公司章程另行安排。可见，公司章程（包括初始章程和章程修正案）只是股东权利的配置方式之一，且是一种自治方式；另一种则是立法者在法律文本中对股东权利直接予以的强制性安排，是一种典型的强制方式。本书研究的主题就是探讨以公司章程修正案之方式自治配置股东权利的规制边域应当如何界分，以及配置冲突所引发的事后救济应当如何构建。

（一）基本概念的厘定

在探讨本书主题之前，需要对下述两组基本概念作出澄清与区分。

1. 初始章程与章程修正案

公司章程有初始章程与章程修正案之分。初始章程，是指在公司设立

---

① 参见《公司法》第43条规定，股东会会议由股东按照出资比例行使表决权，但是公司章程另有规定的除外。第72条公司章程对股权转让另有规定的，从其规定。第76条规定，自然人股东死亡后，其合法继承人可以继承股东资格，但是公司章程另有规定的除外。第106条规定，股东大会选举董事、监事，可以依照公司章程的规定或者股东大会的决议，实行累积投票制。第142条规定，公司章程可以对公司董事、监事、高级管理人员转让其所持有的本公司股份作出其他限制性规定。第167条规定，股份有限公司章程规定不按持股比例分配的除外。

时由公司的发起人股东共同协商所形成的公司初始性文件。章程修正案，是指为满足公司运营中的适应性需要对初始章程作出后续性修改的文件。此处需要指明的是，初始章程与章程修正案虽然都是公司自治的纲领性文件，但其所处的表意阶段并不相同。初始章程的制定和通过必须经由股东一致同意或者默示承认；章程修正案的制定和通过则未必需要全体股东的参与，只需满足全体或出席股东所持表决权的三分之二多数即可。[1] 目前学界与实务界在理解可以另行安排股东权利的"公司章程"的范围所指上存有较大的分歧。多数学者认为"公司章程"仅指初始章程，章程修正案不得另行安排股东权利；少数持不同见解的学者认为，章程修正案亦可配置股东权利。本书所探讨的内容限定为章程修正案对股东权利的配置。

2. 法定权利与章定权利

以权利产生的法律渊源为准，股东权利有法定权利和章定权利之分。前者指由法律（含公司法、证券法等）规定和赋予的权利，而后者指可由公司章程赋予和修改的权利。[2] 根据中国《公司法》的规定，股东所享有的表决权、股权转让权、股权继承权、累积投票权及利润分配请求权可由公司章程另行规定，属于章定股东权利。而除此之外的其他股东权利由法律直接规定和授予，属于法定股东权利。法定股东权利由法律强制规定，不得经由公司章程自治的方式予以更改，与此相衔接的救济机制是对配置法定股东权利的公司章程修正案的效力评判规则。章定股东权利可以经由公司章程自治的方式予以重新安排，对不当配置章定股东权利也应配备相应的救济措施。目前，中国《公司法》只对法定股东权利的救济措施作出明确规定，不当配置章定股东权利的救济措施尚付阙如。本书所探讨的救济措施的法律构建仅限于章定股东权利。

（二）本书选题的背景

本书的选题有着深刻的法制转轨背景和司法实践背景，既是对公司法制转轨过程中所引发的制度扭曲问题进行的细致解剖，又是对中国法院审判实践中相关案件判决之妥适性的反思。

---

[1] 中国《公司法》第44条规定，有限公司"股东会会议作出修改公司章程……的决议，必须经代表三分之二以上表决权的股东通过"；第104条规定，股份公司"股东大会作出修改公司章程……的决议，必须经出席会议的股东所持表决权的三分之二以上通过"。

[2] 刘俊海：《股份有限公司股东权的保护》，法律出版社2005年版，第57页。

1. 法制转轨背景：公司自治理念法制化的扭曲

利益冲突及其解决是法学研究中的重要课题。公司被经济学家形象地形容为由股东、管理者、债权人、劳工、政府、社区等多方主体参与和缔结的契约，其间的利益冲突现象尤为复杂和多元。① 中国于1993年所颁布的《公司法》受制于服务国有企业产权改革的需要和彼时立法经验不足、理论积累薄弱等条件，将调整包括股东之间关系在内的各种利益冲突诉诸严格的法定强制模式，即通过强制规范来型构和规范各类利益冲突关系。此后，伴随着国有企业改制进程的推进、乡镇集体企业的量化改造以及民营商业公司的蓬勃兴起，公司制度俨然成为各种类型投资者设立企业的首要选择。由于公司的所有制背景逐渐淡化以及商业组织的自治要求提升等客观趋势，原《公司法》中强制规范古板僵化、法律实效差、法律规避问题严重的弊端日益暴露，理论与实务界呼吁国家立法机关放松对股东之间利益关系严厉管制的法律强制模式的声音日趋高涨。

中国立法机关于2005年修订《公司法》时顺应了这一潮流，删减了诸多不合时宜的强制规范，增加了自治规范的比重、放宽了公司自治的领域。可以说，2005年《公司法》用以调整股东之间利益冲突的法律规则更多采用的是公司自治的方式。但随之显现的新问题是，立法者并没有理顺立法理念转换所引起的新旧两种规制模式之间的配置关系，强制规范与自治规范的规制领域并未得到明确、妥当的界分，且一致合意和多数决两类不同的自治规范并未得到明确的区分。一方面的问题在于，当自治规范被大量创制的同时，立法却并未配套相应的救济机制。另一方面由于公司中的自治规范是属于组织自治范畴，不同于合同关系中的双方自治，因此其救济机制不能简单地套用和类推合同法中的相关规则，而需要立法者构建出符合组织自治需要的救济体系。

2. 司法实践背景：配置股东权利案件成为疑难

随着2005年《公司法》对公司章程自治领域的放宽，投资者规则意识的增强，实践中设置"傻瓜章程"的现象日渐减少。② 投资者越来越多地考虑为公司量身定做符合其自身组织特点的公司章程。在量体裁衣、修

---

① Michael C. Jensen and William H. Meckling, "Theory of the Firm: Managerial Behavior, Agency Costs and Ownership Structure", *Journal of Financial Economics*, 3 (1976), pp. 305 – 360.

② 刘俊海：《新公司法的制度创新：立法争点与解释难点》，法律出版社2006年版，第173页。

订公司章程的过程中，股东之间潜藏的利益冲突随之显露和爆发，由公司章程修正案限制、修改、消除股东权利所引发的案件日渐成为商业实践中的寻常现象。

【案例】 章程修正案配置表决权、优先认购权、出席权[①]

上海康达化工有限责任公司注册资本541万元，由49个自然人投资设立。2006年7月，公司召开股东会，以超过表决权2/3的多数通过了《关于修改公司章程的决议》之后，原告童丽芳等13个股东向法院提起诉讼，要求判决该项决议无效。其中争议的公司章程内容包括以下几项：①自然人股东死亡后，合法继承人继承部分股东权利和所有义务，继承人可以出席股东会议，但必须同意由股东会作出的各项有效决议；②股东按照出资比例分取红利，公司新增资本时，按照股东会决议可以优先认缴出资；③股东会决议作出有关公司增加资本或者减少注册资本，分立、合并、解散或者变更公司形式及修改章程的决议必须经出席会议的股东所持表决权的2/3以上通过。童丽芳等13人认为修改后的公司章程中的上述内容违法，请求法院确认修改公司章程的决议无效。

在上述案例中，上海康达化工有限责任公司的章程修正案修改了多项股东权利：股东合法继承人的表决权的行使受到限制，实际上是对其表决权的剥夺；股东的优先认缴出资权受到股东会决议的控制；股东不行使出席权的默示效力被章程修正案所排除。[②] 在救济措施的选择上，童丽芳等人诉请法院确认公司章程修正案因违法而无效。

此类案例表现为多数股东与少数股东之间的利益冲突，多数股东存在利用重新安排股东权利的时机压迫少数股东直接损害其利益，或迫使其地位边缘化。法院所面临的适用难题包括两个方面。一方面，从公司章程修正案的权利配置范围看，由于《公司法》并未明确章程修正案能否另行

[①] 一审：上海市浦东新区人民法院（2006）浦民二（商）初字第2800号；二审：上海市第一中级人民法院（2007）沪一中民三（商）终字第172号。

[②] 股东出席权的默示效力，是指有限责任公司股东未出席股东会将被法律推定为未投赞成票；股份有限公司股东未出席股东大会，在满足股份表决的最低基数时对最终决议效力不产生影响，在未满足股份表决基数的最低要求时产生否定股东会决议效力的法律效果。

安排股东权利，所以法院对能否准予安排的裁判缺少法律依据的支撑。在法律适用中，考虑到多数股东与少数股东的利益衡量因素，法院并非一律判决章程修正案限制、修改、消除股东权利的决议无效，判决有效的案件也时有出现，司法裁判标准极不统一。①另一方面，从救济途径的适用上看，倘若确实存在多数股东压迫少数股东的事实，那么少数股东也只能诉请判决确认修改公司章程的决议无效，其依据的是《公司法》第22条关于股东（大）会决议无效的规定，除此之外原告无法寻觅其他的法律依据寻求救济。显然这样缺少协商因素，蕴含非是即否之判断观念的救济措施并不适合于公司本身具有的组织自治的特性。

（三）本书问题的提出

公司章程修正案对股东权利的后续修改始终伴随着多数股东机会主义的幽灵，不当的重新安排将引发股东自治基础的崩坏，导致公司组织生命力的耗散。多数股东压迫、排挤少数股东利益的法律问题早已成为各国公司治理相关研究的重要内容，因而被学者视为公司治理中的"三大代理问题"之一。②毫无疑问，倘若法律允许公司章程修正案任意限制、修改、消除各种类型的股东权利，那么在缺少相应救济制度安排的情况下，少数股东的权益将难以维系和获得保障；倘若法律完全禁止公司章程修正案另行安排股东权利，则会抑制股东自治的热情，扼杀公司的组织活力和制度优势。因此，如何划定法律强制与公司自治的规制边域，界分章程修正案配置股东权利的类型和范围；如何重建相应的救济措施，完善符合组织适应性的法定救济规则，以期实现法律的矫正正义正是本书所研究课题

---

① 参见（2007）常州市天宁区人民法院天民二初字第36号，公司及最大股东俞某诉请离职股东张某按照章程规定转让股权纠纷案。（2007）莱州民二初字第431号，转引自丁俊峰、闫志旻《股东请求法院审查公司章程的效力》，《人民司法·案例》2010年第6期。另见吴建斌《合议原则何以取代多数决——公司合同理论本土化迷思解析》，《法学》2011年第2期；吴建斌《关于公司冲突权利配置效率观的反思与重构》，《南京大学学报》（哲学·人文科学·社会科学版）2011年第2期。对于实践中裁判标准的类型和判决不统一问题的探讨详见第二章第二节中"中国章程配置规则的演化"的具体论述。

② 公司的"三大代理问题"是指经营者与股东之间的冲突、股东相互之间的冲突、股东与公司其他利益相关者（包括债权人和职工）之间的冲突。这三大类冲突产生的问题被经济学家出色的概括为"代理问题"。参见［美］莱纳·克拉克曼、［英］保罗·戴维斯、［美］亨利·汉斯曼、［瑞士］杰拉德·赫蒂格、［德］克劳斯·霍普特、［日］神田秀树、［美］爱德华·洛克《公司法剖析：比较与功能的视角》，刘俊海、徐海燕等译，北京大学出版社2007年版，第2 3页。

的中心。

综上所述,本书所要探讨的公司章程修正案配置股东权利问题,可以细分为规制和救济这两个相互关联的部分。规制部分所要探讨的内容为:哪些股东权利可以由公司章程修正案予以另行配置?哪些股东权利应当由法律直接予以安排?当中的法理和起决定作用的因素是什么?又该依照何种标准界分清楚?救济部分所要探讨的内容为,法律应当如何规划和重建不当配置股东权利所导致的对少数股东压迫和不公平损害的救济体系和措施?

股东权利是公司制度的逻辑起点,公司修改章程是一种基于股东权利的自治行为,公司章程修正案重新配置股东权利是改变公司中"权利—权力"基础结构的重大变更行为。法律能否准许章程修正案另行配置股东权利以及配置领域的宽窄实际上是检验一国法律贯彻公司自治程度的核心标准。国家干预因素干扰公司自治程度的水平除了受到国家特定制度环境的外在约束外,规制路径的历史继受与救济措施的法律实效则从根本上决定了公司自治在事实层面的边界。倘若将上述因素进行合并思考,就可以将本书探讨的主题纳入国家法制转轨过程中法律规制方式、救济机制转型和实现制度现代化路径的宏观范畴之内。

二 研究的意义

公司章程修正案配置股东权利是当前中国公司法学领域所热议的问题。随着实践中大量案件的出现,学界与实务界虽然已经认识到既有研究的不足,但尚未实现对传统理论及主张的突破和超越。为此,本书的研究就有着非常重要的实践意义和理论创新的空间。

(一) 研究的理论意义

首先,本书的研究创新在于提出一个如何协调规制与救济,平衡自治与强制的立法解决方案,进而为中国公司法制转型的现代化路径提供新的选择。社会科学理论的意义在于对现实问题的解释和预见,缺少解释力与预见力的学说最终将为社会实践所淘汰,而法学研究兼有工程学上的意味,能够根据某种社科理论提出自洽的立法方案。中国公司立法虽然实现了从政府强制到法律强制,再到公司自治与法律强制相互结合的跨越,但是制度变迁中的路径依赖效应导致了规制和救济领域中法制进化的不均衡状况,经验材料的反例验证了这种立法进路的风险和缺陷。公司章程的修改实质是重新配置公司内的利益与资源来形成新的制度安排的过程。公司法的功用则在于选择最有效率的公司章程修改机制，并防范这一过程中利益相关各方的机会主义行为。对少数股东利益的保护而言，当前的规制方式只能使法律的激励结构变得扭曲，虽然能够抑制多数股东的不当动机，但同时使得少数股东的利益受到压抑。故而本书的理论创见在于主张中国立法机关应当扬弃传统制度中的残留因素，将卡尔多—希克斯效率作为规则搭配和评判规范质量的首要准则，塑造缜密的规制结构和救济体系，促成公司内各方股东的长期合作。

其次，本书研究的另一项理论意义在于澄清中国学界对公司合同理论的误读与误用，以及司法上对强制性规范识别技术的迷信。随着公司合同理论在学术上的传播，中国法院和公司法学者在法律适用和理论分析时越来越执着于强制性规范识别的探讨。这种司法上的识别技术无助于本书研究主题的妥当解决。我们不能这样认为：在 A 案例中配置股东权利 Y 导致了有损一方利益的结果，所以 Y 是固有权利，该规定就是强制性规范；而在 B 案例中章程修正案配置该股东权利并未导致损害的结果，所以 Y 就是非固有权利，该规定就是任意性规范。问题的关键在于倡导司法审慎介入公司自治并不等同于一味强调强制性规范的识别技术在实践中的应用，而在于对股东之间权利配置冲突的合理引导与规范选择。不能只注重公司法的"合同属性"，而应探寻破解公司章程自治中股东之间权利配置冲突的规范结构，并在此基础上设计出旨在实现各方股东整体效益的规范安排。

最后，本书的研究在理论上定位了一条新的思考进路。进路的选择通常决定着研究预设的科学程度和研究结论的质量水平。对于公司章程修改引发的股东之间的权利配置冲突，中国公司法学者主要是沿袭两类进路展开分析的。一种可以称为固有权利的分析进路。这一思路的要点在于首先剖析某项股东权利的属性、功能，判断某项股东权利属于固有权利还是非固有权利，然后得出该项权利是否可以由章程修正案另行安排的结论。另一种可称为资本多数决异化与矫正的分析进路。这一进路起始于对资本多数决弊端及危害的剖析，一般得出应当限制和制约资本多数决的各种法律手段，进而保护少数股东权益的主张。上述两种进路存在着一个共同的弊端，即只关注股东之间利益冲突中的单方，缺少对双方（社会）整体效益的通盘考虑。沿袭上述进路所形成的判断必然是"多数股东利益受到过多制约或者少数股东权利的保护力度不够",所得出的结论和提出的建议必然是"法律应承认多数股东利益或者法律要顾及少数股东利益的保护"。既有研究在视角切入的把握上存在不足。本书的研究试图转换传统的视角,集中探讨塑造利益各方的产权激励结构和安排恰当的救济机制,从而促进各类股东整体效益的实现。借用罗纳德·H. 科斯(Ronald H. Coase)的话说,即不能只看到问题的一个侧面,而应认识到"问题的相互性"①。

(二)研究的实践意义

首先,本书的研究对股东实现公司章程自治,破解多数股东压迫问题具有重大现实意义。在中国公司实践中,多数股东往往借助修改章程之机排挤或者压迫少数股东的权益。"压迫"这个词描述了这样一种情形,少数股东原先是有参与权的,但他的此种权利已经被控股股东剥夺了。②"排挤"一般被认为是压迫的类型之一,主要是指多数股东对少数股东股权中财产利益的掠夺与稀释。章程修正案对股东权利重新配置是一种实现公司自治的活动,存在着客观上的需求:出于引进战略投资者的目的进行增资和股权转让需要公司对原股东的优先认购权及优先购买权予以约束和修改;出于封闭公司人合性的考虑而允许改变股权转让权的做法也符合各国公司法的通例;出于部分公司所有和经营相统一的事实,对股东权利的更改通常被理解为一种企业管理活动。上述的投资决策或者管理行为有可能为多数股东所利用,以合法修改章程之名行不当压迫之实,从而借机掠夺少数股东本就羸弱的利益存在。在这类冲突中,围绕章程修正案的订立经常混杂着配置股东权利的合理因素与侵害少数股东利益的违法动机,二者殊难分辨。倘若处理不当,将极大地抑制公司章程的自治功用,妨害公司自治目标的实现。因此对章程修正案重新配置股东权利问题的探讨将对指导公司章程自治,以及破解股东压迫问题具有重大意义。

其次,本书的研究对中国改制企业中职工持股管理的改进具有重大参考意义。修改公司章程重新配置股东权利的案件多出现于施行公司化改制

---

① 参见[美]罗纳德·H. 科斯《社会成本问题》,《企业、市场与法律》,张乃根译,格致出版社、上海三联书店、上海人民出版社2009年版,第97页。

② 参见[美]罗伯特·汉密尔顿《美国公司法》,齐东祥编译,法律出版社2008年版,第272页。

的国有企业之中。在国企改制过程当中，安排原企业的职工持股被作为一种减轻企业现金支付压力、减少职工抵制阻力，从而保障改制顺利完成的措施而采取的。在实现了非国有企业化的改制企业中，70.2%的企业都通过支付经济补偿金的方式使全体职工转换了身份。① 在支付经济补偿金的改制企业中……21%的企业将职工经济补偿金折合为职工在本企业的股份。② 职工持股本身具有人力资本与物质资本相互捆绑的特点。为防止改制后公司内管理或技术职工流失及人员流动带来的业务损失，或者出于防止公司商业资源外流的考虑，或者通过设置职工岗位股达到激励员工的目的，改制公司通常通过修改章程的方式约束和捆绑职工股东的诸项权利，才会导致改制企业的公司章程修正案中常常出现以约束股东权利为形式，以职工管理为目的条款。③ 这种现象的出现是由于在职工与股东身份重合的状态下，公司管理的客观需要与持股职工的股东权利间存在纠葛与冲突。在具体案情下，影响法院判决的主要因素在于法官对职工持股双重属性中各自权重大小的估量，因此对章程修正案的重新配置股东权利问题的探讨将为改制公司管理持股职工的方式提供参考。

最后，本书的研究可为中国法院应对此类纠纷提供新的裁判思路。现行法律规范的疏漏为公司控制者借机压迫少数股东的机会主义行为留下了施行和运作的空间。面对股东权利配置冲突这一新型案件，现行法律无疑为法院留有较为宽广的创造空间。由于缺少明确的规范理念和具体规则，实践中法院时常作出同案不同判的司法判决。中国法院于审判实践中形成了三种旨趣不同的裁判标准，分别是固有权利规则、一致同意规则以及股东信义义务规则。上述规则的创制均是在尚未撇清规制方式与救济措施之间配置的前提下完成的，或者是只通过事前规制（固有权利规则、一致同意规则），或者是只通过事后救济（信义义务规则），都无法在一次性调整中实现不同层面上的利益平衡。可以说，在传统裁判思维的拘束下，

---

① 张文魁：《中国国有企业产权改革与公司治理转型》，中国发展出版社2007年版，第98页。
② 同上书，第101页。
③ 江苏省常州市某化工厂厂于2001年9月改制成股份合作制企业。化工厂修改后的章程第七章股东转让出资的条件的第12条第1款规定：当股东职位由高职位向低职位变动时，对超过低职位标准部分的出资额必须转让；当股东的职位由高职位变动为一般员工，可保留最低标准的股份，其余的出资额必须转让。参见常州市中级人民法院民二庭课题组《股权转让若干审判实务问题研究》，《人民司法·应用》2008年第23期。

法院对此类案件的处理往往显得无所适从，同案异判的现象较为普遍，如何平衡股东之间的利益冲突面临选择上的难题。故而本书研究的实践意义在于为法院解决此类冲突提供参照与启示，力求促进法院裁判的稳定性和预期性，杜绝裁判的随意。

三 理论的回顾

（一）英美学者的研究回顾

英美两国的学者对于公司章程修改过程中股东之间权利配置冲突的理论探讨主要侧重两类研究。一类侧重从规制的角度切入，以法律强制和公司自治的选择为主题，探讨公司法情景中公司章程修改的品格和决议原则。另一类则是从救济角度切入，以救济措施的发展与演化为主题，探讨法律对受到不当配置的股东权利如何规划施以救济的各种措施。

1. 美国学者的研究概述

一方面，美国公司法中公司章程修正案配置股东权利的规制模式经历了从法律强制到公司自治，从一致同意自治到资本多数决自治的发展历程。阿道夫·A. 伯利（Adolf A. Berle）和加德纳·C. 米恩斯（Gardiner C. Means）认为，公司章程最初被视为州政府与公司之间的一种契约。而且契约一旦签订，尽管州政府是签订契约的一方，它也无法符合宪法的"削弱"（这种契约的）义务。[①] 此时的公司章程修正案并不被赋予修改股东权利的效力，股东权利的内容受到严格的管制，属于法律强制这一调整模式。此后，自达特茅斯大学案件之后，每一公司章程中均合法地明确保留了"变更、修正或废除"公司章程的权利。[②] 该案件成为法律松动对公司章程配置股东权利严格管制的转折，公司自治方式逐渐成为章程配置规则发展的新趋向。公司章程配置股东权利的自治方法包括一致同意和资本多数决两种决议方式。亚历山大·库托斯基（Alexander Khutorsky）认为，在19世纪，美国各州的公司法理论盛行一致同意学说，该学说认为包括公司章程修改在内的重大变化的表决必须采用"一致同意"原则。

[①] 参见［美］阿道夫·A. 伯利、加德纳·C. 米恩斯《现代公司与私有财产》，甘华鸣、罗锐韧、蔡如海译，商务印书馆2007年版，第218页。

[②] 同上书，第219页。

直到 20 世纪中叶，一致同意原则才最终为资本多数决原则所取代，成为股东对公司重大事项决策的基本准则。① 但是，在资本多数决原则的自治模式下，如果股东权利（契约性权利）可以不经其持有者同意被变更的话，那么离股东表面上固定的契约性权利的崩溃也就不远了。② 罗伯特·W. 汉密尔顿（Robert W. Hamilton）认为，股东们可能错误地认为对他们有重要作用的公司章程只有在他们同意时才能修改，然而在大多数州，这种观点是错误的。按照现代的制定法，股东对公司章程中的任何具体条款都没有固有的权利（vested right）。因此，多数股东很可能会对公司的章程作出能够明显改变或取消少数股东权利的修改。③ F. 霍奇·奥尼尔（F. Hodge O Neal）认为，公司章程修改或者单独，或者与其他技巧一道被用来改变股东的权利。各州的公司制定法授权公司章程的修正案可以涉及各种股东权利的变更，而这种修改是由多数股东做出的。④ 阿尔伯特·K. 奥瑟尔（Albert K. Orschel）认为特拉华州普通公司法也像其他州的现代公司法一样授予董事会通过修改公司章程的方式变更股东的权利。⑤ 总之，现代美国公司法允许采用资本多数决的方式重新配置章定的股东权利，而法定股东权利则不得予以任何形式的更改。

另一方面，对受到不当配置的股东权利的救济可以归入股东压迫救济的范畴，伴随着规制方式的不断变迁，具体救济措施也在逐渐发生变化，经历了从禁令救济到法院不确定的司法救济，再到制定法与判例法的事后多元救济的发展阶段。早期，由于禁止公司章程对股东权利的另行配置，救济上往往是由法院颁布禁止修改股东权利的禁令。随着判例法上逐渐允许公司章程修正案对股东权利的修改，尤其是资本多数决替代一致同意成为修改公司章程的决议方式，权力（指修改股东权利），从表面上看是没

---

① Alexander Khutorsky, "Coming in From Cold: Reforming Shareholders Appraisal Rights in Freeze-out Transactions", *Columbia Business Law Review*, 133, 156 (1997).

② Kades, "Constitutional & Equitable Limitation on the Power of the Majority to Amend Charters so as to Affect Shareholders Interests in the Corporation", *Pennsylvania University Law Review*, 256, 266 (1928).

③ 参见［美］罗伯特·W. 汉密尔顿《美国公司法》，齐东祥编译，法律出版社 2008 年版，第 461 页。

④ F. Hodge O Neal, "Oppression of Minority Shareholders: Protecting Minority Rights", *35 Cleveland State Law Review*, 121 (1987).

⑤ Albert K. Orschel, "Accrued Dividends in Delaware Corporations—Form Vested Right to Mirage", *57 Harvard Law Review*, 894, 922 (1944).

有限制的,它受到的抑制仅仅来自法院的不明确的管制,而这种权力成为"控制者"的保留手段。① 加迪斯(Kades)认为,每一股份曾代表了对财产的某一固定参与权,以及对该财产相当程度的控制权。时至今日,参与权的许多原始保护措施已经消失,而今后会有更多的变动。② 拉丁(Lattin)认为,在很多的州,不同类型的根本性改变公司的行为(包括修改公司章程重新配置股东权利)的实施效果往往都是相同的,少数股东要么拿着不足额的现金离开公司,或者不情愿地接受修改后的股东权利。③ 美国俄勒冈州高等法院在 Baker v. Commercial Body Builders, Inc. 一案中,列明了法院可以选择的十种救济方式,法院可以依据案件的具体情况在这些方式之中做出选择。④ 现今美国公司法已经发展出一套与资本多数决原则相衔接的事后救济措施,包括但不限于回购救济、损害赔偿救济以及信义义务救济等措施。

如今,美国《示范公司法》第 10.03 节于"董事会和股东的修改"之中将资本多数决规则确定为另行配置股东权利的章程修改规则。该节第(e)项规定修改的批准须由达到法定人数后召开的股东会同意,该法定人数至少应为对该修改的条款有表决权的多数。在法定的救济措施上,美国许多州的制定法通过授权股东对特定交易提出反对并请求对其股权予以收购的方式进行救济。美国《标准公司法》第 13.02 节(a)下的(4)、(5)关于评估权的条文规定当公司修改章程时,投反对票的股东享有请求公司收回其股权的评估权。此外还有第 14.30 节(2)(Ⅱ)中的司法解散救济。同时,在衡平法上还存在一种要求公司多数股东公平对待少数股东与公司的原则。这为那些声称公司章程修改只是为了损害其利益的少数股东提供了一条进入法院诉讼的途径。但是衡平法上的公平标准太过主观性,证明公平性的司法程序往往宽泛而复杂,增加了法院裁判结果的不确定性,这实际上削弱了该标准在实践中的实施效果。

---

① 参见[美]阿道夫·A. 伯利、加德纳·C. 米恩斯《现代公司与私有财产》,甘华鸣、罗锐韧、蔡如海译,商务印书馆 2007 年版,第 224—228 页。
② Kades, "Constitutional & Equitable Limitation on the Power of the Majority to Amend Charters so as to Affect Shareholders Interests in the Corporation", 76 *Pennsylvania University Law Review*, 256, 268 (1928).
③ Lattin, "A Primer on Fundamental Corporate Change", 1 *Western Research Law Review*, 3, 56 (1949).
④ Baker v. Commercial Body Builders, Inc., 507 P. 2d 387, 395 – 96 (Or. 1973).

2. 英国学者的研究概述

一方面，英国公司法对公司章程修正案配置股东权利的决议规则经历了从一致同意到资本多数决的发展历程。1834年英国枢密院的福斯诉哈伯特（Foss v. Harbottle）案最早确认了股东会议事的资本多数决原则。斯蒂芬·加奇（Stephen judge）指出，关于何人才能享有拥有改变或修改股东权利的权力，这取决于公司是仅仅拥有一种股票还是拥有两种以上的股票。在第一种情况下股东享有的是公司成员的权利；在第二种情况下，股东享有的是等级权利。当公司只有一种股票时，改变股东权利的公司权利取决于公司的章程大纲或章程细则中是否对此作出规定。如果该权利规定在公司章程大纲中，则除非公司对此予以禁止，否则依据第17条的规定对股东权利予以改变；如果该权利是规定在公司章程细则中，则依据第九条的规定对股东权利予以改变。[①] 英国《2006年公司法》第21条是关于章程修改的规定，该条第一款明确指出：公司可以通过特殊决议修改其章程，即占表决权的四分之三多数。第25条是关于章程修改对公司成员的效力的规定，该条第一款陈述如下：（1）如果属于下列范围，则公司成员自他成为成员之日起不受章程变更的约束——（a）该变更要求他获取或认购超过变更被作出之日他所持数量的股份，或者（b）该变更以任何方式增加他在该日向公司缴付股本或向公司付款的责任。在上述条文中，修改章程配置股东权利并未列为导致章程对股东不生效力的事项之中。由此得出修改、配置，其中涵盖公司章程中所规定的任何类型的股东权利。

另一方面，受到不当配置的股东权利的救济措施经历了从单一的解散救济到多元的不公平损害救济的发展。杰弗里·G. 麦金塔（Jeffrey G. Macintosh）指出，在英国判例法上，股东行使表决权修改公司章程重新配置股东权利时应当具有善意并负担信义义务。[②] A. J. 博伊尔（A. J. Boyle）认为，英国法上有着"除非解散公司"，否则法院不干预合伙内部争议的传统。直到19世纪早期，法官们放松了非为解散，不予

[①] 上述笔者所指出的第17条与第9条系英国1985年《公司法》的规定，2006年《公司法》修订后将公司章程大纲与章程细则予以合并，一体适用第20条。参见〔英〕斯蒂芬·加奇《商法（第二版）》，屈广清、陈小云译，中国政法大学出版社2004年版，第270页。

[②] Jeffrey G. Macintosh, "Minority Shareholder Rights in Canada and England", 27 *Osgoode Hall Law Journal*, 561, 605 (1989).

干预的原先做法。① 法院一般通过判例法中的"禁止欺诈"原则保护多数股东恶意修改公司章程不当配置股东权利的问题。在 1900 年的 Allen v. Gold Reefs of West Africa Ltd 一案中，法院认定禁止欺诈即意味着修改公司章程必须是"善意的为了公司的整体利益"。保罗·L. 戴维斯（Paul L. Davies）认为，事实上，从现代公司法最早的事后开始，立法机关就已经运用了一种干涉的工具，那就是强制解散公司的救济，如果法院认为这么做是"正义和衡平"的话。②此后，随着解散救济导致事业失败和资源浪费的缺点日趋凸显，1948 年英国议会引入"压迫"救济作为替代解散救济的措施。即如果正义和衡平的解散是成立的，但给予这种救济是不恰当的，在这种情形下，法院会授予其他救济来代替。1980 年英国议会将"不公平损害"标准及其救济作为替代"压迫"救济的措施。③ 在制定法领域，法院则通过英国《2006 年公司法》第 994 至 996 条为少数股东提供"不公平损害救济"。即倘若修改公司章程配置股东权利引发不公平损害时，股东可请求公司未经法院同意不得对其章程作出任何修改；请求其他成员或公司自己购买公司任何成员的股份，并且如果是公司自己购买，据此减少公司资本。这里需要特别要指出的是，公司章程的修改不能适用一般的合同法规则。④ 因而也就否定了固有权裁判规则的适用。

需要特别指出的是，英国和美国的公司法尚且允许授权董事会发行类别股份，董事会可以对类别股上的权利任意予以限制、更改和取消，只要董事会的决议得到了该类别股特别多数股东的批准。对于类别股份的限制、更改主要是公司出于获取资金的需要而作出的融资计划。中国《公司法》第 35、43 条实际上为公司发行类别股权提供了法律上的依据。章程修正案能否另行配置类别股东权利的问题在中国迟早会出现，这也从侧面印证了对公司章程修正案配置股东权利问题研究的重要价值。

---

① ［英］A. J. 博伊尔：《少数派股东救济措施》，段威、李扬、叶林译，北京大学出版社 2006 年版。

② 参见［英］保罗·L. 戴维斯《英国公司法精要》，樊云慧译，法律出版社 2007 年版，第 252 页。

③ 同上。

④ 参见［英］斯蒂芬·加奇《商法（第二版）》，屈广清、陈小云译，中国政法大学出版社 2004 年版，第 246 页。

(二) 中国学者的研究回顾

中国学者针对本书主题的探讨尚显单薄。值得注意的是，中国学者在其研究中通常只关注规制层面的探讨，对救济措施如何构建的探讨并不充分。在规制层面，共存在固有股东权利、一致同意以及资本多数决三种不同的主张。在救济层面，除法律已规定的股东会决议无效制度之外，尚有学者认为可采股东信义义务救济。

1. 规制角度的研究：固有权利理论

中国学者、法院一般将固有股东权利视为法定股东权利，在对待章程修正案配置股东权利问题上只采用"固有权利"与"非固有权利"的划分方法予以适用：固有权利不得通过章程修正案另行安排；非固有股东权利则可予以另行配置。

奚晓明、金剑锋法官认为，股东选择管理者的权利是股东的共益权，公司章程或者股东会决议不得剥夺。股东表决权属于股东的固有权、共益权，除法律规定外，公司章程或股东会决议不得予以限制或剥夺。股东的优先购买权是法定的优先权，公司股东会决议或者公司章程不得剥夺。① 股东知情权不依附于其他股东权利而存在，也是股东实现其他股东权的基础性权利，也是股东的一项法定权利，公司章程不得剥夺或者限制。② 该著作没有对章程修正案配置股东权利的规制方式（法律强制，还是股东自治）作出一般性的回答，而是对各项股东权利进行了逐项的考察与解说。从散见书中各处的观点看出，作者认为除股权转让权可以由章程修正案另行安排外，其他所列举的股东权利基于固有、法定的基本属性，均不得重新配置。

江苏省高级人民法院民二庭认为，多数股东通过资本多数决原则将不合法、不合理侵害其他少数股东利益的意志上升为公司意志，公司中资本多数决原则的基础将不复存在，这种情况下就需要对多数决原则作出矫正。③ 其中，股东权中固有的、不可因公司各主体的合意和资本多数决原则加以改变的权利包括：第一，股东对于其他股东在资本瑕疵问题上的相

---

① 参见奚晓明、金剑锋《公司诉讼的理论与实务问题研究》，人民法院出版社2008年版，第32—34页。
② 同上书，第252页。
③ 参见江苏省高级人民法院民二庭《审理有限责任公司治理结构案件中的三个基本问题》，《人民司法·案例》2007年第4S期。

关请求权；第二，基于《公司法》第 34 条所产生的知情权；第三，基于《公司法》第 40 条所产生的股东会召集权，以及隐含于第 42 条中的出席权。① 江苏省高级人民法院民二庭的观点在理论上有诸多创见，同时亦对实践产生了很大影响。该文系统列举了固有股东权利的类型，并主张依据类型区分的方法限制资本多数决的适用范围。

刘慎辉法官认为，在审判实践中，不可以通过约定加以限制的股东权是股东的固有权利。这种固有权又称法定股东权，即未经股东同意不得以公司章程或股东大会决议剥夺和限制的权利……股东固有权的范围不可过宽，应当进行严格限制。就目前的审判实践来看，应当界定为表决权、正当程序下的查阅权和股东会决议无效请求权。② 刘慎辉法官在文中界定了固有股东权利的内涵与外延，并指出固有股东权利与股东地位密切相连，具有股东地位的人就具有这些固有的股东权。

2. 规制角度的研究：一致同意理论

江苏省高级人民法院民二庭在《审理有限责任公司治理结构案件中的三个基本问题》一文中认为，可因公司各主体的合意（一致同意），但不可因资本多数决而改变的权利包括：第一，基于《公司法》第 35 条产生的依照出资比例分取红利的权利和新增出资优先认缴的权利；第二，依照《公司法》第 43 条产生的股东表决权；第三，股东权的整体处分权。③ 江苏省高级人民法院民二庭在文章中系统列举了经股东一致同意方可另行配置的权利种类，并主张一致同意是配置上述股东权利的规制方法。

常州市中级人民法院民二庭在《股权转让若干审判实务问题研究》一文中认为，由于公司通常实行的是资本多数决的议事决策规制，必然存在多数股东对少数股东一定程度上的意志的强加。但是，这种强制只能限于公司的公共事务，不能直接剥夺专属于股东自身享有的权利，除非这种剥夺得到了股东自身的同意，这也是少数股东为防范多数股东侵犯其权利的有力武器。④ 该文指出股权转让权被重新予以安排的条件就是得到股东

---

① 参见江苏省高级人民法院民二庭《审理有限责任公司治理结构案件中的三个基本问题》，《人民司法·案例》2007 年第 4S 期。
② 参见刘慎辉《关于股东权约定限制规制的确定》，《法律适用》2006 年第 12 期。
③ 参见江苏省高级人民法院民二庭《审理有限责任公司治理结构案件中的三个基本问题》，《人民司法·案例》2007 年第 4S 期。
④ 常州市中级人民法院民二庭课题组：《股权转让若干审判实务问题研究》，《人民司法·应用》2008 年第 23 期。

自身的同意，因此这是一种支持一致同意理论的观点。刘雁冰、贾治国在《股东表决权纠纷法律适用问题研究》中认为，股东表决权未经股东同意，不得以章程或股东大会多数决予以剥夺或限制。未经股东同意，股东会决议剥夺或限制股东表决权，违反了公司法的强制性规定，该决议应属无效。① 该文认为章程修正案对表决权的限制与剥夺需要得到股东自身的同意，这同样是一种支持一致同意理论的观点。

钱玉林教授在《公司章程"另有规定"检讨》一文中认为，源于初始章程的"另有规定"和源于章程修正案的"另有规定"缺乏共同的法理基础，应对章程修正案"另有规定"的自由予以必要的限制。② 初始章程基于合同机制的存在，对个别股权予以限制或剥夺的"另有规定"应"从其规定"；而在资本多数决原则下的章程修正案，对个别股权予以限制或剥夺的"另有规定"是否应"从其规定"，不无疑问。③ 钱教授文章的主旨在于指明初始章程的法理在于合意原则，而公司章程修正案则具有特殊的法理。章程修正案依资本多数决通过后只对投赞成票的股东生效，而对投反对票的股东不生效力，唯有经投反对票的股东事后同意方才溯及有效。

3. 规制角度的研究：资本多数决观点

吴建斌教授在《合意原则何以对决多数决？——公司合同理论本土化迷思解析》一文中认为，私权不可侵犯，不等于不能通过一定机制予以处分……每个股东在加入公司时，就表明其不仅同意章程内容，而且也意味着其认可了法律已有示范的多数决这样的游戏规则。④ 不能因为（资本多数决）有可能损害少数股东权益，就主张废弃在尚未找到更好制度替代时不得已采纳的相对较好的制度安排。合意原则容易陷于公司僵局、少数决或者独裁制的结果势必更加糟糕。⑤ 吴建斌教授的文章从法经济学的角度切入，通过对不同制度的效率进行比较来证成资本多数决的合理性。该文旨在澄清和批判学界、实务界中错误运用公司合同理论的现象，

---

① 刘雁冰、贾治国：《股东表决权纠纷法律适用问题研究》，《民主与法制》2010年第10期。
② 参见钱玉林《公司章程"另有规定"检讨》，《法学研究》2009年第2期。
③ 同上。
④ 参见吴建斌《合意原则何以对决多数决——公司合同理论本土化迷思解析》，《法学》2011年第2期。
⑤ 同上。

并指出多数决原则是比合意原则更有效率的制度安排，切不可轻易废弃。文中详细阐述了公司合同理论的三层含义，指明资本多数决规则是公司长期演化所形成的博弈均衡的产物。否认多数决而承认合意原则，将导致公司的低效和资源浪费。因此，该文主张否定合意原则在章程配置股东权利案件中的适用，承认和维护资本多数决作为私权处分机制的地位。

蒋大兴教授在《公司法的展开与评判：方法·判例·制度》一书中认为，无论是自治法规还是私人契约，有一点是共同的：公司章程是股东和发起人就公司的重要事务所作的规范性和长期性安排。这种安排体现了很强的自治性色彩，是可以规定对股东权利更改的具体情形的。[①] 蒋大兴教授的论证角度侧重于挖掘公司的关系契约性质。关系契约理论最早由美国学者麦克尼尔在《新社会契约论》一书中提出，此后新制度经济学者奥利弗·威廉姆森进一步澄清了关系契约的三个模型。[②] 关系契约理论的一个主要观点就是认为公司契约具有长期性的特点，为克服不确定性及股东理性预期的局限，需要适时地对公司的初始安排进行调整。修改公司章程就是进行这一调整的主要工具。在调整过程中发生"修改权"（资本多数决）与股东权的冲突时，应优先考虑"修改权"。

4. 救济角度的研究：信义义务救济

江苏省高级人民法院民二庭在《审理有限责任公司治理结构案件中的三个基本问题》一文中认为资本多数决在原则上还应当受到《公司法》第20条的限制。该条具有"兜底"作用。[③] 该文认为，违反第20条的后果是依法承担损害赔偿。

范黎红法官在《公司章程"侵权条款"的司法认定及救济——以"强制离职股东转让股权"之章程条款为例》一文中认为，"强制离职股东转让股权"之章程条款，一般认定有效，除非能够证明大股东滥用资本多数决原则侵害其他股东利益。司法对"强制离职股东转让股权"章程条款的效力认定须平衡公司整体利益与公平价值下保护小股东利益之需

[①] 参见蒋大兴《公司法的展开与评判：方法·判例·制度》，法律出版社2001年版，第282页。

[②] Oliver E. Williamson, "Transaction-Cost Economics: The Governance of Contractual Relations", 22 *Journal of Law and Economic*, 233, 233 – 261 (1979).

[③] 参见江苏省高级人民法院民二庭《审理有限责任公司治理结构案件中的三个基本问题》，《人民司法·案例》2007年第4S期。

求。强调谨慎地运用《公司法》第 20 条"不得滥用股东权利"的规定判决章程条款无效。① 范黎红法官的论文论述的是章程修正案变更股权转让权的法律适用问题。对此,其强调了"须平衡公司整体利益与公平价值下保护小股东利益之需求"的观点。在救济方案的选择上,该文指出应谨慎运用《公司法》第 20 条禁止滥用股东权利的条款,法律后果是股东会决议被认定为无效,以此作为克服多数决弊端的主要方法。

通过对既有研究的回顾,可以发现英美两国与中国学者在研究焦点和研究结论上的重大差异。英美公司法于规制方式上均经历了从法律强制到公司自治的发展历程,现今的讨论主要集中于如何设计出与资本多数决自治相匹配衔接的多元救济措施。中国学者的探讨则主要集中于规制方式的选择上,尚未较多地涉及救济措施的规范设置,更遑论二者之间如何搭配的问题。有什么样的规制方式,便存在什么样的救济措施,这是英美公司法的发展历史给予我们的启示。笔者将依循这一思路,先规制,后救济,以此作为研究本书主题的分析框架。

四 思路与方法

(一) 研究的方法

学术研究方法的选择取决于论证所欲达致的目标。就本书而言,笔者拟采用新制度经济学中的制度变迁理论与交易费用工具作为主要的分析方法。

中国在改革开放后开启了市场化改革的序幕,从此迈入了转型国家的行列,并在三十余年的历程中饱览了制度变迁的胜景。故而中国的公司法理论必须将这一变迁背景设置为研究的基本前提。制度变迁理论涉及宏大的研究主题,包括变迁的国家理论、企业演化理论及市场演化理论。由于变迁的范围广泛、内容庞杂,因此必须要选择恰当的切入角度。本书试图从企业产权配置规则这一微观经济单位入手,研究中国不同发展阶段中各种市场或非市场因素(包括职工利益、经理人、民营资本、外国资本以及国家战略等)的消长给中国企业产权配置安排的选择带来的影响。这种产权安排既内生于传统的以赶超战略为核心的国家经济战略,又外生于

---

① 参见范黎红《公司章程"侵权条款"的司法认定及救济——以"强制离职股东转让股权"之章程条款为例》,《法律适用》2009 年第 1 期。

民营、外资企业的竞争压力以及对职工利益保护的综合作用。本书将探析这种既有的产权配置规则对法制变迁路径形成和扭曲上的影响，并进而分析这一制度是否会在经济效率上产生不利后果。

新制度经济学中的交易成本理论最早见于罗纳德·H. 科斯（Ronald H. Coase）教授于1937年发表的《企业的性质》一文。而科斯于1960年发表的《社会成本问题》则通过交易成本的概念构架起了法律与经济学交叉研究的桥梁。继科斯后，奥利弗·威廉姆森（Williamson）勾画出了分析交易成本问题的基本理论框架，并试图重构新古典经济学的蓝图。其他学者如阿尔钦（Alchian）、德姆塞茨（Demsetz）、巴泽尔（Barzel）、克莱因（Klein）、格罗斯曼（Grossman）、哈特（Hart）均以交易成本作为基本工具来研究经济学中的产权与企业问题。美国联邦第二巡回法院法官卡拉布雷西（Kalabresi）则在侵权法领域运用交易成本理论分析侵权法中的风险分配、权利设置与保护方式问题。20世纪80年代在美国兴起的公司合同理论则是将这一分析工具移用到了公司法的研究领域。在本书中，笔者将运用这一概念工具具体分析公司章程自治中交易成本因素对于公司决策规则以及股东权利救济方式的影响。

（二）研究的思路

公司章程修正案配置股东权利的规制方法和救济构建本质上是一个立法政策的选择问题。为何中国的现行相关法律制度存在混淆和扭曲的状况？对这一问题的回答：首先需要对中国现行相关法律的规定和实践中适用的司法裁判标准进行客观、全面的检讨。其次，通过回溯中国公司法制变迁中法律调整模式的转型历程，回顾法律调整模式形成时期的历史背景及政策选择约束，挖掘中国法制变迁背后所隐含的诸种效率和非效率的因素。再次，基于对这些影响因素的分析，可以较为全面地揭示出制约中国公司法完成现代化转型的理论认识误区，以及制度变迁的客观障碍，从而找准现行法律存在的疏漏，分析其症结，挖掘其病因。最后，只有在明确本书研究主题的规制目标和价值立场后才可择定具体的规制方案，只有在归结出构架救济体系的方针和指导原则后方可规划具体的救济机制。在明确规制目标和救济方针后，本书再行探讨相关具体机制的完善。

根据上述研究思路，本书共分为六个部分。第一部分为导论，主要是提出问题，指明研究的意义，回顾既往的研究成果，指出应在"规制—救济"的分析框架中研究公司章程修正案配置股东权利规则的路径依赖问题。第一章首先回顾了中国现行章程配置规则存在的问题；接着剖析了法院实践中所形成的固有权利、一致同意，以及股东信义义务规则；最后笔者分别指明上述规则存在的不足与缺憾，以及导致这些问题产生的实质。第二章主要阐述基于由计划向市场转型战略所形成的国企产权关系的规制方式和救济手段的变迁及其对此后公司法调整模式形成和变化的影响。第三章在分析制度变迁的基础上探讨导致章程配置规则紊乱和缺失的深层原因。第四章首先剖析了股东权利配置冲突中的外部性问题，并回顾了传统解决外部性问题的规制路径和法律策略；然后在比较强制与自治、一致同意与资本多数决之后，笔者将提出法定股东权利与章定股东权利的划分标准，并指出资本多数决本质上是一种责任规则，在交易成本高昂的现实环境中，资本多数决是较优的制度安排。第四章专门探讨受到不当配置的股东权利救济体系的核心理念以及构建基础；后续的第二至五节则按此理念分别分析并规划了受到不当配置的股东权利的具体救济措施。第五章主要阐述了中国公司立法应当在事后的救济措施中对受到不当配置行为压迫的少数股东给予充分救济，从而达到全体股东整体上实现卡尔多—希克斯效率的法律调整目标。结论则点明了本书所研究问题的核心，即国家干预对中国公司法制转轨的影响，同时笔者提出了如何破解章程配置规则中的路径依赖问题及中国公司法制现代化的可能路径。

总之，本书尝试以制度变迁中的路径依赖效应为线索，以规制与救济为分析框架展开研究，贯穿制度变迁始终的规制与救济共同构成了本书研究主题的全部内容。规制反映了国家公权力干预股东权利配置关系的领域和程度，立法机关可以选择法律强制和公司自治之间的不同规制组合。救济反映了与不同规制组合相衔接的对股东权利施加保护的具体措施和状况，在不同的规制方式下，立法对救济机制的构建都不是任意的，都有相互匹配的具体措施。

第一章

股权配置规则的结构性冲突

中国股东之间的权利配置冲突问题于近年来骤然凸显,并且发展成为干扰股东之间的稳定合作关系、削弱公司活力,以及永续经营能力的重大障碍。这一问题的出现有着深刻的经济层面和法律层面的原因。在经济层面,中国正处于一个公司兼并、收购及重组的活跃时期,公司的股东身份和股权结构更加趋向多元化和复杂化。在一个国有、集体、民营、外资、职工等相互渗透的"混合"成分的股东结构中,股东相互之间的权利关系在某些领域产生了需要突破公司立法中的法定模板,需要章程修正案予以重新配置的客观需求。在法律层面,2005 年《公司法》规定并改进了股东权利的配置规则,放宽了权利自治配置的范围,并且提升了此类争议的可诉性,从而为股东权益压迫诉讼的洪流打开了闸门。

罗伯特·阿克塞尔罗德(Robert Axelrod)指出,合作的基础并非真正的信任,而是关系的可持续性。因此,从长远来说,建立长期且稳定的合作模式的条件是否成熟比各方是否相互信任来得重要。[①] 法律无疑是促成各方关系稳定与合作的基础和关键。因此,本章第一节对中国现行立法规则在适用上显露的问题,以及规则本身的特点和缺陷进行归结和提炼。第二节则总结和分析了中国法院在司法实践中为弥补现行立法的缺陷所创制的三类司法裁判准则,分别是固有股东权利准则、股东一致同意准则以及股东信义义务准则。第三节将阐明现行立法规则和司法裁判准则各自在法律理念上的冲突,指出既有规则和准则的症结,从而为选择恰当的立法解决进路做好铺垫。

[①] [美] 罗伯特·阿克塞尔罗德:《合作的进化》,梁捷、高笑梅译,上海人民出版社 2008 年版,第 126 页。

第一节　立法规则的适用及紊乱

中国司法实践中存在着诸多股东权利经由章程修正案的重新配置后，股东诉请法院救济的案例。此处我们仅以现实中最为常见的公司章程修正案另行配置股权转让权的案件为例进行考察，以此保证案件的比较具有内容上的同质性。通常此类案件于实施改制计划的公司以及股份合作制企业中较为常见。法院在审理此类案件时虽然均适用同一立法规则（新《公司法》第22条、第72条），但往往会形成判旨相左的判决，下文即分别列举了三个判旨相互抵牾的该类案件。

一　法院的选择性救济

（一）法院对同类案件的不同裁判

【案例一】法院判决权利不可另行配置，章程修正案无效[①]

滕芝青诉江苏省常熟市建发医药有限公司强制转让股权无效案。2002年7月28日常熟市建发医药有限公司在其公司章程修正案第12条规定："自然人股东因本人原因离开企业或解职落聘的，必须转让全部出资，由工会股东接受。"在该公司880个有效表决票中，当时有872票赞成，8票弃权，无人反对。3天后，持股4万元的滕芝青离职。2004年12月，该公司通知其股权已依章程转让给工会持股会，并要求其领取相应的转让款，但一直没有交接。2006年3月，滕芝青诉请法院确认原有股权并认定该公司强制转让股权的行为无效。

在本案中，法院经审理认为，股权转让权具有财产权与身份权的双重属性，非经权利人的意思表示或法定的强制执行程序不能被变动。被告公司在没有原告股东作出同意的意思表示情况下所作出的通知及股东会决议，对股东没有约束力，股权不能因此发生变动。

[①] 江苏省高级人民法院民二庭：《审理有限责任公司治理结构案件中的三个基本问题》，《人民司法·案例》2007年第4S期。

【案例二】法院判决权利可以另行配置，章程修正案有效①

2001年12月30日，原地方国营某厂经改制设立了某公司，汤某出资5万元成为该公司股东之一，持有该公司1.67%的股份。2003年10月12日上午，某公司召开股东大会临时会议，汤某经公司通知未参加临时会议，股东会临时会议决定修改公司章程。修改后的公司章程第11条规定：公司成立一年后，经公司董事会半数以上同意，股东之间可以相互转让其全部或者部分出资。股东退休且离开工作岗位、调动、自动离职、协议解除劳动合同、终止劳动合同、辞职、除名、开除或其他特殊情况离开本公司，其全部出资必须转让给公司股东，无受让人的由全体股东认购。修改后的公司章程经代表三分之二有表决权的股东同意通过，并经盐城市某工商行政管理局核准备案。

2003年10月20日，汤某与某公司协议解除劳动合同。2003年10月26日，某公司董事会根据章程第11条和股东会决议，决定将汤某的出资由公司股东陈某受让。2003年10月28日，某公司通知汤某办理退款手续。事后汤某向法院提起诉讼，诉请法院依法确认某公司强行转让汤某的股权行为违法。

在本案中，法院审理后认为，2003年10月12日某公司股东会临时会议决议修改的公司章程经代表三分之二有表决权的股东同意通过，并经工商部门登记备案，该公司章程修正案即对某公司及全体股东具有法律约束力。法院一审判决驳回汤某要求确定某公司转让其股权的行为违法的诉讼请求。

【案例三】法院区分权利配置的原因，判决章程修正案部分有效或无效②

2004年，南京市某集团公司经南京市产权交易中心挂牌交易，

---

① 参见董正远、杨涛《股份转让符合公司章程——有效》，《江苏法制报》2005年2月25日。

② 参见赵兴武、眭军杰《公司强制从小股东手中收购股权法官：类似新型纠纷很多》，《金陵晚报》2008年5月20日B5版。

由原公司经营管理层29人以共同出资18万元购买净资产的方式，改制成南京市某（集团）有限公司。2006年5月30日，该公司经2/3以上表决权股的同意通过了公司章程修正案。其中载明：股东有下列情形之一的，应当按照公司章程规定的价格转让其股份：（一）参加改制的股东，5年内离开公司或实际不参加公司生产、经营活动的（法定退休除外）；（二）被司法机关认定构成侵占公司财产或公司企业人员商业受贿犯罪的；（三）侵犯公司商业秘密，被司法机关判决认定应当承担刑事责任的；（四）经2/3以上表决权股东决议认为应当转让股份的。合计持股9%的成某、陈某、于某等3人对该议案投了反对票，但未能扭转大局，遂诉请法院确认上述条款无效。

在本案中，法院经审理认为，股东犯罪并不影响其持股资格，允许依据股东会特别决议转让股份，不仅易成为控股股东利用资本多数决原则压迫小股东的工具，也违反了民法关于民事活动应当遵循的自愿、公平、等价有偿、诚实信用的原则。而"参加改制的股东，五年内离开公司或实际不参加公司生产、经营活动时"应当按照公司章程规定的价格转让其股份的条款之所以有效，是因为改制公司股东获得特殊优惠的同时，也应当承担相应的为公司服务的责任，否则不利于公司的持续稳定和发展。

（二）法院对立法规则的不同解读

在案例一中，法院判决公司章程修正案无效的理由是"股权的处分权是股东固有的财产权，他人不能以资本多数决的方式处分该权利，除了公司已经与股东达成合意、即股东对决议投赞成票的外，应当确认公司章程修正案相关条款对投反对票的股东无约束力"[①]。在该案件中，法院显然将股权转让权认定为法定股东权利，属于强制性的法律规定，不包含在章程修正案可以重新配置的客体范围之内。在此前提下，法院适用《公司法》第22条的法定权利救济规则进行判决的后果必然是全面否定公司章程修正案的法律约束力。

在案例二中，法院判决公司章程修正案有效的理由是基于这样的认识，即"公司是一个自治企业，公司日常经营管理等事项除了法律规定

---

① 江苏省高级人民法院民二庭：《审理有限责任公司治理结构案件中的三个基本问题》，《人民司法·案例》2007年第48期。

外，主要依靠公司章程来实现自治。即公司章程是公司运营的基本规则，公司章程也是全体股东共同意志的体现，依法制定的公司章程一经生效，公司与股东均受章程的约束，必须在章程规定的范围内活动"①。在该案件中，法院对于股权转让权的法律属性的理解显然与前述案件不同，即认为股权转让权属于章定股东权利，可以任由章程修正案予以另行安排。以此理解为基础，法院自然不必援引《公司法》第22条给予法定股东权利救济的立法规则。在认定章程修改的程序及内容合法、合章之后，法院判决直接承认了公司章程修正案的合法约束力。

在案例三中，法院针对公司章程修正案配置股权转让权的原因采取了区别对待的态度。对于股东犯罪影响持股资格，以及允许依据股东会特别决议转让股份条款，法院从保护少数股东的立场出发认定此类条款无效，否定了股东会决议的效力。而对于"参加改制的股东，五年内离开公司或实际不参加公司生产、经营活动时"应当按照公司章程规定的价格转让其股份的条款，法院又坚决维护股东会的决议内容，否定部分股东的"不合理的权利要求"。对于股权转让权法律属性的司法判断，法院竟然含糊其辞。正如学者所言，法院对公司章程修正案中股东权利受限条款的效力进行区别对待，并论证了其认定部分条款有效，部分条款无效的具体理由，实际上介入了公司股东会审议章程修正案时的价值判断。② 实际上，法院忽略股东权利属性的判断，而直接适用《公司法》第22条判决修正案部分有效、部分无效的做法应属无奈之举。在只存在针对法定股东权利救济措施的现实面前，法院不得已援用第22条来处理章定股东权利的救济问题，必然获得这种形式怪异，实则公平的判决结果。

(三) 法院判决的选择性救济

法院适用现行章程配置规则时极易陷入选择性救济的尴尬境地。法院对于冲突利益的保护具有选择性和随机性，只能不固定地选择其中某一方的利益给予保护。法院施以选择性保护所依据的是其对股权转让权法律属性的事前判断。法院要么认定股权转让权属于章定股东权利，判决公司章程修正案可以另行安排，绝对地维护多数股东的利益，少数股东的权益即使受损也无法获得任何形式的补偿；要么认定股权转让权属于法定股东权

---

① 董正远、杨涛：《股份转让符合公司章程——有效》，《江苏法制报》2005年2月25日。
② 吴建斌、赵屹：《有限公司收购设限股权效力解析》，《社会科学》2009年第4期。

利,判决公司章程修正案另行安排的决议无效,绝对地保护少数股东的权益,公司即使存有另行配置的客观需要也不得实施。

法院对利益冲突的选择性保护将会产生不利的社会效果。当股东权利配置冲突发生后,法院首要考虑的必然不是股东权利重新配置之后的社会总体效益如何,而是忙于比较冲突双方权益减损的程度和严重性。由于法院着重衡量的因素仅仅限于股东之间的利益是否失衡,以及如何矫正利益失衡的实体考量,从而对社会效益(股东整体收益之和)的整体评估被严重忽视了。法院明显被现行章程配置规则所限定的裁判选择空间所束缚,不得不艰难地摆动于案情事实、价值立场或者道德情感的游说之下,以致当下社会中的民意和思潮往往成了左右法官裁决的主要根据。

总体而言,在中国《公司法》尚未对法定和章定股东权利类型予以界分的前提下,法院一律适用《公司法》第22条规定的法定股东权利救济措施的规则容易陷入裁判结果不相统一的尴尬窘境。同是股权转让权,法院在某些案件中认为其是可以另行配置的章定股东权利,在另一些案件中却认为属于不可另行配置的法定股东权利。在现有单一的法定股东权利救济措施下,当股东之间因为公司章程修改引发的股东权利重新安排问题引发冲突时,法院为了保障裁判结果的实质公平,时而维护公司章程修正案的稳定性,时而维护少数股东免受不合法的侵害,不得已作出结论相左的判决结果。法院同案异判的法律适用行为可能在个案角度上维护了司法的公平正义,但是裁判结果在整体上的不确定却对公司法制秩序和各方股东的理性预期构成了巨大的冲击。可见,问题的关键不仅仅限于给予何方救济的问题,而是找出症结要点,在立法中对章程配置规则给予完善。

二 法律规则的紊乱

法院对股东权利配置冲突的选择性救济是由现行立法中章程配置规则的固有缺陷所导致的。中国2005年《公司法》相关条文的表述含混不清、用语欠缺周延,规范衔接存在混乱缺失,内容上存在重大遗漏,从而导致了司法适用上的矛盾和抵牾。

(一)法定权利与章定权利的类型界定混乱

以权利产生的法律渊源为准,股东权利有法定权利和章定权利之分。前者指由法律(含公司法、证券法等)规定和赋予的权利,而后者指可由公司章程赋予和修改的权利。① 在中国，法院审理公司章程修正案配置股东权利的案件面临的首要问题是判断股东权利是否具有可由章程修正案另行安排的法律授权。也就是说，当初始的公司章程被创制之后，嗣后的章程修改行为能否再对股东权利作出进一步的更改或者修正，这就要看该项股东权利是属于法定权利，还是属于章定权利。法定权利属于强制性规范的统摄范围，禁止章程修正案再行配置股东权利；章定权利属于任意性规范的统辖范围，允许章程修正案另行配置股东权利。

中国新《公司法》对可予另行配置的章定股东权利范围的表述是模糊不清的。新《公司法》第43条规定，股东会会议由股东按照出资比例行使表决权；但是，公司章程另有规定的除外。第72条规定，公司章程对股权转让另有规定的，从其规定。第76条规定，自然人股东死亡后，其合法继承人可以继承股东资格；但是，公司章程另有规定的除外。第106条规定，股东大会选举董事、监事，可以依照公司章程的规定或者股东大会的决议，实行累积投票制。第142条规定，公司章程可以对公司董事、监事、高级管理人员转让其所持有的本公司股份作出其他限制性规定。第167条规定，股份有限公司按照股东持有的股份比例分配，但股份有限公司章程规定不按持股比例分配的除外。以上条文显示了中国新《公司法》只是模糊地表明股东可以在公司章程中对其表决权、股权转让权、股权继承权、累积投票权及利润分配请求权的原有立法规定另作安排。此间的模糊之处有二：其一，此处的"公司章程"是否包含公司章程修正案在内语义不明；其二，除了上述五种股东权利外，立法并未言明其他类型的股东权利是否可由公司章程修正案另行配置。由于立法在表述公司章程另行变更上述五种股东权利时是以法定例外的形式规定的，所以简单地推论就是其他的股东权利不得由公司章程另行安排。同样，这种观点也是存有争议的，倘另行配置之后，对于所有股东而言均是有益无害时，立法并不存在认定章程修正案无效的基本法理根据。

可见，无论是明示公司章程可予配置的五种股东权利，还是未予明确的其他股东权利，新《公司法》均未明确表明股东权利的法定或者章定属性。在中国，股东之间的权利配置冲突与其说是股东之间在利益争夺上的互不相让，更不如说是章定权利与法定权利的类型界定不清所导致的

---

① 刘俊海：《股份有限公司股东权的保护》，法律出版社2005年版，第57页。

混乱。

(二) 章程修正案配置股东权利的自治方式不明

2005年《公司法》第44、104条对公司章程修正案的决议方式作出了如下的规定,即(有限责任公司)股东会会议作出修改公司章程……的决议,必须经代表三分之二以上表决权的股东通过;(股份有限公司)股东大会作出修改公司章程……的决议,必须经出席会议的股东所持表决权的三分之二以上通过。第44、104条作为公司章程修改的一般规则,明确规定了公司章程修改时应当经过三分之二以上多数股东的同意。问题在于,公司章程修正案配置股东权利是否属于上述"一般规则"的适用领域,抑或其应当属于"特殊规则"的适用领域。近年来,国内部分学者试图运用公司合同理论证成公司章程修正案配置股东权利应当适用一致同意原则,并且这种尝试已经广泛渗透到司法实践之中。[①] 因此,中国法律究竟选择了多数决定,还是选择一致同意仍旧存有争议,章程修正案决议方式上的不同选择将对股东权利另行配置的难易程度、公司组织对股东关系变化的适应性造成十分重要的影响。

(三) 法定权利与章定权利的救济措施不相协调

2005年《公司法》修订时着意加强并完善了股东权利救济措施。但就公司章程修正案配置股东权利而言,法律上可资适用的救济措施只有一种类型,即评判公司章程修正案配置股东权利的股东会决议法律效力。公司章程修正案另行配置股东权利需要通过股东会决议的方式进行表决,法院认定股东会决议的效力可资凭借的正是新《公司法》第22条中关于股东会决议法律效力的规定。该条第一款规定,公司股东会或者股东大会、董事会的决议内容违反法律、行政法规的无效。此即表明,受到不当配置的股东权利所获得法定救济的必要条件只有通过确认修改公司章程的股东会决议无效这一种方式。在这种唯一的救济方式下,法院必须首先明确立法对于股东权利法定或者章定属性的分类。总之,中国在立法上仅为法定股东权利提供救济,且这种救济措施属于与贯彻强制规范相衔接的方法,而中国立法尚且没有建构出与股东权利章程自治相对应的救济体系。

与中国的公司立法比较,英国的公司法判例及制定法则包含了对于

---

① 参见吴建斌《合意原则何以对决多数决——公司合同理论本土化迷思解析》,《法学》2011年第2期。

章定股东权利十分宽泛的救济手段，主要有公司对异议股东的股权回购救济；福斯（Foss）规则的例外（章程修正案修改股东权利的决议构成对小股东的欺诈时可由法院推翻该项公司决议）；《2006 年英国公司法》第 994 条所创制的法定不公平损害救济（当法院认定股东受到不公平损害时可以依据第 996 条颁布其认为合适的法令，对被诉称事项予以救济）。美国诸州的制定法和判例法，以及《示范公司法》则为章定权利规定了更为灵活的救济措施，当股东受到压迫以致损害其合理期待时，法院可以为其提供一切适当的衡平救济，包括但不限于回购股权、公司解散、决议无效等措施。与业已形成较为完善救济体系的英美诸国相比，由中国立法规定的救济措施只为法律强制理念统摄下的法定股东权利提供了相应的救济措施，缺少章定权利的救济机制。这样的规则设计客观上削弱了立法所预设的救济目标的实现可能，同时也造成了法院于裁判时调剂双方利益平衡的手段过于匮乏，大大限制了司法裁判在调和冲突功效上的作用的发挥。

总之，对于股东之间的权利配置冲突问题，中国新《公司法》所表述的法定和章定股东权利的类型界分缺少严谨的法理逻辑；配置股东权利的自治方式不明；给予法定股东权利的救济措施相对完善，但给予章定股东权利救济的法律措施尚且处于空白状态。

第二节　司法准则的适用及缺陷

阿维纳什·K. 迪克西特（Avinash K. Dixit）指出，经济活动不会因为国家不能提供或疏于提供法律基石而缓慢停顿下来……人们总是试图去发展替代性制度，并且有时已经成功的发展出在不同程度上有效的替代制度。[①] 为了克服股东权利配置冲突案件在裁判上的不确定性，维护法院适用法律的司法权威，中国各级法院在实践中逐渐总结和创制出替代性的司法裁判准则。本节所要探讨的内容即是，这些试图弥补现行立法中章程配置规则矛盾和缺失的司法裁判准则有哪些类型，以及它们是否能够弥补立法规则存在的不足。

---

① ［美］阿维纳什·K. 迪克西特：《法律缺失与经济学：可供选择的经济治理方式》，郑江怀、李艳东、张杭辉、江静译，中国人民大学出版社 2007 年版，第 4 页。

一 股东固有权利准则

随着新《公司法》对公司章程自治领域的放宽，投资者规则意识的增强，实践中设置"傻瓜章程"的现象日渐减少。① 股东越来越多地考虑为公司量身定做符合其自身组织情况的公司章程。但在修订章程的过程中，公司内潜藏着的矛盾得以暴露，通过公司章程修正案限制、修改、消除股东权利所引发的利益冲突已成为公司实践中普遍涌现的现象，由此引发的纠纷也层出不穷。在实践中，中国法院自行适用股东固有权利准则解决股东权利配置冲突的案件最为多见。那么法院是如何适用股东固有权利准则来解决股东之间的权利配置冲突纠纷呢？

（一）股东固有权利的内涵

日本和韩国的学界一般把经由股东一致同意，但不能由章程修正案予以另行配置的股东权利称为股东固有权利，可以由章程修正案重新安排的被称为非固有股东权利（以下分别简称固有权和非固有权）。② 但是中国多数学者一般把不能由公司章程另作安排的股东权利称为固有股东权利，可以由公司章程重新安排的被称为非固有股东权利。此时，中国学界所指称的固有权利实际上等同于法定股东权利的意涵，固有权利与法定股东权利在适用过程中发生了语义上的混同，即无论是公司章程（股东一致同意）还是章程修正案（股东多数同意），另行配置固有权利的公司章程修正案都将产生因违法而无效的法律后果。

固有权与非固有权之间并没有清晰的界分标准，一般认为判断一个权利是否为固有权，要看是否关系到股东的基本利益。③ 有学者指出，公司章程的修改不得侵犯股东既得利益也不是绝对的，而是应当区分股东的固有权利与非固有权利。对于固有权利，应当强制性地规定公司章程不得进行修改；对于非固有权利，应当允许股东进行约定并且公司章程可以对其进行修改，但是应对股东的利益损失进行合理的补偿。④ 一般认为，关系股东基本利益的权利为固有权；反之则为非固有权。对于固有权利规则的

---

① 刘俊海：《新公司法的制度创新：立法争点与解释难点》，法律出版社2006年版，第173页。
② ［日］末永敏和：《现代日本公司法》，金宏玉译，人民法院出版社2000年版，第68页。
③ 同上书，第69页。
④ 赵新泽：《大股东如何不再欺负小股东》，《法制日报》2010年8月18日第12版。

适用,在判定公司章程修正案能否另行配置股东权利的方法上,法院一般采用"固有权"与"非固有权"的标准划分诸种具体的股东权利,从而区别对待。其中,固有股东权利不能通过修改公司章程予以另行配置;对于非固有股东权利而言,可以由章程修正案予以配置。从中国学者对于股东固有权利的语义表述来看,其内涵可推及的范围带有模糊性,固有权利与非固有权利缺乏清晰明确的划分标准。

(二) 固有股东权利的类型

目前,中国学者针对股东固有权利的内涵如何界定已涌现出不少有益的讨论。值得注意的是,固有权利与非固有权利在内涵上的包容性,以及两者划分标准的模糊性要求法院在司法适用过程中必须首先对其明确定性,进而作类型化的处理后,方能适用于具体的案件。从笔者收集的材料来看,中国学者和法官虽然在其学术研究和案件审理时具体区分了固有权与非固有权这两个概念,但却只能看到对固有权利类型的具体列举,并没有文献指明哪些股东权利是非固有权。那么,学者和法官所指的这些股东固有权利都有哪些类型呢?

1. 知情权、召集权、出席权和资本瑕疵上的请求权属于固有权[①]

江苏省高级人民法院民二庭认为,股东的知情权、召集权、出席权和资本瑕疵上的请求权属于固有权。该庭指出,多数股东通过资本多数决原则将不合法、不合理侵害其他少数股东利益的意志上升为公司意志,此时公司中资本多数决原则的基础将不复存在,在这种情况下就需要对多数决原则作出矫正。股东权中固有的、不可因公司各主体的合意和资本多数决原则加以改变的权利包括以下类型:①股东对于其他股东在资本瑕疵问题上的相关请求权;②基于新《公司法》第 34 条所产生的知情权;③基于新《公司法》第 40 条所产生的股东会召集权,以及隐含于第 42 条中的出席权。

江苏省高级人民法院民二庭的观点在理论上有诸多创见,同时亦对实践产生了很大影响。江苏高院民二庭根据属性上的差异,系统区分了股东权利的三种不同类型,并主张依据类型区分的方法明确资本多数决的适用范围。即除了股东的固有权和"须经各主体合意"(股东一致同意)始得

---

① 江苏省高级人民法院民二庭:《审理有限责任公司治理结构案件中的三个基本问题》,《人民司法·案例》2007 年第 4S 期。

更改的权利之外,其他股东权可由资本多数决原则重新予以配置。这些固有权利包括:股东对于其他股东在资本瑕疵问题上的相关请求权、知情权、股东会议的召集权和出席权。

2. 任免权、表决权、优先购买权、知情权属于固有权

奚晓明、金剑锋法官认为,股东的任免权、表决权、优先购买权、知情权属于固有权。他们指出:①公司章程虽然不能作出禁止股权转让的规定,但是在公司法规定之外对股东转让股权设定特定条件的,符合合同自由原则。① ②股东选择管理者的权利是股东的共益权,公司章程或者股东会决议不得剥夺。③股东表决权属于股东的固有权、共益权,除法律规定外,公司章程或股东会决议不得予以限制或剥夺。④股东的优先购买权是法定的优先权,公司股东会决议或者公司章程不得剥夺。② ⑤股东知情权不依附于其他股东权利而存在,也是股东实现其他股东权的基础性权利,也是股东的一项法定权利,公司章程不得剥夺或者限制。③ 公司章程剥夺股东权利,股东可以以公司为被告提起章程条款无效之诉。④

奚晓明和金剑锋法官在《公司诉讼的理论与实务问题研究》一书中并没有对公司章程修正案能否另行配置股东权利作出一般性的回答,而是针对各项股东权利进行了逐个的考察与解说。从散见书中各处的分析看出,作者认为除股权转让权可以予以重新配置之外,其他所列举的股东权利基于固有、法定的属性,均不得由公司章程修正案作出另行安排的规定。

3. 表决权、查阅权和股东会决议无效请求权属于固有权

刘慎辉法官认为,股东的表决权、查阅权和股东会决议无效请求权属于固有权。在审判实践中,不可以通过约定加以限制的股东权是股东的固有权利。这种固有权又称法定股东权,即未经股东同意不得以公司章程或股东大会决议剥夺和限制的权利⋯⋯如果通过约定剥夺或限制了股东的固有权,则应根据新《公司法》判定相关约定无效⋯⋯股东固有权的范围不可过宽,应当进行严格限制。就目前的审判实践来看,应当界定为表决

---

① 奚晓明、金剑锋:《公司诉讼的理论与实务问题研究》,人民法院出版社2008年版,第354页。
② 同上书,第32—34页。
③ 同上书,第252页。
④ 同上书,第27页。

权、正当程序下的查阅权和股东会决议无效请求权。

刘慎辉法官不仅界定了固有权的内涵和外延,并且指出"固有权与股东地位密切相连,具有股东地位的人就具有这些固有的股东权"。尽管这一界定带有循环论证的味道,但其无疑提出了一个针对固有权的司法判断标准,并认为固有权的类型应当包括表决权、查阅权和股东会决议无效请求权。

4. 表决权、任免权、利润分配权和知情权属于固有权[①]

李立认为,表决权、任免权、利润分配权和知情权属于固有权。他指出,公司法规范可以分为强制性规范、补充性规范和赋权性规范。公司章程对股东权利的限制如果违反了法律强制性规定或者法律的基本原则,应当被认定为无效;反之则应被认定为有效。基于这个法理,公司章程中的股权转让限制条款、有限责任公司章程对股东表决权限制的条款、有限责任公司章程中的红利分配权限制条款等应当得到法院的尊重,但对于股份有限公司章程中的表决权限制条款、公司章程中限制股东管理者选择权的条款、股份有限公司章程中的红利分配权限制条款、公司章程中的限制股东知情权的条款等,则应被认定为无效。

李立的观点是在公司类型划分和公司法规范类型划分的基础上区分股东的固有权利和非固有权利的。他认为,有限责任公司中的股权转让权、表决权、利润分配权属于非固有权;股份有限公司中的表决权、管理者选择权、利润分配权以及知情权属于固有权。

(三) 股东固有权利准则的适用特点

纵观中国学者与法官对股东固有权利准则的探讨,可以发现该项规则及其适用具有如下诸种特点。

第一,固有权利准则被视作一种识别公司法中强制性规范的方法。中国法官、学者在论证固有权利时通常称该项股东权利是法定的,甚或是"天赋的",意在指明法律赋予该项权利的不可剥夺性。学者和法院对固有权利与非固有权利进行划分的本意在于弥补现行立法对法定股东权利和章定股东权利于划分上的不足,体现了他们于立法之外重新界定公司章程修正案的自治范围的努力。强制性规范识别技术将视角着眼于

[①] 冯兴俊:《中国法学会商法学研究会 2010 年年会综述》,《法商研究》2010 年第 5 期。

章程自治领域的边界,并在近些年成为中国公司法学界所热议的话题。①问题在于,中国学者所主张的强制性规范识别技术最终仍是借助诸多"效率的""非效率的"等公共政策因素进行权利属性的判断,其本身无法提供一项标准的答案,只能诉诸法官在个案审判中的具体权衡。

第二,固有权利的涵盖范围呈现恣意扩张的趋向。固有权利准则是一种划分股东权利类型的理论。基于划分论的向度,关键在于择定划分标准的科学性与妥当性。从前文列举的观点看来,多数学者和法院要么以"股东身份"作为单一区分标准;要么则借助"涉他性""民法诚实信用原则""关键的、重要的"及"公司治理结构的同质性"等复合标准作为判别权利属性的概念工具,甚或根本就无任何标准可言。中国法院在司法适用过程中舍弃了立法所确立的法定股东权利和章定股东权利的技术划分,转而采纳的是固有权利和非固有权利的分类标准。对于初始公司章程,采纳的是法定、章定的股东权利分类方法;对于章程修正案则适用的是固有、非固有的分类方法。目前固有权利的划分标准过于偏颇和多元,随意性太强,缺乏相应的理论作为支撑,以致法院在法律适用过程中将法定股东权利和部分章定股东权利均认定为固有权利,使得实践中法院对固有权的认定呈现明显扩大化的倾向。

第三,固有权利准则被视为一种救济手段,而不是界定章程自治范围的工具。中国学者和法院通常将固有权利准则视为救济受到不当配置的股东权利的措施。从救济的立场来看,权利本身的类型归属并非重要。倘若存有救济的必要,则法院一般在案件中将股东权利认定为固有权;倘若无须救济,法院则倾向于认定其为非固有权。这样的裁判思路忽略了本应前置的股东权利属性的界定,从而导致为了达到救济的目的一味扩张适用固有权利的倾向,导致该规则不但会适用于真正的固有权利,还会侵入原本非固有权的领域,最终扰乱法律强制和公司自治的界限划分。

二 股东一致同意准则

除股东固有权利准则之外,中国法院和学者还主张采用股东一致同意

---

① 参见蒋大兴《公司法的观念与解释Ⅱ:裁判思维 & 解释伦理》,法律出版社2009年版,第94—103页;贺少峰《公司法的强制性规范研究》,厦门大学出版社2010年版,第173—215页;罗培新《填补公司合同"缝隙"——司法介入公司运作的一个分析框架》,《北京大学学报》(哲学社会科学版)2007年第1期。

准则解决股东之间的权利配置纠纷。如果说固有权利准则蕴含着法律强制或管制的理念，那么一致同意准则则是秉持着与此截然相反的公司自治理念。一致同意准则是指，公司章程修正案可以重新配置股东权利，前提是必须获得所有股东的一致同意。一致同意准则意味着股东可以通过自治的方式自由决定是否另行安排股东权利，而不必受制于任何的约束。

（一）一致同意规则的适用理由

最早适用一致同意准则的案件是江苏省常熟市人民法院判决的"滕芝青诉江苏省常熟市建发医药有限公司强制转让股权无效案"。在该案中，法院认为股权具有财产权与身份权的双重属性，非经权利人的意思表示或法定的强制执行程序不能被变动。被告公司在没有原告股东作出同意的意思表示情况下所作出的通知及股东会决议，对股东没有约束力，股权不能因此发生变动。[1] 有学者持有相似的观点，即认为股东权利具有财产权与身份权的双重属性，包括收益权、表决权等多项权利……非经股东同意不得以章程或者股东会表决的形式予以剥夺或者限制。[2] 从法院和学者阐明的适用理由看，股东权利的成员权（兼具财产权与身份权）属性是一致同意准则的正当性基础。也就是说，股东权利的另行安排必须经过具备适当资格的股东本人允许，没有经过适格股东本人同意的股东权利不得受到章程修正案的另行安排。

上述案件的判旨与裁判方法迅速获得了法院和学界的重视。江苏省高级人民法院民二庭从理论层面对一致同意准则的适用理由予以进一步的阐明，同时引入了公司合同理论作为该项准则正当性的佐证。江苏高院认为，股东权利的整体处分非经股东同意不得以资本多数决予以强制处分，这是民事权利保护的应有之义。[3] 多数股东往往通过股东会决议修改公司章程的方式，要求少数股东在与公司解除劳动关系时将股权转让给公司或者多数股东。此种决议或者章程条款是否有效？江苏省高院认为，在公司与修改章程时投反对票的股东之间，并未建立任何合同关系，以资本多数

---

[1] 孔维寅、王东辉：《常熟审结一股东权纠纷案确认未经股东本人同意股权转让不能成立》，《人民法院报》2007年2月17日第4版。

[2] 林欢：《公司章程能否约定"发生特定情况，股权当然转让"条款》，《中国工商报》2007年7月7日第A3版。

[3] 江苏省高级人民法院民二庭：《审理有限责任公司治理结构案件中的三个基本问题》，《人民司法·案例》2007年第4S期。

决原则通过的章程或者股东会决议不能约束反对股东。① 在否定资本多数决作为配置股东权利的自治规范之后，该文进而认为，如果全体股东一致同意对公司章程作如此修改，情况则完全不同。根据民事权利的处分原则，在股东同意的情形下，自愿接受一个附生效条件的股权转让协议符合《合同法》的合同自由原则。这种附生效条件的股权转让协议的表现形式可能是多样的，经过股东同意的章程条款、股东会决议，只要具备了一份股权转让合同的基本条款，即可作为约束股东、公司的合同。②

在公司法学界，钱玉林教授发表的《公司章程"另有规定"检讨》一文更是详细论证了股东一致同意准则的正当性，并指出其法理基础正是公司合同原理中的不完全合同理论。他认为，初始章程具有合同机制存在的基础，可以视为合同，因公司存续期间章程可以被修改，不妨称之为"不完全合同"。但是公司法将填补不完全章程的权利赋予了公司（股东会）而非全体股东，这就造成了不完全合同的制定（初始章程）与不完全合同的填补（章程修正案）之间实质性的差别……源于初始章程的"另有规定"和源于公司章程修正案的"另有规定"缺乏共同的法理基础，应对公司章程修正案"另有规定"的自由予以必要的限制。③ 初始章程基于合同机制的存在，对个别股东权利予以另行安排的"另有规定"应"从其规定"；而在资本多数决原则下的公司章程修正案，对个别股权予以另行安排的"另有规定"是否应"从其规定"，不无疑问。④ 钱玉林教授的文章主旨在指明初始章程的法理基础是股东一致同意原则，而公司章程修正案则具有特殊的法理。公司章程修正案依资本多数决原则通过后只对投赞成票的股东生效，而对投反对票的股东不生效力，唯经其事后同意方才溯及有效。因此，钱玉林教授实际上认为股东只能决定自身享有的股东权利，与前文的"须经各主体合意"始能配置股东权利的观点并无二致。

（二）一致同意准则的适用范围

股东一致同意实质上是一种有条件允许公司章程修正案配置股东权利

---

① 江苏省高级人民法院民二庭：《审理有限责任公司治理结构案件中的三个基本问题》，《人民司法·案例》2007 年第 4S 期。
② 同上。
③ 参见钱玉林《公司章程"另有规定"检讨》，《法学研究》2009 年第 2 期。
④ 同上。

的准则。依照中国学者引述的公司合同理论，只要股东能够达成一致同意的合意，似乎所有的股东权利都可以经由公司章程修正案另行安排。但是实际情况并非如此，江苏省高院民二庭在认可一致同意准则的同时，也在审判经验的基础上限定了该准则的适用范围。该庭认为，可因公司各主体的合意（股东一致同意），但不可因资本多数决而改变的权利共有三类：第一类，基于《公司法》第35条产生的依照出资比例分取红利的权利和新增出资优先认缴的权利；第二类，依照《公司法》第43条产生的股东表决权；第三类，股东权的整体处分权。① 为何只有这三类股东权利的另行配置适用一致同意准则，该文并未言明。

从笔者所收集到的案件审判情况来看，法院适用一致同意准则主要集中于章程修正案对股权转让权和表决权另行配置的案件。例如，2007年5月15日，江苏省盐城市中级人民法院对一起股东诉请确认公司修改章程部分条款无效案进行了改判。该案争议焦点为某有限公司修改章程增加"离职股东需依据股东会决议将其股权以出资原值转让给其他股东"的条款是否有效。法院以股东权具有财产权与身份权的双重属性，非经股东本人同意不得以章程或者股东会多数表决予以剥夺或者限制为由，确认上述修改内容无效。② 法院将一致同意准则适用于股东表决权重新配置的案件则有最高人民法院审理的"安达新世纪·巨鹰投资发展有限公司与北京首都国际投资管理有限责任公司、协和健康医药产业发展有限公司股东权确权赔偿纠纷上诉案"③。北京市第一中级人民法院审理的"中国广顺房地产业开发公司等诉深圳市广顺实业股份有限公司等公司决议侵害股东权案"同样是将一致同意准则适用于股东表决权重新配置的案件。④ 总的来说，一致同意准则的适用范围并非如公司合同理论所预见的那样宽泛，而是仅仅局限于股权转让权和表决权这两类股东权利。

（三）股东一致同意准则的适用特点

纵观中国学者与法官对一致同意准则的分析和探讨，可以对其适用上

---

① 江苏省高级人民法院民二庭：《审理有限责任公司治理结构案件中的三个基本问题》，《人民司法·案例》2007年第4S期。
② 吴晓锋：《江苏大丰丰鹿建材公司转让股权案小股东二审胜诉》，《法制日报》2007年5月27日。
③ 最高人民法院（2007）民二终字第93号判决书。
④ 北京市第一中级人民法院（2005）一中民初字第5760号判决书。

的特点作出如下总结。

第一，中国学者和法院试图运用公司合同理论论证股东一致同意准则的正当性。一致同意准则没有为中国新《公司法》所明确规定，因而需要有适当的法理基础作为法院适用该项司法准则的支撑。如前所述，学者和法院一般将配置股东权利的公司章程修正案称为附条件合同或者不完全合同，并进而依据合同法的相关法理进行论证和解读。依据所谓的"公司合同理论"，由于合同的成立要求当事人之间存在意思表示，合同的生效必须满足当事人之间合意达成的要件，所以公司章程修正案若要配置股东权利同样必须满足全体股东一致同意这一要件。

第二，股东一致同意的适用范围趋向于收缩。法院在适用股东固有权利准则时具有扩张固有权利类型的趋向；相反法院在适用一致同意准则时则趋于内敛和保守。虽然按照中国学者对公司合同理论的解读，一致同意准则几乎可以适用于所有的股东权利类型，但在实践中法院一般仅在涉及股权转让权、表决权时才会适用该项准则，其他股东权利则鲜见适用一致同意准则的情形。

第三，法院适用一致同意准则的实际效果与固有权利准则相仿。股东固有权利准则的适用将产生禁止公司章程修正案配置股东权利的后果，其实质是强制性规范的形态转化。股东一致同意准则则是一种彻底的自治规范，要求全体股东对于股东权利的重新配置问题必须一致同意。由于公司中的股东人数通常较多，股东彼此之间的利益分歧和摩擦也会随之增加，以致满足一致同意要求的股东合意难以有效达成。当股东一致同意的合意无法形成时，配置股东权利的"合意"自然不生效力，由此便产生与适用股东固有权利准则相同的法律后果。

二 股东信义义务准则

传统公司法理论认为，股东在足额缴纳出资后便不对公司或者其他股东承担任何法定义务。现代公司法在后续发展中逐渐改变了这种理论认识，衍生出了一整套关于多数股东信义义务的法律规则。纽约州上诉法院在 Kavanaugh v. Kavanaugh Knitting Co. 一案的判决中指出，当一些股东在事实上或者法律上决策公司事务时必须公平地对待所有的股东，他们必须诚信地为公司利益行为，法院将保护少数股东不受多数股东违反信义义务行为的侵害。① 中国新《公司法》第 20 条规定，公司股东……不得滥用股东权利损害公司和其他股东的利益。该法第 20 条便是对股东信义义务的概括规定，有学者主张在股东权利配置冲突案件中可以适用多数股东信义义务来解决纠纷。

（一）股东信义义务的法律适用

中国学者通常认为，当多数股东滥用其表决权重新配置股东权利强行通过有害于少数股东利益的决议时，法院可以适用股东信义义务准则，判决公司章程修正案无效。刘俊海教授指出，有限责任公司多数派股东行使表决权时，违反诚实信用原则或多数股东信任义务原则，形成侵害少数派股东、公司或第三人利益的决议，其所作决议为滥用资本多数决的决议。滥用资本多数决的决议，因违反禁止权利滥用和诚实信用原则，属于违反强行法规定的行为，应认定决议无效。② 团体行为的起点是，多数人同意最接近一致同意的决议，在资合性的公司中，出资多的股东承担较多的风险，相应的其利益更接近公司的利益，资本多数决原则便成为公司意思决定的一种制度性安排，但显然并非最理想的选择。制度依赖的结果便是基于资本多数决原则作出的决议必然体现多数资本的意志。在股东利益发生冲突的情况下，多数派股东只有遵循诚实信用原则行使权利，才能根据多数决原则将自己的利益拟制为公司的意志。③ 江苏省高级人民法院民二庭同样认为，除了含有固有权性质的权利外，资本多数决在原则上还应当受到新《公司法》第 20 条关于股东负有信义义务的限制。该条在解决资本多数决原则与少数股东权保护之间的关系问题上具有"兜底"作用。④ 在多数股东并非为了公司利益，而是仅为自身利益而采取的不利于少数股东的决策的情况下，法院可以适用该规定。范黎红法官指出，另行安排股东权利的公司章程修正案条款，一般认定有效，除非能够证明多数股东滥用资本多数决原则侵害其他股东利益。法院对公司章程修正案条款的效力认定须平衡公司整体利

---

① Kavanaugh v. Kavanaugh Knitting Co., 286 N. Y. 185 (1919).
② 刘俊海：《滥用资本多数决所作股东会决议无效》，《人民法院报》2006 年 7 月 6 日第 6 版。
③ 同上。
④ 江苏省高级人民法院民二庭：《审理有限责任公司治理结构案件中的三个基本问题》，《人民司法·案例》2007 年第 4S 期。

益与公平价值下保护小股东利益之需求。[①] 范黎红法官尤其强调谨慎运用新《公司法》第 20 条"不得滥用股东权利"的规定判决章程条款无效。对此,其强调"须平衡公司整体利益与公平价值下保护小股东利益之需求"的观点,否定了带有倾斜保护色彩的"固有权"思路。在解决方式上,其指出应谨慎运用新《公司法》第 20 条禁止滥用股东权利的信义义务作为克服多数决弊端的主要方法。

(二)股东信义义务准则解析

信义义务是一种由受信人对受益人承担最大诚信、忠诚、信任和善意的义务。[②] 多数股东基于其控制地位而与少数股东存在事实上的信义关系。基于这种事实上的信义关系,多数股东负有的义务通常称之为信义义务。信义义务又称诚信义务或者受信义务,最初属于信托法上的词汇。随着商事组织的演进和流变,此概念早已超出信托的范畴,衡平法院法官将信义义务适用于其他种种类似于信托法律关系的场合。[③] 在英国判例法上,股东行使表决权修改公司章程重新配置股东权利时应当具有善意并负担信义义务。[④] 多数股东拥有控制公司的权力,当其行使控制权时多数股东就应当对少数股东负有信义义务。无论控制的具体方法是什么,只要有控制的事实便产生信义义务。多数股东的利益并不一定与公司其他股东的利益一致。多数股东可以通过配置股东权利的方法来为自己谋取利益,获得控制权私人收益。信义义务要求多数股东在行使其表决权时不能只以自己的利益为目标,更不能损害少数股东的利益而从中牟利。[⑤] 总之,股东信义义务起着制定法法条上"兜底条款"的作用,适用于很多无其他明确诉因基础的股东权益救济情形。[⑥] 违反股东信义义务的法律救济并不固定,包括但不限于判决修正案无效、对少数股东的损害赔偿以及股权回购等措施。

[①] 参见范黎红《公司章程"侵权条款"的司法认定及救济——以"强制离职股东转让股权"之章程条款为例》,《法律适用》2009 年第 1 期。

[②] Henry Campbell Black, *Black's Law Dictionary (eighth edition)*, West Group Published, 2006, p.523.

[③] 参见甘培忠《公司控制权的正当行使》,法律出版社 2006 年版,第 84 页。

[④] Jeffrey G. Macintosh, "Minority Shareholder Rights in Canada and England", 27 *Osgoode Hall Law Journal*, 561, 605 (1989).

[⑤] 参见殷召良《公司控制权法律问题研究》,法律出版社 2001 年版,第 203 页。

[⑥] 参见杨署东《中美股东权益救济制度比较研究》,知识产权出版社 2011 年版,第 81 页。

(三) 股东信义义务准则的适用特点

纵观中国学者与法官对股东信义义务准则的探讨,可以将其特点归结为如下三个方面。

第一,中国新《公司法》将股东信义义务定位为补充和兜底规则,但多数学者却经常并不区分作为一般规则或者具体规则的股东信义义务。[1] 多数股东信义义务规则的功能在于概括的限制多数股东滥用资本多数决原则所导致的少数股东利益减损。从法律规范和方法的角度来看,多数股东和少数股东关系的调整是从限制多数股东行为到强调少数股东权利的发展。[2] 中国新《公司法》尚未顺应这一趋势,对多数股东不当配置股东权利的行为尚且缺少从少数股东权利角度予以救济的规范,在此类规范不存在的前提下股东信义义务规则的适用被迫提前,成为一项具体的法律规则。也就是说,中国新《公司法》本将股东信义义务设置为一种补充具体强制性法律规则规范不周延的补充和兜底式规则,信义义务本身就是强制规范的概括式延伸或者一般化。但由于缺少具体救济措施的设置,股东信义义务规则缺少其适用之前的缓冲机制。

第二,股东信义义务规则很少为法院所适用。尽管中国学者和法官对于将信义义务规则适用于股东权利配置冲突纠纷予以了有益的探讨,但是现实中笔者尚未发现法院直接适用该项规则的案例。其实,不单股东权利配置冲突纠纷,中国法院在适用股东信义义务规则于其他类型的多数股东滥权纠纷时也持有这种保守的立场。[3] 除了规则本身定位的原因之外,这恐怕还与中国法院更加倾向于扩张股东固有权利的范围、扩大固有权利准则的适用存在很大的关联。虽然同样作为强制性规范的延伸和变体,但显然股东固有权利准则更为具体且易于适用,而股东信义义务规则却更为概括和抽象,并难以为法官所掌握。因而,实践中通常适用的股东固有权利准则实际上挤压了股东信义义务规则的适用空间。

第三,中国学者和法官认为违反股东信义义务的法律效果仅限于判决公司章程修正案无效,而主流观点则认为违反股东信义义务的法律后果是

---

[1] 参见王保树、杨继《论股份公司多数股东的义务与责任》,《法学》2001年第2期。
[2] 参见汤欣等《控股股东法律规制比较研究》,法律出版社2006年版,第75页。
[3] 江苏省高级人民法院民二庭:《审理有限责任公司治理结构案件中的三个基本问题》,《人民司法·案例》2007年第4S期。

损害赔偿。① 这表明了中国学界尚且对违法信义义务的法律效果存有较为明显的争议。依据美国判例法的经验，多数股东违反信义义务后，法院为少数股东提供了多种类型的救济措施。② 但从前文的表述上看，中国的学者和法官均认为多数股东因不当配置股东权利而违反信义义务的，只应当判决公司章程修正案归于无效。在救济方式上，股东信义义务规则与股东固有权利准则保持了一致。

四 司法准则的缺陷

中国学者对于法院在司法裁判过程中自发演化出来的股东固有权利准则、股东一致同意准则以及股东信义义务规则的适用始终存有疑虑，并对三项准则的理论基础和适用效果展开了较为深入的评判和探讨。

（一）股东固有权利准则的缺陷

中国法院所适用的股东固有权利准则在法理上并非逻辑自足，且该准则已为域外的理论所淘汰。学者指出，对于公司章程的性质，无论是自治法规还是私人契约，有一点是共同的：公司章程是股东和发起人就公司的重要事务所作的规范性和长期性安排。这种安排体现了很强的自治性色彩，是可以规定对股东权重新安排的具体情形的。③ 蒋大兴教授的上述观点意在指明公司章程的关系契约性质，而这正是公司章程的特殊之处。而关系契约理论最早由美国学者麦克尼尔（I. R. Macneil）在《新社会契约论》一书中提出，他指出，契约的变动性和复杂性比人们平常想象的要严重得多，规制结构作为具体交易的制度母体是随交易的性质而变化的。④ 此后由新制度经济学者奥利弗·威廉姆森进一步澄清了契约的三个模型。⑤ 关系契约理论的一个主要观点就是认为公司章程具有长期性的特

---

① 参见王保树、杨继《论股份公司多数股东的义务与责任》，《法学》2001年第2期；王华杰《公司多数股东诚信义务及其民事赔偿责任》，《法律适用》2004年第10期；朱慈蕴《资本多数决与多数股东的诚信义务》，《法学研究》2004年第4期。

② 参见本书第四章第一节。

③ 蒋大兴：《公司法的展开与评判：方法·判例·制度》，法律出版社2001年版，第282页。

④ I. R. Macneil, "The Many Futures of Contract", 47 *Southern California Law Review*, 691, 738 (1974).

⑤ Oliver E. Williamson, "Transaction-Cost Economics: The Governance of Contractual Relations", 22 *The Journal of Law and Econmic*, 233, 233 – 261 (1979). 在文章中，威廉姆森所指的三个契约模型分别是古典契约、新古典契约和关系契约。

点，为克服不确定性及股东理性预期的局限，需要适时的对公司的初始章程安排进行调整。修改公司章程就是进行这一调整的主要工具。由于在调整过程中发生"修改权"与股东权利的冲突时，应优先考虑"修改权"，因此应当否定股东固有权利准则。

在日韩两国之中，股东固有权利作为一种学说已经被理论和实践所淘汰。日本学者末永敏和指出，以前此问题（固有权利和非固有权利的界定和区分）作为资本多数决原则的界限曾经讨论的非常激烈。但如今，通过具体法规大部分问题已经得到解决，所以谈论固有权理论并没有其具体实益。① 日本现已转采法定股东权利和章定股东权利的界分方法。韩国学者李哲松指出，以前，关于哪些权利属于固有权，有特权说（限于一部分股东的权利）、共益权说、自益权说、关于股东本质利益的权利说等。不过，关涉赋予股东权利的规定都是强行性法规（法定股东权利）。因此，关于固有权和非固有权的争论没有实际意义。② 从日韩学者的表述来看，关于固有权利的界定和类型的讨论在日本、韩国曾经兴盛一时，但此后这种分类方法逐渐为更加科学的法定和章定股东权利的划分所取代。

（二）股东一致同意准则的缺陷

股东一致同意准则的理论基础存在着重大的缺陷。吴建斌教授在《合意原则何以对决多数决议——公司合同理论本土化迷思解析》的文章中指出，私权不可侵犯，不等于不能通过一定机制予以处分，股东投资就是转移所有权和实际控制权，同时换取虚拟财产性质的股权，伯利和米恩斯更称之为用明确的财产权利换取不确定的期望……每个股东在加入公司时，就表明其不仅同意章程内容，而且也意味着其认可了法律已有示范的多数决这样的游戏规则……不能因为有可能损害少数股东权益，就主张废弃在尚未找到更好制度替代时不得已采纳的相对较好的制度安排。合意原则（一致同意规则）容易陷于公司僵局、少数决或者独裁制的结果势必更加糟糕。③ 吴建斌教授的文章从法经济学的角度切入，通过对不同制度的效率进行比较证成资本多数决的合理性。该文旨在澄清和批判学界、实务界中错误运用公司合同理论的现象，并指出资本多数决原则是比合意原

---

① ［日］末永敏和：《现代日本公司法》，金宏玉译，人民法院出版社2000年版，第69页。
② ［韩］李哲松：《韩国公司法》，吴日焕译，中国政法大学出版社2000年版，第222页。
③ 参见吴建斌《合意原则何以对决多数决——公司合同理论本土化迷思解析》，《法学》2011年第2期。

则更有效率的制度安排，切不可轻易废弃。文中详细阐述了公司合同理论的三层含义，指明资本多数决原则是公司长期演化所形成的博弈均衡的产物。否认多数决而承认一致同意规则，将导致公司的低效和资源浪费。该文否定一致同意准则在公司章程修正案配置股东权利案件中的司法适用，批评部分学者和法官对于公司合同理论的误用。

此外，叶林教授针对公司章程修正案配置股东表决权的问题指出，对于公司成立后能否重新配置表决权，中国《公司法》未作出特别规定。在字面上，应将重新配置表决权视同公司章程的修改，只需遵循修改公司章程的一般程序即可。[①] 叶林教授所谓的修改公司章程的一般程序即指依据资本多数决原则进行股东会议决议。同时，该文也指出，重新配置表决权（修改公司章程限制表决权）必然影响到既存表决权的效能……在法律适用上，可将重新配置表决权归入股东滥用表决权的具体形式进行约束。[②] 与吴建斌教授的观点略有不同，叶林教授除了主张坚持资本多数决之外，尚且认为法律应当规制股东滥用表决权的行为。

（三）股东信义义务规则的缺陷

违反股东信义义务的法律后果被局限于损害赔偿和股东会决议无效两种情况。虽然有学者主张将股东信义义务规则适用于股东权利配置冲突，但在实践中尚且无法见到适用该项规则的案件。因此，对于股东信义义务规则的适用情况自然无法展开评价。此处笔者对主张适用股东信义义务的学术观点进行评析。中国多数学者认为，多数股东违反信义义务不当配置股东权利的，将产生股东会决议无效的法律后果。此外，范黎红法官尚且认为违反信义义务还将导致针对受害股东的损害赔偿。[③] 在英美公司法中，多数股东违反信义义务将诱发一切衡平手段的救济。那么，为何中国的学者仅仅将法律救济方式限缩于这种较为狭小的范围之内呢？

一方面，这可能与中国商法学者的思维习惯有关。中国学者偏好采用民法的视角审视和解读公司法规范。在中国学者关于民法和商法关系的讨论中，主张民商合一的学说始终占据着主导观点的地位。在民商合一论者看来，商法上的规范内容不过是民法的技术化和去伦理化。依照民法的思

---

① 参见叶林《公司法研究》，中国人民大学出版社2008年版，第96页。
② 同上。
③ 参见范黎红《公司章程"侵权条款"的司法认定及救济——以"强制离职股东转让股权"之章程条款为例》，《法律适用》2009年第1期。

维解读多数股东信义义务的法律后果自然应当比照民法上违反法定义务的相关内容。民法上对于违反法定义务规范的法律效果主要包括法律行为的无效和损害赔偿。因而，中国学者主张多数股东违反信义义务的法律效果仅限于股东会决议无效和损害赔偿的观点也就不足为奇了。

另一方面，这可能与中国公司立法中残存的管制传统息息相关。中国2005年《公司法》虽然旗帜鲜明的秉持了公司自治的精神，但在具体规则的设计上却未能构建出与公司自治相衔接的救济措施。相关救济措施的缺漏使得人们仅仅将股东信义义务与法律强制下的救济措施相关联，这无疑严重制约了股东信义义务作为公司法中兜底式救济的地位和功能。因此，中国学者所主张的股东信义义务实际上已经被扭曲为实践法律强制的重要途径，而非克服公司组织自治发生失灵时的最后手段。

总而言之，为了克服适用现行立法规则所导致的选择性救济问题，维护法院的司法权威，中国法院于审判实践中创制和总结出了股东固有权利准则、股东一致同意准则以及股东信义义务规则这三种类型的裁判标准。这些裁判准则虽然为法院提供了明确可循的依据，但是却存在从理论基础到适用效果上的种种缺陷，未能恰当的填补立法规则上存在的不足和漏洞。

第三节　自治与强制的结构性冲突

股东之间的权利配置冲突是由修改公司章程的活动所引起的。公司章程是静态的，公司的经营环境却是发展变化的。为了灵活的适应公司内部关系和外部环境的不断变迁，需要适时的修改章程的内容。① 当公司股东试图修改章程重新配置股东权利来应对新的商业环境或提升组织适应性时，股东之间的利益冲突往往就不可避免地发生了。现代公司法解决股东之间权利配置冲突的调整方式有两种类型，分别是法律强制模式和公司自治模式。所谓法律强制模式，是指将某项股东权利以强制性规范的形式予以配置，当公司修改章程对该项股东权利予以另行安排时，股东可以主张修改章程的行为因违反强制性规范而无效的调整方法。所谓公司自治模式，是指将某项股东权利设置为任意性规范的形式，给予公司通过修改章

---

① 董慧凝：《公司章程自由及其法律限制》，法律出版社2007年版，第223页。

程另行安排该项股东权利的自治空间，且受到不合理侵害的股东权利可以获得多元救济的调整方法。从本质上讲，公司自治与法律强制并非相互替代的关系，可以说中国立法规则紊乱和司法准则缺陷正是法律强制与公司自治在界分和配合上出现了冲突。

一 法律规则中的结构性冲突

中国章程配置规则在法律强制与公司自治的界分和配合上存在问题，即立法规则的规制边界不清和救济措施不完备。由于立法规则并未清晰的理顺法律强制和公司自治之间的条理，从而造成章程配置规则呈现出含混、扭曲的局面。股东权利属性的界分不清和股东权利救济的不完整导致了法院司法裁判结果的矛盾与紊乱，以致对章程自治配置股东权利的商事活动难以获得法律上有序的指引。

（一）规制规则中的理念冲突

独立人格通常被公司法学者认为是公司制度所具有的首要特征。① 公司法为保证公司人格与股东人格的分野慢慢演化出一套详尽的隔断技术。② 可以说，无论是传统的资本维持制度还是董事会与监事会的结构设计均与股东和公司之间人格分割的必要性密切相关。但是，公司和股东之间的关系毕竟是人为拟制的产物，公司不过是股东集体利益的代名词，两者在现实中难以完全撇清相互之间千丝万缕的联系。在法律上股东之间的利益关系并非总是保持着固定的界限。股东之间的利益关系既有区分的必要，也有重新整合的需求。可以说，法定股东权利的设置是形成公司独立人格和股东集合利益的重要技术之一，而章定股东权利则为重新整合股东之间的利益关系预留了空间。股东权利区分为法定和章定的意义在于，法定股东权利一般是作为股东所必需的、基本的权利，这是一种强制性的法律赋权，不容许通过股东协议或者公司章程修正案的方式予以剥夺；章定股东权利则并非为股东所必需，它由公司章程授予并允许通过公司章程修正案或者股东全体一致的方式进行变更、修改和限制。

从严格意义上讲，当法律对法定股东权利存在例外性规定时，当事人

---

① 参见［英］保罗·戴维斯《英国公司法精要》，樊云慧译，法律出版社2007年版，第37页。

② 同上书，第37—39页。

就存在于法律限度内部分变更或配置股东权利的可能。例如，中国《公司法》第106条规定，股东大会选举董事、监事，可以依照公司章程的规定或者股东大会的决议，实行累积投票制。其中，法定股东权利的内容是股东可依照一股一票的标准享有选任权，但立法例外允许公司章程和股东大会决议仍旧可以对这项法定股东权利予以调整和更改。因此，尽管各国对法定股东权利与章定股东权利之间的划分不尽一致，但只要一国的公司法律为股东预留了施行自治的空间，即承认章定股东权利的存在及其范围，那么股东之间利益关系的再次调整就必然会存在和发生。章定股东权利的存在是股东之间权利配置冲突产生的前提，但是各国对于章定股东权利范围宽窄的度量却可能存在很大的不同。章定股东权利的范围越大则留待股东之间利益重新整合的空间越大；相反，法定股东权利的范围越大则股东之间的利益格局就越难以作出调整。

简而言之，中国《公司法》对于法定股东权利和章定股东权利的类型划分既不清晰，也不合理。一方面，一些本属章定股东权利的类型为立法归为法定股东权利，可由公司章程修正案另行配置的股东权利类型受到压缩；另一方面，一些本属法定股东权利的类型由立法归入章定股东权利，便利了公司中的多数股东对少数股东利益的恣意侵害。

（二）救济规则中的理念冲突

法定股东权利和章定股东权利分别对应着不同机理的救济措施。法定股东权利的救济类似于中国《合同法》第52条对于合同无效的规定方法，即违反强制性法律规则（法定股东权利）的合同（修正案）无效。但是《合同法》对于生效的合同尚且提供违约责任的救济，而中国《公司法》却未对修正案生效后受到侵害的章定股东权利提供任何形式的救济途径。由于不当配置章定股东权利可能造成损害的原因是多种多样的，因而单一的救济措施难以有效应对。英美等国的制定法中一般都规定了不同适用前提的救济措施。救济规则的多样化可以为股东提供灵活的选择，股东可以按照自身的实际情况寻求效益最佳的利益诉求。

关涉股东权利配置的法律规范与一国公司法中股东利益关系的法律调整模式有着很强的关联。偏好法律强制的公司立法通常将股东之间的利益整合限缩于一个狭小的范围之内，并且仅仅给予法定股东权利相应的救济措施；而偏好公司自治的公司立法则提供宽泛的利益整合空间并为受到侵害的股东权利提供多元化的救济渠道。可以说，现行单一的法定股东权利救济规则无法独立应对法院司法裁判的客观需求。在现行立法规则下，章定股东权利受到侵害时还难以获得令人满意的救济。

总之，中国章程配置规则既存在具体规则上的设计缺陷，又存在整体制度衔接上的缺陷，但从根本上说是法律强制与公司自治尚未得到清晰梳理的缘故。中国公司立法中股东权利配置冲突的两类法律模式显得极不协调，彼此之间并未形成相互补充的制度安排。

二 司法准则中的结构性冲突

通过对中国学者评判股东固有权利准则、股东一致同意准则观点的梳理，以及对股东信义义务规则的检讨看出，中国法院为弥补现行立法规则的缺陷而创制的司法准则只是单纯地贯彻了某一种立法理念，仍然未能理顺公司自治和法律强制的整体制度关系。

（一）贯彻法律强制的司法准则

股东固有权利准则在本质上是法院贯彻法律强制理念的结果。股东固有权利在实质上等同于由强制性规范所授予，不允许公司股东通过合意予以配置和变更。股东的非固有权利被视为系由任意性规范授予，股东可以通过一定的表意方式予以重新配置。股东固有权利无疑成为法定股东权利的延伸，股东的非固有权利则成为章定股东权利的延续。

中国法院于审判中显然舍弃了法定和章定股东权的划分，转而采纳了固有权和非固有权的分类方法予以替代。韩国学者李哲松指出，股东的权利，是法律授予的（法定股东权），不得以章程规定、股东大会决议或者董事会的决议加以另行安排。所以像那些以股东大会的决议或者董事会的决议可以配置股东的表决权的章程规定均为无效……总之，（法定）股东权利并不是多数决的议事决定事项。[①] 法院对初始章程，采纳的是法定、章定的股东权分类方法；对于章程修正案则适用固有、非固有的分类方法。因此，法院在适用过程中容易将法定股东权和部分章定股东权均认定为股东固有权利，使得对固有权利的认定带有扩张法律强制边界的意味。

股东信义义务规则在中国立法移植的过程中发生了变异，在法律实践中同样变成了贯彻法律强制理念的司法准则。那么，导致中国法院将法律强制理念贯彻到司法准则的原因何在呢？这是因为，法院通常认定股东权

---

① ［韩］李哲松．《韩国公司法》，吴日焕译，中国政法大学出版社2000年版，第218页。

利配置冲突的原因是多数股东与少数股东在先天力量上的不对等所造成的，因此只有实质性的介入到冲突关系之中，才能倾斜保护少数股东的合法权益。例如，有学者认为公司章程修改的合理规制，有利于保持公司组织机构及运作的相对稳定，并防止大股东滥用表决权利用公司章程变更侵犯小股东的合法权益。对公司章程修改进行法律规制实为确保各方利益实质平衡的正确抉择。① 还有诸多学者认同前述观点，即为确保多数股东能够正当地行使其表决权，根据权利义务相一致的原则，明确他们在行使表决权时应当承担的义务是十分必要的。这种义务应该表现为，多数股东在为自己的利益行使表决权的同时，不得侵害公司和其他少数股东的合法权益。具体来说，对于有关公司事项的决议，多数股东应当首先考虑到公司的整体利益；对于有关股东基本权益事项的决议，多数股东表决权的行使不得构成对其他少数股东的利益的侵害。② 可以说，股东固有权利准则和股东信义义务规则的创制根源于法院主动平衡多数股东与少数股东之间失衡关系的动机。

总之，中国法院所适用的股东固有权利准则、股东信义义务规则带有鲜明的法律强制色彩，法院通常依据上述司法准则主动介入到股东权利配置冲突之中，以此实现多数股东与少数股东之间的利益平衡。

(二) 贯彻公司自治的司法准则

股东一致同意准则的司法创制表明了这样一种事实，即法院试图借助公司自治的方法解决股东权利配置冲突。法院的努力基于这样的认识，即多数股东与少数股东的冲突并非由双方先天力量不对等的原因造成的，而是作为公司章程自治基本规则的资本多数决原则的固有弊端所引起的。资本多数决原则并非绝对公平的制度安排，多数股东通过资本多数决原则压迫、排挤少数股东的问题构成各国公司治理问题相关研究的重要内容，因而被视为公司中的"三大代理问题"之一。③ 因此，法院有理由认为，倘若允许公司章程修正案（适用资本多数决原则）任意限制、修改、消除股东权利，少数股东的权益必将受到严重的损失，因此必须对其予以替

---

① 王红：《公司章程变更法律探析——从动因和规制层面》，《北京化工大学学报》（社会科学版）2004 年第 1 期。

② 马明生、张学武：《资本多数决的限制与小股东权益保护》，《法学论坛》2005 年第 4 期。

③ 公司法中的"三大代理问题"参见本书第 9 页注释①。

代，采用贯彻意思自治更为彻底的股东一致同意准则。

对于资本对数决原则的固有缺陷，中国学者和法院多有论述。刘俊海教授认为，所谓资本多数决的滥用，是指多数股东为实现自己或第三人所追求的某种利益，损害或限制其他股东利益或公司利益，而行使其表决权或运用其基于大股东之资格所具有的影响力。① 资本多数决的滥用是造成多数股东与其他股东冲突的关键。有的实务部门也持同样的见解。例如常州市中级人民法院民二庭课题组认为，由于公司通常实行的是资本多数决的议事决策原则，因此必然存在多数股东对少数股东在一定程度上的强加。但是，这种强加只能限于公司的公共事务，不能直接剥夺专属于股东自身享有的权利，除非这种剥夺得到了股东自身的同意，这也是少数股东为防范多数股东侵犯其权利的有力武器。② 可见，常州中院认为资本多数决原则才是导致多数股东剥夺少数股东权益的制度根源。

基于纯粹私法自治的视角，法院针对资本多数决的弊病所提供的解决方案就是股东一致同意准则。在法院的眼中，资本多数决原则是一种不完全的公司自治，而股东一致同意则是一种完全的公司自治。因此，意欲克服资本多数决原则的不足和弊端必须要彻底贯彻公司自治的理念，将股东一致同意准则作为配置股东权利的章程决议方式。

(三) 司法准则中的理念冲突

尽管法院创制的股东固有权利准则、股东一致同意准则以及股东信义义务规则暂时补充了立法规则上的空白。但令人遗憾的是，贯彻单一法律理念的司法准则终究无法妥适地解决股东之间的权利配置冲突。股东固有权利准则和股东信义义务规则体现了法律强制的理念自不待言，公司自行调节其组织适应性的可能被扼杀殆尽。问题在于，本意贯彻公司自治理念的股东一致同意规则在适用过程中反而背离了私法自治的初衷。股东一致同意的达成对于公司股东而言无疑是一种极高的表决要求，稍出差池便会导致章程修正案配置股东权利决议的否决。完美的私法自治准则反而导致了抑制公司自治的结果。可以说，法院所创制的司法准则不过是将单一的法律理念制度化，客观上并未理顺公司自治与法律强制的应然关系，相反

---

① 刘俊海：《股份有限公司股东权的保护》，法律出版社1997年版，第30页。
② 常州市中级人民法院民二庭课题组：《股权转让若干审判实务问题研究》，《人民司法·应用》2008年第23期。

却将自治与强制推向了截然对立的地位,这与新《公司法》本欲追求的立法目标和大律效果正相违逆。

总而言之,现行章程配置规则并未妥当的处置好公司自治与法律强制的衔接、配合关系,法院在裁判中面临选择性救济的困境。同样,股东固有权利准则、股东一致同意准则以及股东信义义务规则并未妥当的弥补立法规则含混、残缺的现状,反而将法院推至必须主动介入冲突的不利处境。此时,法院已不再是居中的裁判者,反而更像是一个掌控利益配置全局的财富分配者,从而有害于股东自治秩序的稳定及其活动的正常展开。

第二章

结构性冲突的成因溯源

对于章程配置规则的紊乱和缺失，中国学者多是基于个案的角度进行剖析。但是，中国处于经济转轨时期的国情状况决定了对这一问题的研究或许更适于从制度变迁历程中事前规制与事后救济之间关系流变的角度挖掘。因为公司法制演变的历史理路所划定的结构框架和暗含的利益分配格局直接决定了现今立法规制路径的选择和救济措施的构造。可以肯定的是，中国章程配置规则的制度变迁历程与彼时的社会背景，以及各利益团体之间的相互博弈具有莫大的关联。因此，发掘潜藏在规则背后的利益逻辑并予以改良，在研究进路的选择上就应当回溯其间制度变迁的脉络，依此寻求法律强制与公司自治冲突之下的规制与救济规范关系的源流和进化的障碍。

第一节 国企产权配置中的政府强制[①]

中国的公司法系由国企改革以前的企业立法脱胎而来，因此对国有企业产权配置模式的考察是研究章程配置规则制度变迁的起点。

一 国企产权配置的模式

早在中国 1993 年颁布《公司法》之前，政府机关代表全民作为国有企业的出资人和所有者，实际上相当于现行法律赋予股东所享有的地位和权利。虽然此时国有企业所有者的成分是单一的，并不存在企业产权所有

[①] 由于还没有对国有企业进行全面的公司制改革，此时尚不存在法律意义上的股东权利，所以此处以"产权"代称。

者之间的利益冲突和相应的产权配置规则,但以厂长为首的企业管理层作为内部人与政府实际分享了事实层面上的企业所有权,因而政府与企业内部人之间最初的产权配置状况直接影响了后续的股东权利配置关系中规制方法和救济措施的形成。

在1993年之前,国有企业改革的主线是调整政府和企业内部人、管理人员和员工之间权、责、利的分配,由政府向企业内部人"放权让利"[1]。在经济学的视域中,企业所包含的核心权利被归纳为剩余控制权和剩余索取权(或称剩余分配权,除引注外,本书统称为分配权)两类。拿"放权"来说,在中国的语境中,"放权让利"改革要求下放给企业的"经营权",往往指的是作为企业产权基本内容的剩余控制权,因此对企业"放权"就意味着企业内部人与国家分享对企业的剩余控制权。拿"让利"来说,让利实际上意味着企业内部人与作为所有者的国家分享剩余收入索取权。[2] 因此,我们将国有企业"放权让利"过程中的控制权和分配权的改革作为章程配置规则变迁的考察起点。需要说明的是,这两项企业所有者权利的演进与变迁并非独立进行的,二者之间相互影响、相互牵制,正是二者之间的矛盾和演化共同促成了中国所特有的企业产权规则的形成。

二 政府对国企控制权的配置

张五常指出,个人是在受约束的条件下进行选择,在约束条件允许的范围内争取最大的利益。[3] 中国政府着手国有企业的控制权配置改革之初主要受制于两类约束条件。

(一)政府配置控制权的选择约束

一方面,企业迫切需要政府授予其灵活自主地安排生产活动的经济自由,以满足产品紧缺的客观现实。当时改革的背景是,经过近十年的"文化大革命"之后,中国工业产品十分短缺,特别是轻纺工业产品极为短缺,解决产品短缺问题是国家经济工作中的头等任务。在非国有企业还没有登上中国经济舞台的情况下,当时国有企业改革的直接目的就是千方

---

[1] 吴敬琏:《中国经济改革教程》,上海远东出版社2010年版,第125页。
[2] 同上书,第128页。
[3] 参见张五常《经济解释卷一——科学说需求》,中信出版社2010年版,第74—81页。

百计促使企业尽快增加生产。① 因而政府配置控制权的行为受到当时工业产品短缺因素的客观约束。

另一方面，国企改革的另一个约束条件是当时政府尚且缺少有关国企改革的知识和相关经验的积累。与改革相关的知识受制于传统意识形态观念的束缚，而有关改革的经验也只能回溯至1956—1978年国企下放时的诸种实践。在此背景下，当时中国经济学界普遍认同经济学家孙冶方的观点，认为国有企业之所以缺乏活力和效率，是因为政府管的过多，统得过死。② 这使政府认识到国有企业缺乏效率的主要根源不在于国有企业的基本制度，而是由于权力和利益过分集中于政府，以至于导致企业管理层和职工缺乏积极性、企业的社会负担过重、企业的技术改造资金不足等问题。

在上述两个约束条件的共同影响下，中国政府并没有采纳激进的产权私有化道路，而是选择了既满足彼时的客观需要，又为当时条件所允许的重新配置企业产权的道路。即所有这些问题，都可以在不改变国有企业基本制度的框架的条件下，通过"放权让利"而得到解决。③ 1978年12月，中共十一届三中全会对中国经济体制存在的弊端及改革的方向作出了如下表述：中国传统经济管理体制的一个严重缺点是权力过于集中，对企业管得过多、统得过死，应该有领导的大胆下放权力，让地方和工农业企业在国家统一计划的指导下享有更多的经营管理自主权。可以说，"放权让利"的实质就是由政府来重新配置企业所有者（国家与企业内部人）之间的产权关系。

（二）政府对国企控制权的重新配置

从1978年到1993年的近十五年间，中国国有企业控制权下放（企业所有者控制权的重新配置）的政策秉承了政府权力消减、内部人权利扩充的改革逻辑，这一制度变迁进程总共历经了四个阶段。

第一阶段为控制权配置改革的试点实验阶段，政府将部分控制权授予企业内部管理人享有。中国1978—1993年所实施的国有企业改革采取的是先允许地方实验，待经验积累相对成熟后再行推广的方式。马赛厄斯·

---

① 张文魁：《中国混合所有制企业的兴起及其公司治理研究》，经济科学出版社2010年版，第31页。
② 参见吴敬琏《中国经济改革教程》，上海远东出版社2010年版，第125页。
③ 同上。

德瓦特里庞（Mathias Dewatripont）和 G. 罗兰（G. Roland）等经济学家认为，不确定性是影响国家经济转轨成败的关键因素，局部改革所产生的信息反馈作用有助于减少改革进程中的不确定性。① 这一改革方案也被一些经济学家认为是中国经济转轨成功的关键，被誉为所谓的"中国模式"。中国国有企业产权的局部改革始于1978年10月。经国务院批准，中共四川省委、四川省人民政府选择了不同行业有代表性的六户地方国营工业企业率先进行"扩大企业自主权"试点。② 四川省政府在此次改革中授予给企业管理层如下控制权类型：（1）生产经营决策权和物资采购权，在完成国家计划的前提下，可决定增产市场需要的产品，承接来料加工；（2）产品销售权，可决定销售多余的物资、销售国有商业部门不收购的产品和试销新产品；（3）人事管理权，可以自行决定提拔中层管理干部。③ 四川省率先实施的国有企业改革通过行政放权措施授予了企业管理人根据市场需求状况进行生产的部分自由和权力，在产品短缺的商业环境下，企业的经营绩效获得明显的提升。因此，四川省的改革经验很快被推广至全国多个试点，将更多的企业经营自主权配置给企业内部人享有逐渐成为改革的主要方式。

第二阶段为控制权配置改革的推开阶段，政府将更多地控制权授予企业内部管理人。四川省的试点为国有企业扩大内部管理人控制权的改革提供了积极的示范效应和实践层面的经验。为了应对和规范迅速推开的扩大企业自主权试点，国务院于1979年7月颁布实施了《关于扩大国营工业企业经营管理自主权的若干规定》，其核心内容沿袭了四川省试点中的诸多举措，使得放权让利政策迅速在全国范围内推广。其中配置给企业内部管理人所享有的控制权类型包括：（1）生产经营决策权和产品销售权，在完成国家计划的前提下，允许企业制订补充计划，并按照国家规定的价格政策自行销售；（2）企业劳动管理权，企业有权按国家劳动计划指标择优录取职工；（3）机构设置权，企业在定员、定额内，有权按照实际需要，决定机构设置；（4）资产处置权，实行固定资产有偿占用制度。扩大企业自主权的试点较好地调动了企业的积极性，使绝大多数企业实现

---

① 参见章迪诚《中国国有企业改革编年史》，中国工人出版社2006年版，第108页。
② 同上书，第17页。
③ 参见周太和等《当代中国的经济体制改革》，中国社会科学出版社1984年版，第166页。

了增产增收。① 截至 1980 年,这些措施已经扩及占全国预算内工业产值 60%、利润 70% 的 6600 家国有大中型企业。相比于四川省试点时期的改革,由政府配置给内部管理人员所享有的企业控制权类型得到了一定程度的扩充。

第三阶段为控制权配置改革的深入阶段,政府进一步授予企业内部管理人更多的控制权。中国 1984 年的宪法修正案规定,社会主义计划经济是在公有制基础上的有计划的商品经济。传统意识形态的松动为国有企业控制权配置改革的进一步推行扫清了障碍。当时对企业控制权的下放有这样的基本认识:具有中国特色的社会主义,首先应该是企业有充分活力的社会主义。而现行体制的种种弊端,恰恰集中表现为企业缺乏应有的活力。其次,"增强企业的活力,特别是增强全民所有制大、中型企业的活力,是以城市为重点的整个经济体制改革的中心环节"②。在这样的背景下,为了进一步调动企业的积极性,把经济搞活,提高企业素质,提高经济效益,1984 年 5 月 10 日,国务院颁布了《关于进一步扩大国营工业企业自主权的暂行规定》,规定了配置给企业的十项自主权,深化了放权让利政策。③ 这十项权利中涉及内部管理人享有的企业控制权的种类包括:(1) 生产经营决策权,企业在确保完成国家计划和国家供货合同的前提下,可以自行安排增产国家建设和市场需要的产品;(2) 产品销售权,除国家特殊规定不准自销者外,企业分成的产品、国家计划外超产的产品、试制的新产品、购销部门不收购的产品以及库存积压的产品可以自销;(3) 产品定价权,工业生产资料属于企业自销的和完成国家计划后的超产部分,一般在不高于或低于 20% 的幅度内,企业有权自定价格,或由供需双方在规定幅度内协商定价;(4) 物资采购权,对于国家统一分配的物资,在订货时企业有权选择供货单位;(5) 资产处置权,企业有权把多余、闲置的固定资产出租和有偿转让;(6) 机构设置权,企业在主管部门核定的定员编制范围内,有权按照生产的特点和实际需要,自行确定机构设置和人员配备;(7) 人事管理权;(8) 联合经营权,在不改变企业所有制形式,不改变隶属关系,不改变财政体制的情况下,企业

---

① 章迪诚:《中国国有企业改革编年史》,中国工人出版社 2006 年版,第 41 页。
② 中国共产党第十二届中央委员会第三次全体会议:《中共中央关于经济体制改革的决定》。
③ 董辅礽:《中华人民共和国经济史》(上卷),经济科学出版社 1999 年版,第 105 页。

有权参与或组织跨部门、跨地区的联合经营。总之，政府配置给国有企业内部管理人员所享有的控制权获得了进一步的扩充。

第四阶段为控制权配置改革的高潮阶段，政府授予了企业内部管理人员至为广泛的控制权。1992年初邓小平视察武昌、深圳、珠海、上海等地，发表了著名的南方谈话。邓小平指出，"抓住时机，发展自己，关键是发展经济"。南方谈话极大地激励了全国的干部群众，为掀起新一轮经济增长的高潮注入了强大的动力。[1] 中国于1992年颁布的宪法修正案正式确立了中国经济体制改革的目标是建立社会主义市场经济体制。南方谈话及新宪法修正案的颁布肯定了改革所取得的成绩，并且坚定了进一步推进改革的决心，由此催生了将国有企业控制权向更为广泛的领域下放的进程。1992年7月23日，国务院颁布《全民所有制工业企业转换经营机制条例》，该条例共授予国有企业十四项自主权，比1984年的政策增加了投资权、联营兼并权、进出口权、拒绝摊派权等四项企业自主权。[2] 在这一阶段的改革中，全国进行各种形式的转化经营机制改革的企业达到8000家左右，内容从企业内部改革、企业经营方式改革逐步向企业组织制度和管理体制的配套改革深化。[3] 至此，中国国有企业控制权的配置改革走向了高潮，企业内部人甚至被授予了诸多只应企业所有者享有的宽泛权利。

（三）控制权配置中的政府强制

通过对中国国有企业控制权配置历史变迁的考察，可以发现重新配置国有企业控制权的政府主导模式具有如下鲜明的特点。

首先，政府配置国有企业控制权的频次较少，反应较为滞缓，控制权的配置缺乏适应性和灵活性。起初国家作为出资人完全享有国有企业的控制权，随后转由国家和企业内部人共同分享，最后则是主要控制权限均为企业内部人所享有。控制权的不断调整显示出在政府强制推动下的产权安排只能满足当期的经济形势和环境，缺乏足够的适应性。且企产权关系的每一次重新配置都需要按照政府的统一部署来推进，企业没有自主安排控制权配置关系的自由，缺少应有的灵活性。

其次，政府配置国有企业控制权时过度的向企业内部人倾斜，其配置

---

[1] 章迪诚：《中国国有企业改革编年史》，中国工人出版社2006年版，第296页。
[2] 董辅礽：《中华人民共和国经济史》（上卷），经济科学出版社1999年版，第115页。
[3] 章迪诚：《中国国有企业改革编年史》，中国工人出版社2006年版，第303页。

产权的依据缺少科学性。随着控制权下放的类型逐次增多，政府下放控制权的重要性和层次也在逐步提升。四川省试点时期授予企业内部管理人享有的只不过是关涉企业日常生产、采购、销售等管理权利，此后又渐次享有了资产处置、机构设置以及联营兼并等与企业出资人权益有重大关联的权利。由于此时尚且没有进行企业的公司化改制，国家出资人与管理层之间的控制权关系并非依照"股东—董事会—管理层"的模式予以配置。由于缺少科学的配置尺度和标准，致使类似人事管理权、联营兼并权等本应划归出资人享有的权利均授权给了企业内部管理人。企业内部管理人所实际享有的控制权早已超出了现代公司体制下管理者的职权范围。

最后，政府是重新配置国有企业控制权的决定者，但政府很难制定出符合国企自身特点的产权安排。由于信息结构的不对称及其在传递过程中的耗散，政府机关无法适时根据企业的自身特点配置出最优的产权关系。同时，由于所有者缺位原因所导致的激励不足，致使政府缺少足够的动力来为企业设计出最为适宜的控制权安排。基于以上原因，第三方（政府）决定下的控制权配置结构成为阻滞中国国有企业经济效率提升的最大障碍。

总之，中国此阶段的国有企业控制权配置明显地强化了企业内部管理人所享有的权利，同时国家作为企业的出资人或者处于缺位，或者处于尚未理顺的状态。从公司治理的角度来看，中国显然出现了严重的内部人控制的局面，或者说内部人在相当程度上夺得了企业的剩余控制权。[①] 由政府推动的国有企业控制权配置改革在策略上保证了改革进程的稳步、有序实施，但也导致了由内部管理人主导企业控制权的局面，国家所享有的企业权益处于被剥夺的状态。

三 政府对国企分配权的配置

与国有企业控制权中的产权改革一样，政府对分配权的重新配置同样面临着客观环境对其行为选择上的约束。

（一）政府配置分配权的选择约束

一方面，分配权改革所面临的首要约束便是不能过分削弱政府现有的

[①] 参见张文魁《中国国有企业产权改革与公司治理转型》，中国发展出版社2007年版，第42页。

财政收入来源。从政府财政的角度而言,中国当时尚未实行企业所得税制度,国家财政收入在很大程度上依靠国有企业上缴的利润,国有企业的利润构成国家财政收入的最主要来源。政府对国有企业分配权制度的任何变革将影响中国财政收入及财政政策的稳定,进而影响全国物价指数的波动和通货膨胀的高低。因此,只有稳定政府的财政基础,保证企业上缴的利润数额,才能保障整个改革进程的连贯性与可持续性。

另一方面,从企业自身的角度而言,政府在配置分配权的改革中必须要认可物质激励的作用,充分调动企业中劳动人员的积极性。中国在传统的计划经济体制中形成了以重工业优先发展为目标的经济战略。[①] 对于一个发展中国家来说,如果要推行重工业优先发展就不能只依靠市场的力量。为了动员社会中有限的资金,就有必要通过压低工资等方式提高企业的自身的积累率,完成重工业的跨越式发展。[②] 但是,在压低工人工资的同时,片面强调精神激励及政治动员的方法会造成劳动生产效率的滑坡。职工"干好干坏一个样,干多干少一个样",以致缺乏从事生产活动的积极性。政府推动的分配权配置改革只有打开向企业分配留利的口子,才能发挥物质激励的作用,促进国有企业的活力与动力。

受制于以上两类客观条件的约束,政府针对国有企业中的分配权的配置关系前后尝试了数次的调整。但问题在于,无论政府如何变换国家出资人与企业之间的分配关系都很难平衡两者之间所存在的分歧与冲突。在此期间,政府财政收入每历经一次调整便会发生剧烈的波动,同时企业的生产积极性也经受了数次起伏。政府强制模式下的国有企业分配权配置改革陷入了周期性循环的困境。

(二) 政府对国企分配权的重新配置

1978—1993 年,国有企业分配权体制总共历经了五次变革,每次权利的重新配置都是围绕着政府如何在维护财政纪律和稳定企业留利之间实现平衡的主题进行的。

第一阶段的分配权配置改革始于 1978 年,在四川省近 4000 家企业中试行了利润留成制度。利润留成的本质是一种依托政府力量配置利润归属

---

① 参见林毅夫、姚洋主编《中国奇迹:回顾与展望》,北京大学出版社 1999 年版,第 40—46 页。

② 参见林毅夫、蔡昉、李周《中国奇迹:发展战略与经济改革》,格致出版社、上海三联书店、上海人民出版社 1999 年版,第 79 页。

的方法。所谓利润留成，就是把企业的一部分利润分发给国有企业。具体的方法是，对于赢利的企业，把增加的利润中的12%留给企业。留给企业的这一部分利润有三种用途：（1）奖励基金，给工作积极的工人多发奖励；（2）福利基金，给予职工福利；（3）发展基金，由企业用于投资，扩大再生产。对于原来亏损的企业，就把减亏的部分留12%给企业。① 这项分配权配置改革在试点的时候效果非常好，但是自1979年推向全国时却出现了问题。企业在生产积极性提高的同时，企业上缴给国家的利润却减少了。1979年和1980年，中国出现了历史上前所未有的近300亿元的财政赤字，社会零售物价指数在1979年上升了1.9%，1980年上升了6%，整个国民经济面临着严重的通货膨胀的危险。② 出现这一问题的原因就在于企业内部管理人与政府之间存在着严重的信息不对称。作为理性人，企业的管理人虽然不能直接要求从国家手中分享更多的企业利润，但是可以通过逐步扩大的控制权掩盖企业的实际利润，变相地将利润留存于企业之中。也就是说，在中国国有企业控制权下放以及利润留成制度的共同作用下，引发了控制权劫掠分配权的"剥夺效应"③。国家作为出资人无法施展有效的监督，政府依靠强制划分利润比例的方式在根本上无从保证其利润分享的基本预期。在缺乏有效信息和政府管制失灵的情况下，大量的利润被企业内部人所侵占。

第二阶段的分配权配置改革以经济责任制的推行为标志，即政府通过行政计划指标估测并配置企业分配权。最初的放权让利政策并没有也不可能规定严格统一的留利办法，两三年之后，政府发现虽然企业利润不断增加，但国家财政收入1979—1982年一直徘徊不前，相反企业留利和职工收入却在不断攀升，因此政府势必要与企业就利润分配进行重新谈判。④ 因此在1981年，政府开始考虑全面改革国有企业的利润分配制度。国务院于当年10月颁发了《关于实行工业生产经济责任制若干问题的暂行规定》，这里的经济责任制其实就是企业上缴利润的责任制，规定通过利润包干和分成等办法以保证国有企业的利润上缴数额。这种管理制度把企业

---

① 参见林毅夫《中国经济专题》，北京大学出版社2008年版，第168页。
② 章迪诚：《中国国有企业改革编年史》，中国工人出版社2006年版，第61页。
③ 经济学上的"剥夺效应"是指由于产权界定的不完全所导致的一方占有另一方利益的激励构造。
④ 董辅礽：《中华人民共和国经济史》（上卷），经济科学出版社1999年版，第120页。

对国家承担的责任放在首位，以责任为核心，在国家向企业放权让利的同时，强化企业的经营责任，以责定权，以责定利，避免扩权带来的不合理的企业行为。① 经济责任制改革的实施放映了这样一种认识，即政府努力调整控制权与分配权之间配置关系严重失衡的状态，以使责任和利益的量度相互匹配。正如中国学者所指出的，从扩大企业自主权试点到实行经济责任制，是一个合乎规律、合乎逻辑的发展过程。扩大企业自主权的侧重点是解决企业权限过小的问题，给企业以内在动力，把企业搞活；而实行经济责任制要求"责、权、利"紧密结合。② 总之，经济责任制改革是政府有意识调整控制权与分配权配置失衡的有益尝试。

第三阶段的分配权配置改革是政府对国有企业实施了"利改税"政策，试图借助类似税收的方法解决分配权配置紊乱的弊病。由于实行经济责任制之后不久，实践中普遍出现了"鞭打快牛"的现象，企业的生产积极性受到了挫伤。"鞭打快牛"的产生基于如下逻辑。在传统的计划经济中，企业完成的各项计划指标是根据以前完成情况的"基数"基础上来确定的。也就是说基数越大则政府拟定的计划指标就越高，企业之前完成的基数越高则在下一年度就需要完成更多的任务以及缴纳更多的利润，这种现象被形象地称为"鞭打快牛"。效益好的企业为了避免向政府缴纳更多的利润，从而形成了掩盖实际生产效率，隐瞒真实利润水平的动机。因此就出现了企业增收、国家却并没有多得的现象。从理论上讲，尽管在机制设计上经济责任制意图实现企业控制权与分配权之间的匹配与平衡，但事实上仍旧无法避免企业内固有的信息不对称问题。在这种背景下，国务院在1983年4月决定停止实行经济责任制，同时颁布《关于国营企业利改税试行办法》，规定实施所得税制度和利润调节税制度。利改税的初衷就是把国有企业的上缴利润改为按照国家规定的税种及税率缴纳税款，税后利润完全由企业支配，逐步把国家与企业的分配关系通过税收形式固定下来。③ 利改税方案实际上反映出在改革的进程中政府逐渐被边缘化为企业外部人，控制权的下放使其无法通过企业的组织决策机制保障自身的分配权益，因此只能借助类似公法上的税收制度来弥补企业产权配

---

① 章迪诚：《中国国有企业改革编年史》，中国工人出版社2006年版，第61页。
② 同上。
③ 同上书，第94页。

置上的缺陷。

第四阶段的分配权配置改革是在全国范围内推广企业承包制度，政府尝试利用行政合同的手段重新配置分配权。利改税改革仍然没有摆脱经济责任制的类似困境。原因在于利改税混淆了国家作为国有资产所有者和社会经济管理者双重身份的区别，将作为投资收益的利润与作为法律义务的税收混为一谈。[①] 实际上，税收征缴与利润分配是两类完全不同的制度，税率的稳定性与利润分配的动态性本身就是自相矛盾的。利改税本身就存在不足，加上它出台的时机正好是经济过热后的宏观经济整顿和紧缩，在利改税推行后，出现了全国国营企业连续22个月滑坡的局面。利改税的积极作用尚未发挥就被承包经营责任制取代了，利改税也因此宣告终结。[②] 1986年12月，国务院颁布了《关于深化企业改革，增强企业活力的若干规定》，决定废止利改税试行办法，全面推行企业承包制度，并对规模较小的企业实行租赁经营制度。承包制的核心就是关于国有企业利润的上缴办法，主要涉及的是分配权配置方面的改革。它实际上是一种层级制的产权安排，即由下一级所有者在交付定租或分成租的条件下，从上一级所有者取得承包期间的剩余控制权，并对扣除租金后的经营成果享有剩余索取权。[③]政府推行承包制的目的在于通过承包合同的形式固定其与企业内部管理人的磋商机制，其实质是通过行政合同来具体界定分配权的清晰边界，以防止控制权与分配权之间发生严重的失衡。

第五阶段的分配权配置改革是通过公司制度的引入规范分配权的设置，同时将税收与利润提取区分开来。政府通过承包经营合同解决分配权的配置问题存在固有的缺陷。一方面，承包合同具有短期性或者期限性，因而容易助长承包者的短期经营行为。例如承包者会在承包期到来之前尽可能用尽各种生产要素，造成不必要的浪费或者不进行对企业发展有所助益的长期投资。另一方面，承包合同对产权的界定具有模糊性。现代企业理论认为，企业是一种长期合同、关系合同。[④] 长期性和关系性的特点决定了有关企业产权的条款难以在订立合同时为缔约双方全部发现和预见。

[①] 章迪诚：《中国国有企业改革编年史》，中国工人出版社2006年版，第95页。

[②] 同上。

[③] 参见吴敬琏《中国经济改革教程》，上海远东出版社2010年版，第125页。

[④] Michael C. Jensen, William H. Meckling, "Theory of the Firm: Managerial Behavior, Agency Costs and Ownership Structure", 3 *Journal of Financial Economics*, 305, 305-360 (1976).

这就容易导致作为发包者的政府与作为承包方的企业内部管理人之间的利益冲突进一步加剧，政府代为享有的所有者权益更容易受到侵犯。作为应对上述问题的新手段，《中华人民共和国公司法》于1993年底正式颁布。此举标志着中国开始尝试依靠现代公司的权利配置体系解决国有企业中分配权的配置难题。同时，随着1993年国家财政和税收体制改革，国有企业按35%的税率上缴所得税而不再上缴税后利润，承包制全面终止。

（三）分配权配置中的政府强制

通过对1993年之前中国国有企业分配权配置改革的变迁状况进行的梳理，可以发现国有企业分配权配置中政府强制的演化展现出如下的规律性特点。

首先，国有企业的分配权配置改革经历了去政府干预的过程，政府在重新配置分配权中的角色发生了转换，其身份由主导者演变为参与者。1979年，政府在全国范围推行放权让利改革时，并没有预料到国有企业经济剩余如何进行动态分配将会成为一个问题，政府那时的注意力过分集中在如何提高国有企业生产积极性方面。但作为所有者，国家无法接受经济剩余的分配过多流向企业内部人而国家财政收入停滞不前的事实。[①] 为了解决企业分配权在国家与企业内部人之间的配置关系问题，政府先后尝试了各种手段。从利润分成到经济责任制，从利改税到承包经营责任制，最后到现代公司权利配置模式的最终确立，几乎践行了各种可行的制度安排，在此过程中政府干预的程度显示出递减的趋势。

其次，政府对国有企业分配权的重新配置始终围绕着如何克服"剥夺效应"的主题展开，政府无力解决"剥夺效应"的局限性逐渐暴露。最初的利润留成模式并未注意到企业内部管理人享有的控制权会引发剥夺国家出资人权益的后果。此后的经济责任制、利改税、承包经营责任制无不在试图调适控制权与分配权之间的匹配关系。由于前述制度设计均未能恰当的解决企业中存在的信息分布不对称的问题，因此剥夺效应始终未能得到有效的遏制，国家财政收入流失的状况并没有彻底根除。同时，国有企业产权配置改革的推进也是两类权利逐渐对应，配置关系不断吻合的过程，所以尽管每一次的重新配置都存在相应的缺陷，但因此制度上的漏洞

---

① 参见张文魁《中国混合所有制企业的兴起及其公司治理研究》，经济科学出版社2010年版，第33页。

与缺失才得以在下一次的改革中弥补。

最后，政府对国有企业分配权的重新配置具有被动性的特征，政府对分配权的每一次调整都是一种被动的选择。由于经济转型过程中存在着巨大的不确定性，因而国家政权的稳定性对于企业体制的成功转型至关重要。中国每一轮国有企业分配权重新配置的起因都是由于财政收入的大幅减少所引发的恶性通货膨胀难以抑制，政府为了稳定财源、汲取收入，进而才推动了新的分配权配置改革。被动性的改革带有实用主义和实践理性的色彩，但为此付出的社会成本和代价也是十分巨大和高昂的。

总之，中国政府在国有企业分配权的配置改革中意图清晰界定国有出资人与企业内部人分享的企业剩余权利。企业内部管理人与政府的角力是分配权配置关系不断进化的根源与动力。当时的实际情况是，国有企业的内部管理人对企业的剩余收益有了高度的分享权利，也就是说，出现了明显的内部人分享局面。[①] 内部人分享的局面是政府无法对企业产权的激励结构实现根本性改变的原因所致。可以说，中国形成了由企业内部管理人剥夺国家所有者的分配权的局面，分配权配置中政府干预的被动与乏力等弱点逐渐为改革者所认知。

第二节 政府强制对法律强制的影响

随着中国政府强制配置国企产权的缺陷和弱点不断暴露，改革的决策者逐渐认识到只有经由公司立法才能建立现代的企业产权关系。可以说，1993年《公司法》最初正是为了解决全民所有制企业产权配置上的痼疾，同时为促其向现代管理型企业的转变而颁布施行的。

一 政府强制的传承和影响

20世纪90年代初，中国全民所有制企业的公司化程度普遍较低，公司化进程也相对缓慢。据相关数据的统计，1992年中国全民所有制企业、集体所有制企业（乡镇企业）和联营企业分别占全国工商企业总数的

---

① 参见张文魁《中国国有企业产权改革与公司治理转型》，中国发展出版社2007年版，第42页。

26.6%、71.4%（24%）和2%。① 从所有制看，集体、联营及其他经济类型的公司发展较快。② 为鼓励和推动全民所有制企业转变为现代的公司制形式，1993年中共十四届三中全会《关于建立社会主义市场经济体制若干问题的决定》明确提出，深化中国国有企业改革必须要着力进行企业制度创新，建立"产权清晰、权责明确、政企分开、管理科学"的现代企业制度。③ 为此中国在总结试点实践经验及借鉴外国公司立法的基础之上，于1993年颁布了适用于全国范围的《公司法》。由于1993年《公司法》的规则设计基本是以国有企业中的权利配置冲突为原型和解决对象的，因此放权让利改革过程中所孕育的政府强制配置国企产权的模式在法律规范层面上得以延续和存留，1993年《公司法》中的相关规范带有路径依赖的痕迹。

新制度经济学大师哈罗德·德姆塞茨（Harold Demsetz）指出，产权的主要配置性功能是将受益和受损效应内在化，那么产权的形成就可以通过它们与新的受益与受损效应的形成相联系而得到最好的理解。新产权的生成是人们对新的"收益—成本"预期进行调整的回应。④ 随着国家出资人在公司中转换为新的股东身份，政府强制在立法层面被取代，让位于所谓的法律强制。

不同于政府强制，立法机关不能直接针对公司中的股东下达配置股东权利的行政指令，相反是通过法律中的强制性规范间接指引股东权利的配置活动符合立法者的预期。立法者希望采用法律强制来固定股东之间的既有权利配置关系，禁止重新配置股东权利的活动，希冀相关的规制和救济规则在法律强有力的干预下达到预期的经济秩序。为了使股东（尤其是国有股东）的权益能够固定下来，立法者在法律强制理念的指导下设计了极为严格的股东权利配置秩序和公司法定治理结构，同时在维系这一制度构造的前提下，开启了允许股东通过司法诉讼途径获得救济的闸门。

---

① 新华通讯社编：《中华人民共和国年鉴——经济监督工商行政管理工作综述（1993年）》，新华出版社1994年版，第112页。
② 同上书，第115页。
③ 中国共产党十四届三中全会：《中共中央关于建立社会主义市场经济体制若干问题的决定》。
④ ［美］哈罗德·德姆塞茨：《所有权、控制与企业——论经济活动的组织》，段毅才译，经济科学出版社1999年版，第167页。

二 法律强制在规制领域的变型

政府与企业内部管理人之间的利益冲突推动了以此为主题的国有企业产权配置规则的制度变迁,并导致了企业内部管理人权力失控、政府介入无方的后果。这一利益冲突并未伴随《公司法》的颁布而销声匿迹,相反其规制方法在新的立法中得以延续。在产权的基本配置层面,《公司法》设计出由强制性规范予以确立的、不可更改的股东权利配置关系;同时通过扩大股东会的职权范围,从而将股东之间的利益冲突归入股东会议的层面予以解决。在这种方针下,股东之间的权利配置关系得以定型化,股东会被授予广泛的职权以保障相互利益的有效妥协,股东之间的权利配置关系和股东会的职权主要由强制性规范构成。

(一) 股东权利配置关系的定型化

1993年《公司法》第4条第一款规定,公司股东作为出资者按投入公司的资本额享有所有者的资产收益、重大决策和选择管理者的权利。除了对股东权利的高度概括外,法律明确授予股东的权利包括:出席权和表决权(第41条、第106条第一款);查阅权、建议权和质询权(第32条、第110条);股东大会召集权(第42条、第104条第三项);主持权(第43条第二款);新股认购优先权(第138条第三项);优先认缴出资权(第33条);股权转让权(第35条、第143条);出资份额优先购买权(第35条);股利分配请求权(第33条、第177条第四款);剩余财产分配请求权(第195条第三款)。

1993年《公司法》并未允许公司章程修正案可以重新配置上述的股东权利。《公司法》第22条列明了有限责任公司章程应当载明的事项:(1) 公司名称和住所;(2) 公司经营范围;(3) 公司注册资本;(4) 股东的姓名或者名称;(5) 股东的权利和义务;(6) 股东的出资方式和出资额;(7) 股东转让出资的条件;(8) 公司的机构及其产生办法、职权、议事规则;(9) 公司的法定代表人;(10) 公司的解散事由与清算办法;(11) 股东认为需要规定的其他事项。而《公司法》第79条也列明了股份有限公司章程应当载明的事项,其内容与第22条的规定基本相同。同样,法律也未准予由公司章程修正案另行安排各项股东权利,股东权利的类型和效力均为法律所直接确定,不可经由公司章程修改的形式予以重新配置。

(二) 股东会议事职权的宽泛配置

为了维系法律强制设定的股东权利配置关系，1993 年《公司法》意图通过扩充股东会的法定职权范围促使股东消弭彼此之间的利益冲突。这也是因为用管理国有企业的办法来管理不同所有制类型的企业，才造成的结果。国有企业本身缺乏自然人股东，所有股东权利的行使必然要通过明确性的规定来完成。① 由于政府不再直接的干预公司的具体管理和运营，所以立法者试图借助股东会议等治理结构的制度设计消解股东之间的利益分歧。

第一，1993 年《公司法》为股东会设置了非常宽泛的法定职权。《公司法》第 38 条规定有限责任公司股东会的法定职权包括：（1）决定公司的经营方针和投资计划；（2）选举和更换董事，决定有关董事的报酬事项；（3）选举和更换由股东代表出任的监事，决定有关监事的报酬事项；（4）审议批准董事会的报告；（5）审议批准监事会或者监事的报告；（6）审议批准公司的年度财务预算方案、决算方案；（7）审议批准公司的利润分配方案和弥补亏损方案；（8）对公司增加或者减少注册资本作出决议；（9）对发行公司债券作出决议；（10）对股东向股东以外的人转让出资作出决议；（11）对公司合并、分立、变更公司形式、解散和清算等事项作出决议；（12）修改公司章程。《公司法》第 103 条所规定的股份有限公司股东大会的法定职权与有限责任公司股东会的职权基本一致，唯一的区别在于股东大会缺少第 38 条第十项的内容。上述股东（大）会职权的列举涉及人事选任、经营决策以及股东权利转让等多个方面，其职权范围和类型较域外诸国立法明显趋于宽泛。

第二，股东会与董事会之间的职权界限存在条文解释上的模糊地带，这是中国股东会法定职权设置宽泛的另一种表现。《公司法》第 46 条、112 条规定了董事会所享有的法定职权。股东会与董事会之间的职权冲突集中于公司的经营决策事项上：股东会享有决定公司"经营方针和投资计划"的职权；董事会则享有决定公司的"经营计划和投资方案"的权力。根据文意上的理解，股东会职权属于较宏观层面的，所针对的是公司重大经营事项；董事会的职权则侧重相对微观的决策层面。问题在于，法律条文措辞上的细微差别只能为职权范围的确定提供方向上的指示，缺乏

---

① 张维迎：《产权、激励与公司治理》，经济科学出版社 2005 年版，第 180 页。

甄别上的操作性。正如学者所言，股东会职权中包含有重大经营管理事项的决策权，董事会的职权之一是执行股东大会的决议，同时又享有公司经营事务的决策权。那么，在公司实际经营决策过程中，股东会的决定权与董事会的决策权不可能绝对的泾渭分明，极容易造成权力的混淆，或者争夺决策权，或者相互推诿责任。① 在中国强调"股东主权"，且公司中普遍存在多数股东的状况下，股东会更易成为这类界分不甚明晰的职权的实际享有者。

第三，1993 年《公司法》中未予列明的职权实际由股东会享有和行使，这是中国股东会法定职权配置宽泛的最突出表现。《公司法》第 37 条、102 条赋予有限责任公司的股东会及股份有限公司的股东大会以公司权力机关的地位。权力机关的用语蕴含最高以及最终决定的意味，由此导致法律适用时倾向于将法律未列明的职权理解为由股东会享有和行使。张维迎教授指出，中国《公司法》没有明确规定那些没有加以明确的权力属谁享有。显然《公司法》中列举的公司权力是不完整的，因此，最终是由股东会这种非常设性机构来完成。② 在现实实践中，股东会通常成为法律未列明职权的实际享有者。

总之，随着由政府强制转化为新的法律强制，股东权利重新配置的空间被立法者所取缔。为了保障和固定既有的股东权利配置关系，同时维系股东之间的利益平衡，1993 年《公司法》以法律强制理念为核心构建了一整套的法律规则体系，将股东会议作为缓和股东权利配置冲突的替代机制。

三 法律强制在救济领域的形成

1993 年《公司法》对股东权益救济的规范重心主要涉及股东出资、验资及评估领域。在法律强制模式下，救济措施的立法安排受到企业维持原则和法定资本制的制约，无法满足股东对多样化和灵活性救济方案的需求。因此对股东会决议效力的评判成为解决股东之间权利配置冲突的主要救济形式，缺少回购、解散等灵活多样的救济机制。③ 同时，由国企公司

---

① 徐浩：《股东会、董事会职权的兜底条款质疑》，《北方法学》2010 年第 6 期。
② 张维迎：《产权、激励与公司治理》，经济科学出版社 2005 年版，第 180 页。
③ 1993 年《公司法》第 111 条规定，股东大会、董事会的决议违反法律、行政法规、侵犯股东合法权益的，股东有权向人民法院提起要求停止该违法行为和侵害行为的诉讼。

化改制,以及民营公司兴起的共同推动,政府介入股东权益救济的意愿和能力逐渐式微。这种变化并非一步到位,在政府干预逐步退出救济领域的趋势下,评判股东会决议效力的诉讼救济方才发展成为满足受害股东诉求的主要途径。在这一领域中,政府逐渐淡出其作为外部干预者的角色,渐趋回归了公共管理者的角色。

(一) 效力评判与法院裁判的兴起

随着国有企业公司化改制的稳步推进和民营公司的普遍设立,政府救济介入股东权利配置纠纷的必要性已大为减少了,《公司法》确立的股东会决议的效力评判规则成为解决此类纠纷的主要机制。

第一,政府介入股东权利配置纠纷的社会需要日趋削弱。实践中,为了抵消政府权力干预过多带来的诸多不便,一些公司投资者为了平衡各方经济利益,不断地以制定各种内部协议方式替代或架空了政府主管机关审批后的章程,出现了公司登记文件所记载事项与公司实际运作状况明显不相符合的状况。[①] 政府权力的介入成为股东权利合理配置的主要障碍。

第二,政府越来越难以胜任救济者的角色。股东之间的权利配置冲突复杂多样,需要完善、细密的自治规范和自治协议才能协调彼此之间的利益关系。政府权力所具有的主动性特点往往搅扰股东之间既有的协议安排,打破原有的利益均衡。平复复杂的利益冲突以及稳定股东权利配置预期的要求使得政府难以胜任这一救济者的角色。

第三,股东所有制背景的渐趋复杂和多元提升了政府权力介入救济的难度。2003年中国共产党的十六届三中全会提出了要大力发展混合所有制经济,实现企业投资主体的多元化。政府权力的介入理由是为了救济改制企业中国有股东的基本权益。但随着民资股东、外资股东的增多,中国出现了大量的混合所有制公司。股东所有制背景的多元实质上造成了政府权力介入的障碍,即使是国有股东也只能越来越多地诉诸法院的第三方裁判。

1993年《公司法》通过设置评判股东会决议的效力规则解决股东之间的权利配置冲突。股东权利的重新配置倘若侵害了少数股东的合法权益,那么在少数股东的诉请下,该项股东会议决议的效力将为法院所否定。这种对股东会决议效力予以评判的方式比直接的政府救济更为有效。

[①] 参见叶林《公司法研究》,中国人民大学出版社2008年版,第33页。

一方面,股东权利配置冲突十分复杂,效力评判规则在救济上更加富有弹性。当社会普遍习惯了政府权力的介入后,政府强制和国家干预的观念又会自然贯彻到产权性质完全不同的私人企业中,这就使得公司立法体现出更多的国家管制色彩。① 但在以国家投资为主导的经济结构中,公司内部关系比较容易协调,立法者无须特别顾虑投资者内部的利益冲突。凭借国家投资者的意志,即可化解公司运行出现的大量问题。但在私人投资占主导地位的经济结构中,复杂的利益冲突无法借助行政命令加以解决,而只能委诸技术性很强的公司立法。② 如果更多地依靠政府权力或者家长权威配置股东权利,不仅难以适应不断变动的经营环境,将破坏股东基本预期的稳定。

　　另一方面,股东权利配置冲突具有内生性,效力评判规则为股东事先预留了协商谈判的自治空间。效力评判需要借助法院裁判才能得以实施。被动性的特点使得法院在尊重公司自治的同时又能保持适度的干预。法院介入具有保障公司实现自治和矫正自治机制失效的功能。③ 广义的公司自治既要充分保障股东自治的自由,又要体现一定司法介入的空间⋯⋯股东自治与法律干预二者不可或缺,法律干预应以保障实质意义上的股东自治为终极目的。④ 伴随着股东所有制背景的淡化,股东权益纠纷愈加需要公平、公正的解决。法院裁判的本质即在于居中裁判、不偏不倚,因而能够对各种类型的股东施以平等救济。

　　总之,随着公司实践的展开,学界和实务界主张公司自治、抵制不当政府干预的观点逐渐成为一种时代的思潮,最终为立法机关所认识和接受。随着国企改制进程的推进以及民营公司数量的扩张,政府作为国有股东权益救济者的角色发生了转变。《公司法》规定的效力评判规则成为救济股东权益的主要途径。

(二) 改制国企中政府救济的延续

　　在国企改制为公司的过程中,政府救济并没有从股东权利的配置纠纷中立刻退出,相反却主动参与了这一进程。一方面,进行公司化改制的企

---

① 参见叶林《公司法研究》,中国人民大学出版社2008年版,第25页。
② 同上。
③ 吴庆宝主编:《公司纠纷裁判标准规范》,人民法院出版社2009年版,第25页。
④ 甘培忠、刘兰芳主编:《新类型公司诉讼疑难问题研究》,北京大学出版社2008年版,第23—24页。

业数量庞大，需要政府力量的介入来避免社会的波动，因而国企改制的过程中仍旧存在着政府干预的动机。中华人民共和国国家统计局《关于第一次全国基本单位普查结果的公报》的调查结果显示：1996 年，在全部企业法人单位中，国有和集体企业法人占主体地位，其数量合计达到 194.3 万个，占总体比重的 73.9%。① 由此可见，改制前夕的国有经济和集体经济企业占据了中国企业法人单位数量的大部，改制无疑会对国有股东权益带来前所未有的冲击与动荡，政府作为国有公司中股东权利配置变革纠纷的最终救助者仍然非常必要。

表1　　　　　　　　第一次全国基本单位普查结果的公报

经济类型	企业法人单位数（万人）	所占比例（%）
总计	262.8	100
国有经济	44.2	16.8
集体经济	150.1	57.1
私营经济	44.3	16.9
联营经济	4.4	1.7
股份制经济	7.2	2.7

另一方面，"政企分开"被认为是国企公司制改造的关键，但在稳定改革进程、把握改革节奏、缓和社会矛盾的需要下，政府对国有企业产权配置改革的救济需要维系一段时期。1994 年 11 月，国务院选择 100 家国有企业进行公司化改制试点。② 绝大多数参加这一试点的企业只是在形式上改组成了国有独资公司，而没有实质上的改变，更没有建立起有效的公司治理，以至于在 1996 年的试点验收阶段，几乎没有一个试点企业达到了公司制企业的标准。③ 直到 1997 年中共十五大重新启动了国有经济的布局调整，以及 1999 年中国十五届四中全会通过了《中共中央关于国有企业改革和发展若干重大问题的决定》后，国有大中型企业的公司化改革才真正启动。可见，在法制基础尚不健全的情况下，防止股东权利配置

---

① 中华人民共和国国家统计局第一次全国基本单位普查领导小组办公室：《关于第一次全国基本单位普查结果的公报》。
② 章迪诚：《中国国有企业改革编年史》，中国工人出版社 2006 年版，第 99 页。
③ 吴敬琏：《中国经济改革教程》，上海远东出版社 2010 年版，第 134 页。

变革中国有股东权益的急剧流失以及保证改制进程的有序推进均离不开政府在救济层面的保障。

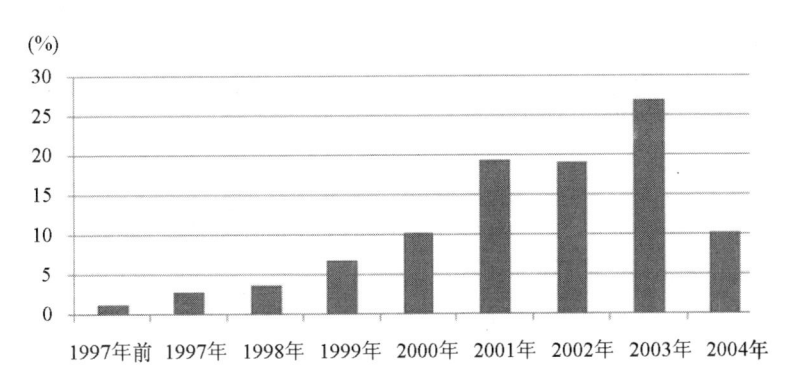

图1 年度改制企业数量占全部改制企业数量的比例

除上述原因外，国有企业中存在的内部人控制和分享的问题也是政府救济存在和延续的原因。改制将导致部分职工的下岗，利益一致的内部管理人与职工往往联合起来抵制政府推行的改制计划。政府为了避免国有资产的流失、内部人抵制导致的改制触礁，甚至社会不稳定，可能会同意与内部人就福利、补贴等问题不断地进行磋商谈判。受司法资源及司法独立性要求的局限，法院是极难胜任这一任务的。作为改制的外部推动者和内部参与者的角色是难以清晰辨别的，这也是政府仍旧作为股东权利配置纠纷的救助者参与其中的重要原因。

（三）民营公司中政府救济的式微

根据国家统计局《第二次全国基本单位普查主要数据公报》的信息显示：2001年末，在全部企业法人单位中，国有企业（包括国有、国有联营和国有独资企业）占12.2%，集体企业（包括集体、集体联营和股份合作制企业）占28.3%，私营企业占43.7%，股份制企业（包括其他有限责任公司和股份有限公司）占9.9%，外商投资企业占1.9%，港澳台投资企业占2.7%，其他企业（包括国有与集体联营、其他联营和其他内资企业）占1.3%。[①]民营公司（企业法人）在中国经济中已经占据十

---

① 中华人民共和国国家统计局第二次全国基本单位普查领导小组办公室：《第二次全国基本单位普查主要数据公报》。

分重要的地位。随着政府救济的普遍退出，民营公司中重新配置股东权利的冲突和纠纷主要适用《公司法》所规定的效力评判规则，由法院为其提供最终的救济。

第三节　法律强制对公司自治的扭曲

一　法律强制的继受和影响

1993年《公司法》中遗留了国有企业改革时期政府强制的诸多制度痕迹。国务院法制办的官员称《公司法》是一部治乱的法，公司立法之初的理念就是治乱，公司法的制度设计也是从治理公司混乱出发的……是一部国有企业改革的法，一些规定仍是基于国有企业管理的思路，对于国有企业提供了相当多的特殊政策。[①]《公司法》为了保证政府能够以普通股东身份继续管控公司，精心设置了法律强制指导下的股东权利配置关系和股东会议结构。以致《公司法》被认为是一部没有内部治理问责和可诉性的法，对于公司治理中的责任分担界定不清。[②] 更为严重的是，这一制度设计不但窒息了股东灵活安排其权益的自治空间，而且导致了多数股东滥权现象的普遍出现。

随着法律强制中的缺陷日益为学者所揭示，由其引发的少数股东权益缺乏保障的问题逐渐显露，中国立法机关转而采取了以公司自治为基本理念的利益调整模式。尤其是随着经济的迅猛发展，中国新设公司的数量持续增加。截至2004年第三季度，中国公司总数已达367.53万户，其中，内资公司为343.9万户，注册资本总额已达137964.5亿元人民币。[③] 公司制企业已经成为中国投资者首选的商事组织，完善保障广大投资者权益尤其是中小股东权益的制度建设已经成为鼓励兴业投资的迫切需要。更新股东权利配置关系的规制方式和救济措施，维护少数股东的合法权益自然成为中国2005年《公司法》修改中需要正视的主题。

多数股东滥权的词义本身就说明了所享权利的正当性，只是权利的行使超越了合法的边界。在技术上，对于多数股东的滥权行为，立法者既不

[①] 参见姜天波《公司法修改若干理论问题》，载张穹主编《新公司法修订研究报告》（上），中国法制出版社2005年版，第189—190页。

[②] 同上。

[③] 同上书，第188页。

能通过法律强制一概予以禁止，也不能通过公司自治一概予以放任，只能采纳法律强制和公司自治相互共存的全新模式以弥补相互之间的缺陷。2005年《公司法》所采的规制方式发生了较为显著的变化，即在增列股东权利类型的基础上拓宽了配置权利的自治空间。但是对救济措施而言，法律只不过保留了股东会决议的效力评判救济，满足股东自治需求的救济措施则处于空白和残缺的状况。

二 公司自治在规制领域的初创

基于新制度经济学的原理，解决多数股东的滥权问题需要法律设计出使得由其享有的控制权与分配权相互匹配的产权激励结构。只有在两权匹配的情况下，合理的激励边界才能确定，公司产权界定的不完全所诱发的外部性激励方能避免。2005年《公司法》贯彻了公司自治的精神，在原有法律强制的规范体系下，通过增列股东权利和拓展股东权利配置的自治空间，构建出一套维系两权匹配的公司自治的规制方式。

（一）股东权利的增列

与旧法比较，修订后的《公司法》增加了诸多股东权利类型。在股东权利类型得以丰富的情况下，股东获得了参与并践行公司自治的博弈基础。通过简单的比附，可以清楚地展示出这种变化。

表2　　　　　　　　有限责任公司中股东权利的增列情况

1993年《公司法》		2005年《公司法》		新旧比较
1. 查阅权	第32条	1. 查阅权	第34条、第166条第一款	新法扩充了查阅权的客体范围
2. 股利分配请求权	第33条，第177条第4款	2. 股利分配请求权	第35条、第167条第四款	改为按实缴出资比例分配股利
3. 优先认缴出资权	第33条	3. 优先认缴出资权	第35条	改为按实缴出资比例优先认缴
4. 股权转让权	第35条	4. 股权转让权	第72条第一、二款	增加购买通知的程序规定及效果
5. 优先购买权	第35条	5. 优先购买权	第72条第三款	基本未变
6. 表决权	第41条	6. 表决权	第16条第三款、第43条	增加关联担保的表决权回避制度

续表

1993年《公司法》		2005年《公司法》		新旧比较
7. 股东会召集请求权	第43条	7. 股东大会召集请求权	第40条	下调行使权利所需的持股数额
8. 剩余财产分配请求权	第195条第3款	8. 剩余财产分配请求权	第187条第二款	未变
		9. 异议股东股权回购请求权	第75条	新增
		10. 股东大会自行召集及主持权	第41条第三款	新增
		11. 司法解散公司请求权	第183条	新增

表3　　　　股份有限公司中股东权利的增列情况

1993年《公司法》		2005年《公司法》		新旧比较
1. 股东大会的出席权及表决权	第106条第1款	1. 股东大会的表决权及表决权	第16条第三款、第104条	增加关联担保的表决权回避制度
2. 查阅权	第110条	2. 公司的信息披露义务	第166条第二款	将股东权利改为公司的义务
3. 建议权	第110条	3. 提案权	第103条第二款	对权利内容及行使予以细化
4. 质询权	第110条	4. 质询权	第151条第一款	基本未变
5. 股东大会召集请求权集权	第104条第3项	5. 股东大会召集请求权	第101条第三项	未变
6. 新股认购优先权	第138条第4项	6. 新股认购优先权	第134条第四项	未变
7. 股份转让权	第143条	7. 股份转让权	第138条	未变
8. 股利分配请求权	第177条第4款	8. 股利分配请求权	第167条第四款	基本未变
9. 剩余财产分配请求权	第195条第3款	9. 剩余财产分配请求权	第187条第二款	未变

续表

1993 年《公司法》	2005 年《公司法》		新旧比较
	10. 股份回购请求权	第 143 条第四项	新增
	11. 股东大会自行召集及主持权	第 102 条第二款	新增
	12. 累积投票权	第 106 条	新增
	13. 司法解散公司请求权	第 183 条	新增

上述两表展现了中国新、旧《公司法》在有限责任公司和股份有限公司中所规定的股东权利的变化情况。新法对股东权利设置的变化表现在两个方面。

一方面，2005 年《公司法》通过增加新类型的股东权利确认和保障股东基本权益与自治基础。有限责任公司中新增的股东权利包括异议股东股权回购请求权、股东大会自行召集和主持权，以及司法解散公司请求权。对股东会作出的关涉公司重大事项的决议投反对票的股东可以请求公司以公平价格回购其股权，从而退出公司。当多数股东把持的公司长期不召开股东会议时，单独和共同持有公司十分之一以上出资额度的股东可以自行召集并主持股东会会议，从而积极地参与公司决策并推动其进程。当公司的经营无法正常运转或存在僵局的情形时，多数股东希望公司继续存续，股东会因此无从作出解散决议的情况下，单独或合计持有公司十分之一出资额度的股东可以请求法院解散公司，从而使少数股东可以从公司的枷锁中全身而退。股份有限公司中除了上述股东权利之外，新法还特别规定了累积投票权。少数股东可通过累积投票权选举出更多的董事和监事席位。

另一方面，2005 年《公司法》通过强化股东权利的法律效力保障股东的基本权益和自治基础。在有限责任公司中，新法扩充了股东查阅权的客体范围，股东可以更全面地掌握关涉公司的重大资讯。通过将股利分配及优先认缴的份额限定在实缴出资的范围内，股东可以遏制其他股东虚假出资吃空饷和提升股权比例的机会。新法规定表决权回避制度的意图在于防止多数股东利用表决权优势强行通过对其他股东严重不利的关联担保。降低行使股东会召集请求权的持股比例则能使更多的股东主张这一权利，分享公司的信息及参与公司的决策。在股份有限责任公司中，新《公司法》将股东查阅权改为公司的信息披露义务，减轻了股东查询公司信息的成本；同时将旧法中的建议权进一步细化为新法中的提案权，并且规定了权利行使的程序及内容，以有效保障这一权利的实现。

（二）公司自治领域的拓展

罗培新指出，2005 年《公司法》秉承了公司自治之商事精神，处处虑及公司参与方之谈判空间，大大拓宽了任意性规范之适用范围。据其统计，"可以""由公司章程规定""依照公司章程的规定""全体股东约定……的除外"等任意性字眼，在新《公司法》中总共出现 119 处。① 随着公司立法中任意性规范的增多，公司章程被赋予重新配置部分股东权利的效力。新《公司法》第 43 条规定，股东会会议由股东按照出资比例行使表决权，但是公司章程另有规定的除外；第 72 条规定，公司章程对股权转让另有规定的，从其规定。第 76 条规定，自然人股东死亡后，其合法继承人可以继承股东资格，但是公司章程另有规定的除外；第 106 条规定，股东大会选举董事、监事，可以依照公司章程的规定或者股东大会的决议，实行累积投票制；第 142 条规定，公司章程可以对公司董事、监事、高级管理人员转让其所持有的本公司股份作出其他限制性规定；第 167 条规定，股份有限公司按照股东持有的股份比例分配，但股份有限公司章程规定不按持股比例分配的除外。根据上述规定，股东可以在公司章程中对其表决权、股权转让权、股权继承权、累积投票权以及利润分配请求权的原有法律规定另作安排。简而言之，2005 年《公司法》期望增列股东权利巩固公司自治的基础，通过规定五种股东权利可由公司章程另行安排来拓展股东之间权利配置关系的自主决定范围，并与由法律强制规定的其他股东权利一起作为调整股东权利配置关系的基础性制度安排。

从法律的规制路径选择上看，2005 年《公司法》试图通过并行的法律强制和公司自治方式作为配置股东权利的路径，以解决控制权和剩余索取权匹配的问题。但在具体规范的设计上，公司自治的路径生成于法律强

---

① 罗培新：《填补公司合同"缝隙"——司法介入公司运作的一个分析框架》，《北京大学学报》（哲学社会科学版）2007 年第 1 期。

制的基础之上，并未真正的厘清彼此之间的关系，自上而下的法律强制的规制路径仍旧占据十分重要的地位，自下而上的公司自治的规制路径并未涵盖应有的领域。

三 公司自治在救济领域的缺位

股东权利构成公司自治的基础，同时需要在法律给定的自治决策机制下运行。随着政府权力的逐步退出以及公司自治理念的制度化，股东之间权利配置关系的调整越来越仰赖于股东权益救济措施的保障。2005 年《公司法》中新设了诸多股东权益的救济途径，增强了股东权益救济的可裁判性。随着这些股东权救济措施的增设，相关的诉讼纠纷也纷至沓来。狭义的股东权益诉讼已经超越股东出资案件成为司法审判中最主要的纠纷类型。[①] 但就不当配置行为所引发的股东权益救济而言，由于立法并未理顺法律强制和公司自治之间的关系，新《公司法》只是保留了与法律强制相衔接的救济措施，忽略了与公司自治相衔接的救济措施的安排。在这样的救济体系下，法院在审理涉及股东权利配置纠纷案件时难免陷入进退失据的两难境地。

（一）法律强制的救济措施得以保留

叶林教授认为，中国的公司立法似乎期望建立起一种统一的强制规范，以整齐划一的调整各类公司的设立、运行及内外部关系，不支持各公司按其自身情况选择其他公司管制规则。在此前提下，国外公司法的许多任意性或授权性规则，在引入中国时被转换成单一的强制规范。[②] 中国公司立法中存在过多不合理的强制性规范，严重管束了参与公司运营各主体间的协商与谈判。为了规避这些规范，实践中普遍存在以股东私下形成的股东协议作为排除《公司法》适用，维系彼此合作的替代方式。但此类协议在裁判中的命运通常是归于无效。公司投资者不得不依赖内部协议调整相互关系，但内部协议的有效性却始终受到质疑。[③] 可以说，强制规范的过多、过严设置是法律强制模式在规制层面的表现，而与企业维持、资本维持相衔接的救济措施的保留和延续则是法律强制模式在救济层面的表

---

① 甘培忠、刘兰芳主编：《新类型公司诉讼疑难问题研究》，北京大学出版社 2009 年版，第 27 页。
② 叶林：《公司法研究》，中国人民大学出版社 2008 年版，第 34 页。
③ 同上书，第 35 页。

现。2005年《公司法》在修订时虽然于法律规制层面嫁接了新的公司自治的规制方式，但在救济层面仍旧延续了先前的与法律强制相衔接的救济措施，这对保障股东权利配置过程中权益受到侵害的股东而言是远远不够的。

（二）公司自治的救济措施尚且缺位

公司自治理念在中国公司法上的制度化是建立在客观的经济基础之上的。一方面，公司制企业数量的大幅攀升客观上表明了中国存在由立法供给公司自治制度的内生需求。2005年，从各类型企业的实有户数来看，除公司制类型的企业数量继续增长外，其他类型企业都呈下降趋势：公司实有125.5万户，比2004年增长2.9%，占全国企业实有户数的35.9%，比2004年增长3.8个百分点；国有企业79.5万户，下降13.3%，占22.7%，减少1.4个百分点；集体企业120.7万户，下降13.4%，占34.5%，减少2.2个百分点；股份合作制企业19.4万户，下降11.8%，占5.5%，减少0.2个百分点。①

另一方面，多元的投资者身份表明了中国存在从法律强制向以公司自治为中心的立法模式进行过渡的客观需要。2004年末，全国325万个企业法人单位的实收资本总额为18.2万亿元。在全部企业法人单位的实收资本总额中，由国家投入的资本8.7万亿元，占48.1%；集体投入的资本1.4万亿元，占7.9%；个人投入的资本5.1万亿元，占28.0%；港澳台投入的资本1.3万亿元，占7.3%；外商投入的资本1.6万亿元，占8.7%。② 其中，股份合作制企业、有限责任公司以及股份有限公司的实收资本来源构成详见下表。

表4　　　　　　　　公司制企业实收资本来源构成　　　　　　　　（%）

实收资本比例	国家资本	集体资本	个人资本	港澳台资本	外商资本
1. 股份合作制企业	12.1	24.9	62.1	0.6	0.3
2. 有限责任公司	36.2	15.1	47.2	0.5	1.0
3. 股份有限公司	52.0	8.4	32.5	2.6	4.5

---

① 《中华人民共和国年鉴——经济监督工商行政管理工作综述》（2005年），第502页。
② 国务院第二次全国经济普查领导小组办公室、中华人民共和国国家统计局：《第二次全国经济普查主要数据公报》。

在这样的客观背景下，中国自修法伊始就将公司自治明确确立为法律制定中需要贯彻的基本理念。但是公司自治理念在制度化为具体规范的过程中却出现了贯彻不均衡的现象。对配置股东权利过程中权益受到侵害的股东而言，中国的股权回购救济更多地顾及法定资本制下的资本维持原则，法律只是在极为有限的事由下允许异议的少数股东退出并回购股权。中国公司立法同样过严的限制公司解散的法定事由，只有在持有公司股权十分之一以上的股东方能诉请公司僵局事由下的解散公司救济。与法律规制方式中公司自治的范围和领域广为拓展的境况大相径庭，公司立法只是在救济领域略微放松了管制的程度，救济的口径、类型和机制远未达到完善的程度。

总而言之，2005年《公司法》大大拓宽了任意性规范之适用范围，在法律规制层面较为完整地诠释了公司自治的立法理念；但在救济措施的构建上，这一进程并未取得显著的突破，相关制度安排尚且处于缺位的状态，尚未形成有效的救济体系。

第三章

结构性冲突的构造与理论剖析

通过对中国股东权利自治配置制度变迁的详细梳理,可以看出中国企业立法始终未能摒除计划经济体制遗留下的传统的国家干预因素,国家干预因素的制度传承引发了路径依赖现象。制度变迁中的"路径依赖"理论最早由道格拉斯·C. 诺斯(Douglass C. North)提出的,系指制度变迁过程中,一个时期的制度选择会受制于前一时期甚至最初时期的制度安排,并影响到下一时期乃至整个未来的制度安排。因此制度演变的规律是,后一个环节对前面的环节具有依赖性。[①] 可以说,国家干预因素导致的路径依赖问题是现行法律规则和裁判标准出现理念紊乱和规范失序的原因和症结,进而对法院的司法适用活动也产生了潜在的影响。

第一节 国家干预因素的立法传承

美国著名公司法学者马克·J. 罗伊(Mark J. Roe)这样总结公司所有权(公司参与各方的权利配置关系)进化过程中路径依赖问题产生的根源:在一个国家的公司所有权结构的模式上存在着显著的路径依赖。由于路径依赖,一个国家在任何时点的所有权结构的模式,都部分的依赖于该国先前所拥有的模式。[②] 所有权的初始结构正是路径依赖产生的源头。虽然在制度变迁不同阶段的表现形式并不相同,但是存在于中国国企初始产权结构中的国家干预因素约束和牵制了此后法律规则的演化方向。

[①] 参见[美]道格拉斯·C. 诺斯《制度、制度变迁与经济绩效》,杭行译,格致出版社、上海三联书店、上海人民出版社1994年版,第124—138页。

[②] 杰弗里·N. 戈登、马克·J. 罗伊编:《公司治理:趋同与存续》,赵玲、刘凯译,北京大学出版社2006年版,第76页。

一 政府强制中的国家干预

（一）政府强制的形成原因

中国政府在每次重新配置国有企业控制权时，既要解决企业安排生产活动的自由度不高的时弊，同时又要顾及传统意识形态对激进改革的抵制；在推进企业分配权的重新配置时，不仅要满足企业内部人对物质激励的需要，同时又必须保障国家财政收入的稳定。在以上客观条件的约束下，中国国有企业在产权改革过程中形成了以"政府—企业内部人"为主轴的利益冲突结构。在这一利益冲突的格局中，企业内部管理人凭借政府不断下放的控制权侵蚀国有出资人的分配权，国有资产流失的现象十分严重。中国国有企业的内部人控制与内部人分享问题均十分严重。依靠政府力量完成国有企业产权重新配置的模式正是形成这种利益冲突结构的原因。在改革过程中，政府配置产权的规制方法和救济措施均带有显著的国家干预色彩。

（二）规制方式中的国家干预

由政府配置国企产权的规制方式带有鲜明的国家干预色彩。虽然20世纪90年代中期以来，不少国有企业也涉及私有化方式的改革，但总体而言，迄今为止国家没有选择明确的、有计划的私有化道路，而且私有化在1978年之后相当长时间里受到政府排斥。[①] 但是由于意识形态上的障碍，中国采纳的是在维持现行所有制基础的前提下着力于国有企业产权配置关系的改革。

控制权系由政府通过行政命令的方式授予企业，控制权的事实配置状况则取决于政府的实际退出程度；政府又是通过各种类型的行政手段界分国家出资人与企业内部人之间的分配权配置。随着政府下放给企业内部管理人的控制权类型逐渐增多、权限逐步加大，导致与其享有的分配权愈发不相匹配，进而诱发了企业内部管理人实施剥夺行为的激励。在矫正方法上，政府通过强制性的行政命令不断地调整着国家出资人与企业内部人之间的分配权配置关系，总共经历了五个阶段的调整。总之，中国政府试图通过行政命令配置企业产权以使其与当时的经济环境相适应，但并未取得预期的效果。

---

① 参见张文魁《中国混合所有制企业的兴起及其公司治理研究》，经济科学出版社2010年版，第29页。

一方面，政府对企业产权的重新配置难以实现企业控制权与分配权之间的匹配和平衡。在经济学的视域中，企业的剩余权利包括剩余控制权和剩余分配权两种。由于企业内部管理人行使控制权的行为难以被有效监督，因此难以识别此过程中是否存在剥夺国家出资人分配权益的行为。为了预防并减少这种损失，一般采用两类相互结合的策略。策略之一就是权利形式上的对应，使每一份额的控制权都与相应份额的剩余索取权匹配，相等份额的收益激励相等份额的控制。由于控制权的行使难以得到监督的缘故，决策执行过程中必然会发生剩余收益的损失。契约的不完备性本身意味着完全的对应是不可能的。如果是完全对应的，每个人将只对自己的行为负责，就没有所谓的代理问题，也就无所谓企业了。所以策略之二就是凭借治理机制来尽量实现这种对应，以克服信息不对称所导致的分配权损失。

新制度经济学及企业理论方面的研究为权利对应和匹配的问题提供了很多有益的思考。至少从弗兰克·H. 奈特（Frank H. Knight）开始，经济学家就认识到，效率最大化必然要求企业剩余索取权的安排和控制权的安排应该对应。奈特指出了企业家的经营行为与剩余收益的获取之间存在紧密的关系。[①] 此后，新制度经济学中的实证代理理论进一步拓展了这一思想。A. 阿尔钦安（A. Alchian）和 H. 德姆塞茨（H. Demsetz）在《生产、信息费用与经济组织》一文中指出：团队生产中存在着逃避责任的现象。解决逃避责任的有效方式是由专职的监督人员进行监督（控制）。但此时又产生了谁来监督监督人的问题。办法只有一个，即给予监督人在支付了其他团队成员固定工资之后可以获得剩余收益的权利。如果监督人获得剩余收益，那么他就失去了作为监督人逃避责任的动机。[②] 张维迎指出，剩余索取权和控制权应当尽可能对应，即拥有剩余索取权和承担风险的人应当拥有控制权；或者说，拥有控制权的人应当承担风险，剩余索取权是使拥有控制权的人采取恰当行动的激励机制。[③] 由于政府只能僵硬地规划出适用于所有企业的控制和分配关系，无法塑造出适应单个企业境况的灵活性安排，因此企业产权的动态调整结构始终无法形成，难以实现控

---

① ［美］弗兰克·H. 奈特：《风险、不确定性与利润》，安佳译，商务印书馆 2006 年版，第 249—261 页。

② A. Alchian and H. Demsetz, "Production, Information Cost, and Economic Organization", 62 *American Economic Review*, 777, 777 - 795 (1972).

③ 张维迎：《产权、激励与公司治理》，经济科学出版社 2005 年版，第 2 页。

制权与分配权的匹配与平衡。

另一方面，由政府配置企业产权容易诱发配置关系的重新谈判。依据科斯定理，在交易成本为零的假设下，公司参与人可以无成本的签订完备的契约。所谓"完备"是指参与人能够预期并达成涉及公司任何事项的合同，且合同中的各方的权利均可得到清晰的界定。此时权利如何配置并不会对事后的效率产生影响，因为参与人总可以无成本的通过反复协商达成新的合同，从而实现效率最大化。然而，交易成本为零的世界不可能存在，参与人签订的必然是不完全合同。即参与人在订立合同时无法预见到所涉公司的全部事项，因而也不可能清晰界定处置这些未预见情况的权利。Y. 巴泽尔（Y. Barzel）指出，权利未能清晰界定的部分便形成公共资源，各方当事人可以对公共资源随意使用却不必支付任何费用，这使得公共资源的产出无效率。[①] 为了实现该公共资源的价值最大化，应当在初始（订立合同）时就将合同中无法清晰界定部分的剩余权利配置给出价最高的一方，使其在承担相应成本的基础上实现公共资源的最大收益。因此，在交易成本客观存在、权利无法清晰界定的真实世界里，剩余权利的初始配置是最为重要的，它直接决定了公司中次优效率的实现。[②] 虽然政府能够对国有企业的产权关系给予了一时性的安排，但这一安排恰恰缺少对配置剩余权利的内容。

放权让利首先让国有企业一定程度上拥有了之前被政府机构牢牢控制的生产决策权，初步打破了计划体制对企业的束缚，实现了决策权从政府向企业的逐渐转移。在此基础上，国有企业可以直接对市场信息作出反应，价格信号开始具有重要性，市场机制被引入到了企业生产经营活动中来。然后，国有企业开始享受到根据市场信号正确决策而带来的经济利益，企业留利和职工收入相应增加，从而使得初始改革举措具有正向反馈作用，刺激企业进一步要求扩大决策权、进一步依从市场信号和进一步要求加大利润分享的份额。[③] 因此由政府所配置的企业产权，必然会引起国

[①] ［美］Y. 巴泽尔：《产权的经济分析》，费方域、段毅才译，格致出版社、上海三联书店、上海人民出版社2006年版，第56页。

[②] 新古典经济理论认为基于市场的自愿交易是达到效率最大化的唯一方式，基于非自愿交易（制度）形成的效率至多是次优的。

[③] 张文魁、袁东明：《中国经济改革三十年：国有企业卷》，重庆大学出版社2010年版，第13页。

家出资人和企业之间的后续"谈判",由此导致的扯皮摩擦使"政企不分"问题无法借助政府本身的力量来解决。① 总之,政府干预所具有的不完全性将导致国家出资人与企业之间的反复谈判,新的谈判就意味着新一轮产权关系的重新调整。

(三) 救济机制中的国家干预

国有出资人权益的救济机制同样带有鲜明的国家干预色彩。政府通常通过企业外部的审计部门以及企业的上级主管机关监督企业内部管理人。政府行政部门从外部对国有企业进行监督与约束,是制约经营者的最重要力量。② 张文魁指出,对经营者的制衡更多的是来自于作为主管部门的政府而不是作为所有权的政府,其制衡手段通常是行政权力而不是出资人权利……政府依靠行政权力从外部对国有企业经营者进行强有力的监督与约束,并对他们的是非对错作最终裁决和处理,实际上使得政府成为国有企业的最终裁决者。③ 政府通常采用带有干预色彩的救济手段解决国有企业中出现的权益纠纷。

政府的外部监督也常被经济学家诟病和归结为"政企不分"。政府权力的过度介入将导致企业的预算软约束,并认为这是国有企业经营效率低下的深层次原因。④ 实际上,政府在企业转轨时期的外部监督存在一定的必要性。因为放权让利改革面临着两难困境:如果坚决落实企业和企业领导人的"自主权",企业就不再受到国家所有权的约束,而成为内部人控制下的企业;如果坚决维护国家所有者的权利,改革措施就不可能真正落实。通常的结果是:一方面,内部人控制的种种弊端日趋严重;另一方面,国家对国有企业内部人员的任免和重大决策的行政控制也不可能消除。⑤ 可以说,以政府力量为后盾的救济机制可以起到暂时缓和国有企业内部权益冲突的功效,但代价是导致政企不分、企业经营自由受到过度干

---

① 张文魁:《中国混合所有制企业的兴起及其公司治理研究》,经济科学出版社 2010 年版,第 32 页。
② 张文魁:《中国国有企业产权改革与公司治理转型》,中国发展出版社 2007 年版,第 45 页。
③ 同上书,第 73 页。
④ 预算软约束,是指向企业提供资金的机构(政府或银行)未能坚持原先的商业约定,使企业的资金运用超过了它的当期收益的范围。这种现象被亚诺什·科尔奈(Kornai, 1986)称为"预算软约束"。
⑤ 吴敬琏:《中国经济改革教程》,上海远东出版社 2010 年版,第 129 页。

预的问题。

可以说，1978—1993年，中国政府配置国有企业产权的规制方法和救济机制导致了企业内形成了"政府—内部人"的利益冲突结构。这种特有的构造为其后的制度变迁框定了初始的框架。这种以国家干预为核心理念，依靠政府力量重新配置企业产权的制度安排，其问题在规制领域表现为企业控制权和分配权之间的失衡，在救济领域中表现为政府过度干扰企业的自主经营，最终导致了内部人权力失控、政府规制和救济无方的严重后果。

二　法律强制中的国家干预

（一）法律强制的形成原因

中国1993年《公司法》在法律强制模式的导引下塑造了法定化的股东权利配置关系，并且扩充了股东会议的职权范围；随着国有企业中政府与企业内部人之间冲突关系的变迁，政府趋于回避公司事务的参与，立法者在恪守法定资本制和企业维持原则的基础上设置了评判股东会决议效力的救济制度。

公司立法为各方的利益博弈提供了自由争鸣的时机，但制度变迁的进路终究要依循于中国惯有的立法政策。而中国的立法政策又是与中国特有的国情、经济及社会改革的总体进展的程度密不可分。正如汪丁丁教授所指出的，"中国目前正处在这种——我把它称为'转型期'的历史阶段。中国社会史的这一阶段，出现了'三重转型'"[①]。向正式制度（法律）的转变正是社会转型的关键，不得不慎之又慎。中国立法部门始终贯彻稳健立法的指导方针。正所谓"公司法的修改要坚持从实际出发，坚持实事求是，充分认识到公司法的修改是一个循序渐进的过程，不能有毕其功于一役的不切实际的想法"[②]。这一谨慎、务实的态度决定了中国的立法机关具有对实践中经验积累较为成熟的问题首先予以规范的渐进式立法偏好，这也是中国转型时期立法者始终坚持的指导准则。

在渐进式立法理念的指引下，政府强制向法律强制的转型必然留存了

[①] 汪丁丁：《制度分析基础讲义》，格致出版社、上海三联书店、上海人民出版社2005年版，第1页。

[②] 张穹主编：《新公司法修订研究报告》（上），中国法制出版社2005年版，第147页。

路径依赖的痕迹。一方面，随着国有企业逐渐改制为公司，国有企业战略布局向战略领域调整与收缩，其数量大为缩减；民营公司的数量呈显爆炸性增长的态势，但其却抵制政府对公司事务的干预；政府本身循于公共事务的处理，对国有企业帮扶的动力及热情日益减少。这些变化导致政府逐渐放弃了从外部介入股东权利配置冲突的努力。另一方面，公司化改制完成后，国有股东又面临着与其他股东如何合作，权利关系如何配置的问题。这一问题加剧了改革的难度和不确定性，在司法救济的物质基础和法制环境尚未成熟，政府救济却日渐退出的情况下，中国政府仍旧需要保留通过《公司法》上的制度安排管束公司的合法渠道。

在上述两种因素的共同推动下，中国政府开启了公共事务管理者与出资人职责彼此分工的体制改革。为了转换并成为以股东为角色的政府控制，在立法上必须确立定型化的股东权利配置关系，设置评判股东会决议效力的救济规则。在此基础上，立法者设计出一整套以法律强制为指导理念的规制方法和救济措施。

（二）规制方式中的国家干预

中国 1993 年《公司法》试图通过固定股东权利配置关系和强化股东会议的职权来处理股东之间的利益调整问题。这些内容系由立法者通过强制性规范推行，并非基于各方股东相互博弈的内生演变。由于股东之间的利益调整机制缺乏弹性，这一强制性的规制方式导致了中国公司治理结构的僵化和扭曲。

一方面，法律强制模式下的治理结构趋于僵化。依据英美法域的经验，英国 2006 年公司法、美国各州及示范公司法均未在立法文本中集中列举股东会的权力，作为替代，相关权力主要由股东在公司章程中拟定。《美国示范公司法》§8.01（b）规定：公司的所有权力应由董事会或者在董事会授权下行使，公司的经营和事务应由董事会管理或者在其指导下管理，除非公司章程或者经第 7.32 节授权签订的协议另有限制。美国特拉华州公司法 141（a）条也作了类似的规定。英美两国均摒弃了传统的股东会中心主义的法制体例，这是历经长久的判例积累而缓慢演变的结果。反观中国的公司立法，中国法定公司治理结构的设置目标是监控法定代表人（企业内部人）控制下的公司运营。因此，公司主要事项的控制权及剩余控制权均配置给了股东会。这一模式有违决策效率的原则，徒增公司的决策成本。股东会不但需要对重大事项作出决策，而且需要对立法并未明确列举的事项作出决策。这种制度安排使得中国成为典型的股东会中心主义的立法例。在股东会中心主义之下，股东会的职权范围较大，可以行使很多董事会中心主义下属于董事会的职权。董事会不能拥有独立于股东会的法定权力，董事会执行公司业务须完全按照公司章程的授权和股东会的决议。① 在作为一个阶层的董事和股东之间，将决策权移交到股东手中是处理"委托—代理"问题很有效的一个策略，但带来股东在实质上被剥夺了集中管理好处的高昂代价。② 1993年《公司法》所规定的公司治理结构为强制性规定，不得由公司股东所随意更改。倘若公司中股东人数众多，集体决策成本高昂，则所形成的多数意见往往拖延时日，耗费瞬息万变的商业机会。

另一方面，法律强制模式下的治理结构趋于扭曲。股东会的宽泛职权以及多数股东的普遍存在容易导致政企关系不易撇清，独立董事、监事会丧失独立性等问题，徒增公司的代理成本。当公司中的各种制衡力量陷于瘫痪，彻底沦为多数股东的附庸时，少数股东的权益将面临巨大的风险，科学的现代管理体系也难以在公司中形成。第一，致使中国的监事会制度暴露出机构虚置、功能不彰的沉疴顽症。（1）中国《公司法》只规定了监事会作为整体机关的职权，并没有就监事个人的职权进行规定。这是一个重大缺陷，集体行使监事会权力使得其行动缺乏效率。③ 法律授予监事会的职权类型偏少，无法满足基本的监督需求，难以对抗多数股东及内部人的强权与滥权。（2）监事会行使职权缺乏必要的财力支持与信息来源，监事缺少采取行动的基本信息和激励。（3）中国采纳了小型监事会的模式，公司中监事人数较少且缺乏任职资格方面的规范，从而容易被多数股东及内部人所"俘获"。④ 第二，与监事会遇到的困境相类似，中国的独立董事所面临的主要问题是独立性不强。独立董事花瓶化、荣誉化、顾问

---

① 赵旭东主编：《公司法学》，高等教育出版社2006年版，第381页。

② ［英］保罗·戴维斯：《英国公司法精要》，樊云慧译，法律出版社2007年版，第132页。

③ 官晋东、冀蓓红：《公司治理结构弊端之监事会制度的完善》，《法律适用》2005年第11期。

④ 管制俘获：受管制企业为寻求垄断，而采取各种行为，在政府管制高层面所产生的效用。与假定政府管制当局致力于追求社会公共利益目标的理论相反，政府管制实际上是为了满足产业对管制的需要而产生的，即所谓的立法者为产业所俘获；而管制当局最终会被产业所控制，即所谓的执法者为产业所俘获。在当前，管制俘获理论已经成为对政府管制最具挑战性的诘难。

化问题严重。① 倘若考虑独立性不彰在制度层面的原因，一方面是中国集中的股权结构下强势股东大会权力的存在；另一方面是公司内部人控制所造成的权力集中、选任独裁及信息不透明等弊端。②第三，股东会的职权过大为政府力量介入国有公司的公司治理留有制度上的空间，以致政企不分的情况得以持续。迄今为止，中国的国有公司中政企不分的现象并未消解，传统国有企业中的国家干预因素仍旧在发挥作用。政府从公共事务管理者的角度出发作出的决策可能并不符合公司的营利属性，但政府通过介入股东会议决策的方式是其加强控制的最直接、有效的方法。在某些情况下，公司成为履行政府所承担社会责任的替代者，甚至成为政府宏观调控的重要执行工具，其本身的投资及营利属性丧失殆尽。

可以说，虽然中国1993年《公司法》的颁布是迈向建立现代企业制度上的里程碑，但是其中所采的法律强制仅仅是对原有的政府强制内容进行了简单升级，国家干预因素得以在法律的肌体中留存。没有预料到的是，为固定股东权益关系、抑制国有资产流失所创设的股东会控制反而成为多数股东滥权的制度基础，并为剥削、欺压少数股东权益提供了合法的通道。法律强制的采用导致了立法之初所未预想的严重后果。

（三）救济机制中的国家干预

在法律强制的规制理念下，法律尤为强调法定资本制以及企业维持原则，为少数股东设计的救济措施十分有限，除了转让股权以退出公司之外几乎毫无他法。少数股东缺少有力的救济渠道，基本权益难以获致保障。例如，股权回购救济虽然能够为少数股东提供估价和退出救济，但是由于有违法定资本制下的资本维持原则，所以1993年《公司法》并未予以规定。1993年《公司法》第190条规定了公司解散的法定情形，其中并未包括股东诉请司法解散的事由。其缘由在于司法解散制度有违企业维持原则，尽管少数股东可通过此种方式有效的退出公司。

1993年《公司法》采纳的是"自上而下"的以权力制约权力的股东利益调整结构，相对忽视的是"自下而上"以股东自治为理念的多元化救济渠道建设。这自然与当时的公司外部救济配套条件尚不完善紧密相

---

① 刘俊海：《新公司法的制度创新：立法争点与解释难点》，法律出版社2006年版，第425页。

② 赵万一：《公司治理法律问题研究》，法律出版社2004年版，第120—123页。

关,但由此导致了中国当时的少数股东权益无法获致救济,形如断壁残垣的状况和局面。在中国股权结构过度集中的背景下,代理问题的冲突焦点从股东与管理者之间的代理问题转向了大股东与小股东之间的利益侵占问题。① 多数股东以欺诈的方式不当配置股东权利,压迫和排挤少数股东的基本权益的现象十分突出。面对上述问题,法律强制下的救济措施显得无能为力。

简而言之,1993 年《公司法》需要在行政救济逐渐淡出的前提下继续保证政府力量对国有公司的掌控。在这样的条件约束下,中国立法机关通过强制性规范固定了股东之间的权利配置关系,扩充了股东会议的法定职权;同时在坚持法定资本制和企业维持原则的前提设置了评判股东会决议效力的救济措施。法律强制下的规制方式导致了股东利益关系扭曲和僵化。法律强制下的救济措施无法为少数股东提供自治、多元的救济渠道。这也成为促使和推动中国公司立法进一步修正的动力。

三 并存模式中的国家干预

(一)并存模式的形成原因

中国 1993 年《公司法》所采纳的法律强制模式未能妥恰地构建出控制权与剩余索取权相匹配的产权结构。多数股东滥用控制权成为新的公司法难题。为应对这一问题,弥补 1993 年《公司法》的缺陷,2005 年《公司法》在修订时试图通过自下而上构建出公司自治的制度基础和自治空间,借助增设股东权利及强化原股东权利效力的方法来为股东间自由、公平的博弈提供制度上的舞台。问题在于,为何中国在修法时放松了法律规制层面的公司自治,却未能彻底摒弃救济层面上的法律强制呢?

除了对公司法知识和理论的认知因素外,似乎修法过程中不同团体对自身利益的主张和表达是导致这种非均衡结构形成的重要原因。政治领域中的利益集团是影响公司治理模式变迁的重要"玩家",从静态角度看,公司治理模式变迁的方向由一个国家的强势利益集团决定;从动态角度看,公司治理模式的变迁是各主要利益集团之间博弈均衡的不断

---

① R. LaPorta, Lopez de Silanes, F. A. Shleifer, "Corporate Ownership around the World", 54 *Journal of Finance*, 471, 471-515 (1999).

演化。① 总之，在股东权利配置的规制方式和救济措施的设计上，利益团体的参与和多元化救济措施的物质和体制基础的欠缺共同决定了公司立法的走向。

在法律规制领域，由公司自治替代法律强制对于多数股东和少数股东而言都是有利可图的。通过公司自治，股东会议形成的权利配置决议被正式纳入新《公司法》的调整范围，不再处于私下协议的法外空间，各类股东的利益诉求均能在正式法律的保护下得以伸张。但在救济措施的塑造层面，救济措施的多元化将冲击旧有的公司法定资本制度，并将开启股东诉讼的闸门。在当时以国有背景的多数股东广泛存在，公司信用机制尚未发生蜕变，法院审判资源尚且人不敷用的境况下，多元救济措施的确立可能并不符合所有有能力影响法律制定进程者的私人利益，因而救济领域的改革就显得困难重重。

立法进程中的利益分化现象起因于这样的事实，即为适应从计划经济体制向市场经济体制的转变，政府产业部门伴随着经济体制改革和政府职能的转变而逐步撤销。这种撤销采取的一般路径是，产业部门经调整转变为国有公司，从而实现了中国的行政管理体制从计划到市场的转型。② 这些至今仍旧大量存在于国有公司本身还未完成去行政化的转型，还在法律制度创制过程中掌控着重要的话语权，阻滞着具有更优效率的多元化救济措施写入立法。虽然法律创制过程中的利益表达本是无可厚非的，但却导致了这样的后果：法律规制领域的制度变革符合了帕累托改进的标准，各方参与者的利益均获得了满足；但是在救济领域中并未出现明显的松动迹象，维系多数股东利益或者借口所谓"公司整体利益"的观念仍旧主导着救济措施的制度变迁进程。

(二) 规制领域界分不清

中国公司立法始终存在忽视公司独立利益存在的问题，因此模糊了股东与公司本身之间的区分和界限，形成了为保护弱势的少数股东而径行干涉公司内部事务的情况。邓峰指出，中国《公司法》受制于国有企业改革，同时在法律思维中采用权利界定方式而不是利益保护方式，现行的利益冲突规则更多表现为规制式、事前禁止的模式，同时更多地将权力上收

---

① 吴金群：《公司治理变迁的政治基础》，浙江大学出版社2009年版，第178页。
② 周天勇：《中国行政体制改革30年》，格致出版社2008年版，第34页。

给了股东,强调公司所有权而忽略了公司利益的独立存在。① 受制于制度变迁进程中的路径依赖效应,中国新《公司法》中的公司自治规范生成于既有的法律强制规范的基础之上。因此在法律制定时,中国立法机关未能清晰的厘定股东权利配置关系中法律强制和公司自治各自的规制范围和领域。公司自治与法律强制只不过是形式上的共存,并未形成相互配合、相互补充、统一协调的立法格局。

一方面,公司自治与法律强制之间的规制领域界分尚存缺陷。2005年《公司法》明文规定股东表决权、股权转让权、股权继承权、累积投票权以及利润分配请求权五项股东权利可由公司章程另行安排,其他类型的股东权利不能任由章程另行配置,只能遵照法律的强制规定。为何只有上述五种股东权利可以另行配置,可以另行配置的股东权利存在哪些共同之处,对股东权利区别对待有着什么样的法理根据,目前的理论和学说均未能给予圆满的回应和解释。另一方面,不同公司自治方式的规制领域界分尚且模糊。新《公司法》只是模糊的规定五项股东权利可由公司章程另行安排,但并未指明公司章程修正案能否作此安排。因此,对于此类股东权利的重新配置系采一致同意的自治方式,还是采用资本多数决议的自治方式,目前在学者之间仍旧存在严重的分歧。总的来说,2005年《公司法》只是对公司自治理念和规则的初步引入,在股东权利配置关系领域中的规制领域界分尚待立法作出进一步的明确和细化。

(三) 救济措施适用困难

公司自治是2005年《公司法》修改时的主要指导思想。随着公司自治理念在新《公司法》中的落实以及政府权力退出、法律强制规范的消减,法院裁判对于救济股东权益的作用愈加凸显。但是,近年来注重凸显"个体自由与权利"的公司法改革,客观上已产生"激化矛盾""挑起诉讼"的效果,影响了公司内部效率性团结的实现。② 因此,伴随着法院介入股东权益救济日趋频繁和深入的同时,中国学者和法官愈加强调司法介入的谨慎和宽缓。

甘培忠教授认为,从法律条文本身即可看出新《公司法》中蕴含着

---

① 邓峰:《公司利益缺失下的利益冲突规则——基于法律文本和实践的反思》,《法学家》2009年第4期。

② 蒋大兴:《团结情感、私人裁决与法院行动——公司内解决纠纷之规范结构》,《法制与社会发展》2010年第3期。

公司自治权和司法干预权双向扩张的趋势。① 奚晓明、金剑锋法官通过对公司内部关系的检讨，分析了司法介入的合理时机，即法院应当谨慎的对公司内部法律关系进行司法干预，司法权不能取代公司和股东正常的商业判断，而是要尊重商业判断。法院应当尊重公司自治原则，尊重股东会依法作出的选择，只有存在滥用私法自治原则，导致公司法律关系中当事人的权利和利益受到损害时，法院才能依法以司法判断取代商业判断。② 吴庆宝法官基于股东纠纷的特点阐述了司法介入应当保持适度干预的原则，即由于公司纠纷案件主要涉及公司内部的权利分配与结构变动的争议……因此对公司纠纷案件的审理必然与其他民商事案件有所不同，体现在公司纠纷案件的审理原则方面，就是司法干预的必要与有限原则。③ 上述学者和法官的观点反映了中国法院对于 2005 年《公司法》中新的公司自治规范的把握和领悟程度，同时也反映出公司自治与法律强制关系的紊乱对法律适用构成的挑战。

  利益冲突的化解可以分为事前和事后两个部分。事前机制通过将利益冲突纳入到某种规制方式的调整框架之内，以此确定彼此之间的博弈空间。事后机制系指当利益冲突已经逾越博弈框架的管束时，对逾越规则的行为进行矫正的机制。可以说，当利益冲突突破事前规制方式的控制范围时，尚有事后的救济措施及时化解，因利益冲突失控而引发的纠纷就不会造成任何实质性的影响。④ 因此，股东权利配置关系固然离不开事后救济措施的保障，但是事先的法律规制路径选择同样重要。不同的法律规制方式不但决定了配置股东权利范围的不同，而且决定了法院提供救济的能力和限度。法院只能在遵守事先规制方式的选择下，才能据此介入事后的利益纷争。法院为权利受到不当配置的股东提供救济变得谨慎和犹豫的根本原因就在于其不能擅自更改公司立法事先设定的规制方式，否则将会打乱各方股东参与公司基本事务时的合理预期。由于新《公司法》尚未撇清公司自治与法律强制的关系，加诸现行救济措施的规定僵化和单一，因而

---

  ① 甘培忠、刘兰芳主编：《新类型公司诉讼疑难问题研究》，北京大学出版社 2009 年版，第 6 页。
  ② 参见奚晓明、金剑锋《公司诉讼的理论与实务问题研究》，人民法院出版社 2008 年版，第 14 页。
  ③ 参见吴庆宝主编《公司纠纷裁判标准规范》，人民法院出版社 2009 年版，第 25 页。
  ④ 李建伟：《公司诉讼专题研究》，中国政法大学出版社 2008 年版，第 7 页。

法院在处理股东权利配置纠纷时往往难以把握司法介入的标准与尺度，出现法院面临应当介入，还是应当宽缓的选择困境便不足为奇了。

综上所述，2005年《公司法》采纳了法律强制和公司自治相互结合的全新模式以调整股东权利配置关系中的利益冲突。新《公司法》所采的法律规制方式发生了较为显著的变化，即在增列股东权利类型的基础上拓宽了配置权利的自治空间，但是强制规范与自治规范之间、一致同意与资本多数同意之间均存在规制领域界分不清的问题。对救济措施而言，法律保留了股东会决议的效力评判救济，满足股东自治需求的其他救济措施尚且处于空白状况，而且受制于法律规制领域界分不清的影响，法院在审理股东权利配置冲突案件时面临着选择司法介入时机和确定介入限度等难题。

第二节　路径依赖导致规则的紊乱

道格拉斯·C. 诺斯（Douglass C. North）指出，产权是交易的基本先决条件，产权结构的效率引起经济增长、停滞或经济衰退，而国家则规定着产权的结构并最终对产权的效率负责。① 中国公司法制的现代化进程正是以整个国家经济运行模式的转轨为背景的，国家始终是发起、推动和支持这一进程的直接力量。但是，从另一个角度来看，中国公司法制的现代化又是一种去国家干预化的历程。一方面国家努力的实现法律中的去干预化，鼓励自治，以拓展商事经营中的自由空间；另一方面又尽力地确保国家干预力量稳步、渐进地退出公司法上的诸项制度，以免商业秩序出现较大的波动。这两种截然相反的趋势和力量共同塑造了中国公司法制的转轨特征，并导致了股东权利自治配置的规范失序问题。

一　法制转型中的国家干预嵌入

国家干预力量的推动力和阻滞力的冲突和交织在中国公司法的变迁史中展现得淋漓尽致，1993年《公司法》系为巩固国有企业阶段化改革成果于立法层面的经验总结。对全民所有制企业的产权配置改革经验被相应

---

① 参见［美］道格拉斯·C. 诺斯《经济史上的结构与变革》，厉以平译，商务印书馆1992年版，第25—39页。

地植入到《公司法》之中,国家对公司制企业的控制与干预仍表现出高度集中的特征。进入 21 世纪后,中国政府推动的国有企业改制转采了"抓大放小"政策,数量众多的中小型国有企业陆续完成了转制与产权改革,私营公司的数量有了显著的增长。中国的乡镇集体企业在经历了最初的迅猛发展后逐渐暴露出其产权基础不明晰的弊端,从而普遍开启了相应的"量化"改革,并逐步完成了向公司制企业转变的历程。随着公司背后的所有制背景逐渐趋于淡化,旧有的政策歧视现象也得到一定的矫正,采用公司形式运营的私营企业数量得到了显著的增加。2005 年《公司法》的重大修订亦是因应公司制企业日趋普及的趋势,意图依靠国家力量推动公司制度变迁的大跃进。与此不相协调的是,国家控制与干预公司产权配置关系的法律调整模式仍带有浓重的计划经济时期的色彩,法律规制方式僵化和救济措施缺乏灵活性的表现尤为突出。基于转型时期立法知识积累不足与司法经验积累相对匮乏的现实状况,实践层面于体制外自发演化出诸多突破旧有制度模式的尝试,但是此类尝试尚且存在诸多不足,仍旧有待实践的检验和制度竞争上的优胜劣汰。因此,可以说中国公司法制的变革与国家力量的介入相关联,这既推动了公司法制度本身的迅速进化,同时也造成了某些制度显现出"发育不良"的病症。

  一方面,国家干预嵌入法律之中会导致制度的扭曲。林毅夫指出政府是发展中国家最为重要的制度,政府采纳的政策将会塑造经济中的其他制度和激励结构,并影响它们的质量。同时这也是发展中国家各种制度扭曲的成因。[①] 赵红军指出,强势政府和资源的集中就是小农经济基础上集权式政府治理的典型特征。因此中国的政府治理模式是带有惯性的,作为制度供给与需求的各方都选择了一种模仿式的、保守性的惯性治理思维和对策。[②] 而这种国家干预因素的嵌入在历经一定发展阶段之后可能会制约最优产权安排的形成。琳达·维斯(Linda Weiss)和约翰·霍布森(John Hobson)就指出,并不能认为东亚国家经济上的成功是完全基于国家"行动主义",且认为这种"行动主义"不能等同于世界其他地区的国家"干预主义"。东亚国家的成功只是表明了政府在经济发展初期的政策和

---

  ① 林毅夫:《经济发展与转型——思潮、战略与自生能力》,北京大学出版社 2008 年版,第 95—96 页。

  ② 参见赵红军《小农经济、惯性治理与中国经济的长期变迁》,格致出版社、上海人民出版社 2010 年版,第 328—329 页。

行动有助于维持商业预期的未定,起到产权制度尚不健全时的替代品作用。① 另一方面,在发展经济学和新制度经济学的视野中,国家干预因素嵌入各项制度安排之中可以有效避免市场发育初期产权不完整、不健全的境况,从而作为一种替代性的机制维系经济的起飞和发展。戴维·瓦尔德纳(David Waldner)即认为,东亚这种相对早熟的凯恩斯主义国家的官僚机构的政治化,行政机构的组织方式是政治家统治而官僚管理,这十分有助于后发展国家长期发展战略的形成,而这种模式可以将正式的组织规则与非正式的因素融合在一起。② 通过对上述不同观点的比较,学者的研究结论可以简单归结为:国家干预因素的嵌入既会推动法律制度由传统向现代的转型,又会导致某些法律制度发生变形和扭曲。

二 干预嵌入引发路径依赖效应

为何中国现行法律规定和司法裁判标准会产生法律强制和公司自治关系失序的问题呢?从中国公司立法的历史演变看,这种失序和紊乱源于制度变迁过程中国家干预因素所导致的路径依赖效应,章程配置规则的缺陷正是由制度上的路径依赖效应所引起的。虽然罗兹(Rhodes)和范·安培尔顿(M. B. Van Apeldoorn)早已指出,由于国家层面的运作机理不同,制度都是在大不相同的制度背景下演进的。这种差异是长期演化的结果,而且还伴随着非常个性化的制度变革。③ 但是现有的路径依赖理论在解释上仍旧存在欠缺周延的地方,此类理论尚且不能妥当地分析类似中国这样的转轨国家在出现根本性的制度变革之后,旧有制度是如何对新生制度产生影响的。为此,需要对中国章程配置规则中的国家干预因素导致路径依赖效应的原因予以分析和总结,方能把握破解该项问题的关键。

依据米哈乌·费德罗维奇(Michal Federowicz)以及鲁特·V. 阿吉莱拉(Ruth V. Aguilera)基于东欧转轨国家公司治理研究所形成的理论,欲探寻中国股东权利配置冲突中公司自治与法律强制关系紊乱的根源必须

---

① 参见[澳]琳达·维斯、约翰·M. 霍布森《国家与经济发展——一个比较及历史性的分析》,黄朝辉、廖志强译,吉林出版集团2009年版,第178—180页。
② 参见[美]戴维·瓦尔德纳《国家构建与后发展》,刘娟凤、包刚升译,吉林出版集团2011年版,第183—184页。
③ Rhodes, M. B. Van Apeldoorn, "Capitalism Unbound? The Transformation of European Corporate Governance", 3 *Journal of European Public Policy*, 106, 106 – 127 (1998).

首先考察这两类截然相反的法律制度的变化过程。一方面，法律的进化可能是一个渐变的过程。为此，需要考察制度层级的概念，它意味着一些制度在很大范围内决定着其他的一些制度。这样在解释一项重大的历史变迁时，考虑核心制度并研究其是如何求取"旧的"和"新的"驱动力之间的平衡，以及它们对制度变迁的影响。① 也就是说核心制度的确是路径依赖的，并可能在变迁过程中引起其他制度发生形态上的变化。另一方面，法律的进化又可能是一个突变的过程。由于一国的经济和政治主体基于对先进国家成熟经验的借鉴所形成的结果预期而显示出强烈的策略导向，从而能够采取更加重视未来的立法政策措施。这样有利于核心制度的转型或新制度的建立。② 这就是说，在他国行之有效的成熟制度可能被转轨国家通过法律移植的方式予以吸收和借鉴，从而实现其核心制度的改变。

（一）法律强制的干预传统

早在计划经济时期，管制因素便贯彻于中国国有企业的制度安排之中，并成为制度层级中的所谓"核心制度"。回顾中国企业法制的演进历史可以发现，中国的国有企业产权配置自始便裹挟了计划经济中的管制因素，在每一阶段的企业控制权和分配权重新配置的变革中，国家始终控制着企业自由化的程度。在渐进改革路线之下，国有企业的问题不能任由市场力量来解决。换言之，如果政府允许用市场力量解决，市场力量本身可以解决国有企业问题，但政府出于政治和社会承受因素的考虑，并不愿意让自由市场立刻成为国有企业产权改革的解决方案。1978—1993年，政府实际上是更多地而不是更少地介入企业的运作。政府（特别是地方政府）通过所有权和控制直接介入公司治理结构之中。③ 自现代企业制度的改革目标明确以后，这一管制因子又为后续的公司立法所传承和延续下来。

德怀特·H. 铂金斯（Dwight H. Boykins）认为，导致管制传统得以存续的因素有两个：第一，将政府的角色从资源分配者转变为一个市场体

---

① ［波］米哈乌·费德罗维奇、［西］鲁特·V. 阿吉莱拉编：《转型经济和政策环境下的公司治理：制度变革的路径》，罗培新译，北京大学出版社2007年版，第7页。
② 同上书，第8页。
③ ［美］钱颖一：《作为过渡性制度的公司治理结构中的政府控制：中国的经验》，载［美］约瑟夫·E. 斯蒂格利茨、沙希德·尤素福编《东亚奇迹的反思》，王玉清、朱文晖等译，中国人民大学出版社2003年版，第204页。

系的管理者时将使其放弃相当多的权力；第二，国有企业改革会导致大规模的失业，造成社会动荡。① 中国学者陈钊认为，激进的产权改革往往不是最优方式，经济转轨国家企业重构造成的失业率上升会使社会负担加重，政府财政收支恶化，甚至导致经济转轨的失败。② 可以说，放弃权力的困难和对社会动荡因素的疑虑使得管制因素在中国的公司立法中以新的形式保留了下来。此时的政府和市场制度都是不完善的，它们的发展都需要时间。因为存在市场失灵，政府在公司治理结构中的控制作用在经济发展初期作为一种次优的对策也许会有更多经济上的考虑。③ 而林毅夫也指出，制度安排是一种公共货品，而"搭便车"问题又是创新过程所固有的问题。所以，如果诱致性创新是新制度安排的唯一来源的话，那么一个社会中制度安排的供给将少于社会最优。国家干预可以补救持续的制度供给不足。④ 也就是说，在当时市场机制发育尚不成熟的情况下，渗透到公司立法中的政府管制因素的存在是具有合理性和积极意义的。公司立法中大量管制机制的保留在客观上弥补了改革初期市场机制尚不健全的诸多问题，保障了国企公司化改革能在相对稳定的经济环境中得以实施和开展。

问题在于，立法中的政府管制机制引发了高昂的代理成本。一方面，为了解决国有企业普遍出现的内部人控制和分享的问题，1993 年《公司法》构建了法定治理结构和扩大了股东（大）会的议事范围，再加上中国公司中普遍存在着多数股东，由此导致了公司中少数股东权益受到普遍侵害的现象。世界银行的研究报告指出，在东亚的公司中，持有少数股权的投资者难以表达和保护自己的权利。经理人员主要对大股东负责，小股东如果对他们的表现不满，基本无法通过法律的方式得到补偿……这些法律制度显示出偏向大股东的程度，也显示出为了保护其他投资者而改变法

---

① 参见［美］德怀特·H. 铂金斯《中国和越南的产业政策和金融政策：是一个新模式的诞生，还是东亚经验的再现？》，载［美］约瑟夫·E. 斯蒂格利茨、沙希德·尤素福编《东亚奇迹的反思》，王玉清、朱文晖等译，中国人民大学出版社 2003 年版，第 184—186 页。

② 参见陈钊《经济转轨中的企业重构：产权改革与放松管制》，格致出版社、上海三联书店、上海人民出版社 2004 年版，第 43—45 页。

③ ［美］钱颖一：《作为过渡性制度的公司治理结构中的政府控制：中国的经验》，载［美］约瑟夫·E. 斯蒂格利茨、沙希德·尤素福编《东亚奇迹的反思》，王玉清、朱文晖等译，中国人民大学出版社 2003 年版，第 208 页。

④ 林毅夫：《关于制度变迁的经济学理论：诱致性变迁与强制性变迁》，载［英］R. 科斯、［美］A. 阿尔钦、［美］D. 诺斯编《财产权利与制度变迁——产权学派与新制度学派译文集》，刘守英等译，格致出版社、上海三联书店、上海人民出版社 1994 年版，第 394 页。

律制度的困难有多大。现存制度有强烈的既得利益色彩，非常抵制公平分配权利的变革。①另一方面，随着民营企业日益蓬勃发展，许多国有企业，特别是中小型国有企业的经营状况迅速恶化。在逐渐变紧的企业预算约束下，不断下降的业绩意味着企业给地方政府增加的财政负担日益严重。这就为地方政府放松传统管制提供了激励。②基于上述两方面的原因，以管制为基础的法律核心制度面临着转型的压力。

（二）公司自治的法律移植

为了克服公司法中管制因素造成的负面影响，所以在1994年之后建立一个以法治为基础的市场经济体系成为改革的中心任务。钱颖一教授指出，因为政府对企业控制的成本越来越大。这种转变使我们得出这样一个结论：政府对企业的控制可以看作是在经济发展过程中的一种过渡性机制，政府和企业的关系应该从一种动态的而不是静态的角度来研究。③此时，公司立法应当放松管制的呼声日益高涨。台湾学者王文杰指出，现有大陆公司法律制度中仍旧存在的诸多管制规定，对不当限制企业发展之弹性需求的规范加以修正，以满足国际化与自由化的因应，将是新一波大陆公司法律制度的变革课题。④中国于2005年修订《公司法》时旗帜鲜明地移植了与公司自治相关的诸项法律制度，重塑了中国公司法中的核心制度安排。

但是，中国学者在呼吁公司自治、鼓吹自由主义高亢旋律的同时，却并未妥善处理好制度变迁进程中新旧制度的融合问题。在这一阶段中，中国学者对公司自治的理论研究多为主义层面的呐喊，却并未见到关于新兴公司自治与传统法律强制从规制框架、范围厘定到救济措施融合等一系列制度安排的整体勾画。在策略导向的指引下，立法机关虽然正确地将公司自治确立为中国公司法制的变革方向，但是在相关理论研究和移植条件并

---

① ［美］沙希德·尤素福：《新千年的东亚奇迹》，载［美］约瑟夫·E. 斯蒂格利茨、沙希德·尤素福编《东亚奇迹的反思》，王玉清、朱文晖等译，中国人民大学出版社2003年版，第18—19页。

② ［美］钱颖一：《作为过渡性制度的公司治理结构中的政府控制：中国的经验》，载［美］约瑟夫·E. 斯蒂格利茨、沙希德·尤素福编《东亚奇迹的反思》，王玉清、朱文晖等译，中国人民大学出版社2003年版，第217页。

③ 同上书，第205页。

④ 王文杰：《大陆国有企业发展与公司制度之变革》，载江平、赖源河主编《两岸公司法研讨》，中国政法大学出版社2003年版。

不充分的现实境况下，公司立法只是仓促的将公司自治嫁接于法律强制的肌体之上，并未实现两者真正的融合。

三 路径依赖阻滞法律的进化

中国公司立法中管制传统的延续是导致现行法律规则和司法裁判标准发生扭曲的根源。依据路径依赖理论，各国都尽可能地依赖既有的制度资源来应对社会现实的挑战。在这一意义上，即便在强大的制度趋同压力下，现在的趋势仍然是"国家法律制度的长期弹性"，或者是"增量变革"，而不是对外部范式的完全迁就，或转而接纳一种迥然相异的逻辑和制度安排。[①] 由于中国的公司自治制度是在原有的法律强制的基础上嫁接形成的，因而两者之间的融合并不十分顺利。几乎没有例外的是，任何试图进行直接制度移植的努力，都首先会在新的移入地遭到抵制，经过长期演变之后才开始发生作用。

学者指出，虽然制度性的解决方案的渗透和弥散作用的确存在，但它不会以一种简单而直接的方式进行。[②] 一方面，2005 年《公司法》于修订时并未显著缩小法定股东权利的类型和范围，法律强制在这个领域得到了延续。同时法院也于实践中刻意扩张了法定股东权利的种类，并通过强制规范的适用来保障固有股东权利的完整性。另一方面，2005 年《公司法》旗帜鲜明地张扬了公司自治精神，特别加强了作为自治基础的章定股东权利的制度设置，并积极的扩张公司章程中的自治领域。随着公司自治范围的拓宽，诸多属于强制规范调整的事项现今都归公司章程自治解决。结果两种相互抵牾的立法理念导致了法定股东权利与章定股东权利类型设定的错位，现有的权利类型划分同时带有传统管制和现代公司自治两种截然相反的立法理念。同时，2005 年《公司法》改进了法定股东权利救济措施，却未对属于公司自治范畴的章定股东权利的救济提供完备的救济路径，以致失却救济措施的公司自治难以获得司法上的有力支撑。在司法实践中，法院自行摸索的固有权利规则、一致同意规则以及信义义务规则进一步扭曲了公司自治和法律强制的配置关系，依旧未能达到妥善处理

---

① [波]米哈乌·费德罗维奇、[西]鲁特·V. 阿吉莱拉编：《转型经济和政策环境下的公司治理：制度变革的路径》，罗培新译，北京大学出版社 2007 年版，第 3 页。

② 同上。

股东权利配置冲突的目标。

　　综上所述，中国章程配置规则中公司自治和法律强制结合关系的紊乱，以及强制规范和自治规范的失序有着深厚的本土渊源，加之市场转轨国家对域外制度的法律移植，二者的冲突与矛盾共同导致了上述问题的出现。从而，中国立法应当如何摒弃现行法律中不合理的国家干预因素，构建规制路径分明、救济措施严密的法律制度，并在此基础上破解路径依赖的难题成为中国公司法学者必须予以回答的问题。

第四章

规制方式的立法调整

奥利弗·E. 威廉姆森（Oliver E. Williamson）指出，交易的基本方面包括不确定性、交易频率以及投资交易的资产专用性程度，而经济活动的有效组织必然要求根据交易的特性有区别的使用规制结构。① 现行《公司法》与司法裁判标准均未建立起妥当处理股东权利配置冲突的规制结构。传统法律强制的规制方式仅仅是变换了形式，公司自治的规制方式则在移植和贯彻的过程中发生了扭曲。从法律适用的效果来看，法院适用这些规则往往只能顾及冲突单方主体的利益，无从作出追求社会整体效益的理想判决。因此，本章第一节探讨的内容是，引发股东之间权利配置冲突的起因是什么，解决该问题的既有经济理论和法律策略有哪些。第二节探讨的是，股东权利配置冲突的规制目标是什么，立法应当如何界分自治规范和强制规范之间的规制领域。第三节探讨的是，立法应当对公司章程自治的决议方式作出何种规制选择，应采纳资本多数同意，还是一致同意。总之，第一节构成本章的总论，第二节和第三节则分别从两个相互关联的层次上探讨立法规制方式的选择，从而为第四章探讨救济措施的构建问题奠定基础。

第一节 破解外部性的理论与策略

股东权利配置冲突是一种发生在股东之间的利益冲突，在探讨如何改进法律规制结构之前，有必要对引发股东权利配置冲突中的机会主义行为

---

① Oliver E. Williamson, "Transaction-Cost Economics: The Governance of Contractual Relations", 22 *The Journal of Law and Economics*, 22, 249 (1979).

予以分析。① 公司章程修正案配置股东权利将引发股东利益关系的变化，这一过程可能被多数股东所利用，以此作为侵害少数股东权益的手段。只有在分析和探明导致多数股东机会主义行为的违法动因之后，才能准确地把脉股东之间利益冲突的关键，进而择定妥适的法律规制策略。

一 股东权利章程配置的外部性

公司章程修正案配置股东权利可能会导致两种截然不同的经济后果。一种可能是，章程修正案有益于股东整体利益的增加，全体股东因此而受益（至少是利益未受减损）；另一种可能是，少数股东的利益受到侵害和剥夺，股东权利重新配置的后果对于少数股东而言具有负外部性，而掌控公司控制权益的多数股东则获得了额外的收益。对于少数股东而言，公司章程的修改之所以会引起外部性的问题，是因为公司的经济结构中存在着多数股东的私人收益。

（一）多数股东的私人收益

多数股东的身份是双重的。一方面，他是一个股东，他的利益与其他股东的利益存在一致的地方；另一方面，他又是一个控制性的股东，他可以从控制公司的过程中获得其他非控制性股东无法得到的收益。② 这种其他股东无法获得的收益即为多数股东的私益。多数股东私益的存在会引发剥夺行为，公司章程修正案重新配置股东权利就存在诱致剥夺行为产生的可能。公司治理领域的学者指出，剥夺的根本动因，是控制性股东存在私人收益。由于私人收益的存在，多数股东便与其他股东之间出现利益的分化。③ 多数股东的私人收益可以区分为财产性的控制者私益和非财产性的控制者私益。前者是指多数股东可从公司获得超过其应得份额的可由货币计量的收益，后者是指多数股东获得的实际上的非货币控制好处。多数股东追求的是自身利益的最大化，并不是股东整体利益的最大化。当股东整体利益与多数股东的私人利益明显不一致时，多数股东便可以通过重新安排股东权利的方式满足自身私利的需要，从而有损于其他少数股东的

---

① 机会主义是指追求自身利益，但又将单纯对自身利益的追求扩展到用诡计来实现自身利益。参见 Cal J. Dahlman, "The Problem of Externality", 22 *The Journal of Law and Economics*, 141, 143 (1979).
② 宁向东：《公司治理理论》，中国发展出版社2006年版，第80页。
③ 同上书，第85页。

利益。

多数股东可以凭借其持股优势或者其他方法强行通过只对自身有利的公司章程修正案。实践中有着这样的案例，2000年6月，于先生向一家环保公司交付1万元，成为该公司股东。环保公司成立之时在公司章程中对送交股东财务报告义务也进行了明确规定。2005年4月，环保公司答应于先生可以去财务部门查阅财务报告。但当于先生提出复制涉及切身利益的相关内容要求时，环保公司称该公司已对公司章程进行了修改。根据修改后的公司章程，公司的股东要了解公司的经营状况和财务状况，必须事先向公司提出申请，由董事会判断是否同意查阅财务会计报告。即使董事会同意股东查阅，股东也不得复印。股东查阅财务会计报告的权利已被作出修改。于先生为了解环保公司的经营状况，被迫到工商管理机关查询、复印环保公司的有关档案材料，支出费用667.5元。为此，于先生将环保公司诉至法院，要求环保公司提交2000—2005年每一会计年度的财务报告，赔偿到工商管理部门查阅档案的费用。①在该案件中，虽然章程修正案更改的是所有股东的知情权，但显然这种修改对多数股东而言并无任何的实际约束力。多数股东把持着公司日常的经营运作，根本无须借助知情权以获取相关的公司资讯。但是对于远离公司经营的其他股东而言，知情权是其行使其他类型股东权利的基本前提，对知情权的任何限制和约束将对少数股东的利益造成实际的减损和现实的威胁。同时，该案例中重新配置股东知情权的目的并非旨在保障公司的资讯安全。财务会计报告属于公司的基本信息，股东行使知情权并不会造成公司商业秘密的泄露，因此限制和约束知情权的目的明显是出于多数股东私人利益的考虑，并非出于顾及公司安全和股东整体利益的安排。上述案例表明，多数股东私人收益的存在是其不当配置股东权利这等机会主义行为的根本动因。

（一）中国的多数股东私益

一方面，多数股东私益的存在前提是公司的股权结构相对集中。东亚绝大部分大公司都是由政府或者家族持有及控制的，持有少数股权的投资者难以表达和保护自己的权利。② 中国上市公司的股权结构与英美国家相

---

① 李京华：《公司章程不能剥夺股东知情权》，《经济参考报》2006年7月3日第13版。
② ［美］沙希德·尤素福：《新千年的东亚奇迹》，载［美］约瑟夫·E. 斯蒂格利茨、沙希德·尤素福《东亚奇迹的反思》，王玉清、朱文晖等译，中国人民大学出版社2003年版，第12页。

比集中程度较高。不单如此，中国非上市的股份有限公司和有限责任公司由于组织上的人合特性同样形成了十分集中的股权结构。集中的股权结构意味着公司中可能存在一位绝对控制的股东或者多为相对控制的股东。另一方面，当一国法律体系不够健全或者未能得到有效执行的情况下，多数股东便存在利用其控制地位谋取私人利益的空间和机会。虽然自1992年创办证券市场以及1993年颁布《公司法》后，中国公司的法制建设及其执法水平均获得了十分快速的发展，但是国有企业、集体企业和民营家族企业的先天股权构成，以及法制信仰和诚信经营理念的相对匮乏共同诱致了中国公司之中多数股东为其私人利益恣意侵害少数股东权益的问题。

总之，多数股东私人利益的存在是引发公司章程修改中机会主义和外部性问题的客观原因，而中国公司相对集中的股权结构和现行法律的执行状况是造成多数股东实施不当配置股东权利行为的诱因。

二　破解外部性的传统理论

在分析股东权利配置冲突中外部性的产生原因和条件之后，有必要回顾并检讨传统理论中破解外部性问题的两类观点。有法律学者认为，（股东）表决机制运作得并不完美，存在一家公司的股东投票赞成以牺牲全体股东的集体利益的代价而只为一个特定团体服务的可能性。当这种情况发生时，强制规范可能就应该介入，以否决股东就有关事项进行表决的权利。[①] 上述观点提供了一个解决外部性问题的简单方案。这个方案的核心就是当外部性问题出现时应当由国家权力予以干预，这种干预需要通过强制规范的实施来获致。与此截然相反的观点认为，虽然（公司章程修正案配置股东权利）表决的决策规则并非完美，但在缺少更优制度安排的前提下，只能予以坚持。[②] 这里隐含了一种可能的推论，即只要交易成本较低，股东权利配置冲突所导致的外部性或许可以在多数股东与其他股东之间通过补偿协商的方式予以解决。这种观点意在表明外部性在一定条件下可以通过补偿协商的方式自行解决，无须强制规范的涉足和介入。上述两种观点均渊源于经济学上破解外部性方案的传统理论，即庇古（Arthur

---

[①] ［加拿大］布莱恩·R. 柴芬斯：《公司法：理论、结构和运作》，林伟华译，法律出版社2001年版，第257页。

[②] 吴建斌：《合意原则何以对决多数决——公司合同理论本土化迷思解析》，《法学》2011年第2期。

Cecil Pigou)的国家权力干预学说和著名的科斯(Ronald H. Coase)谈判观点。

(一)庇古的传统与科斯谈判

外部性是经济学里非常重要的一个概念。通俗地说,外部性是指有人承担了他人行为引起的成本或者获得别人行为创造的收益。如果第三方承担了本应由行为者本人承担的成本,可将其称为负外部性。个人实施具有外部性的行为,虽然会实现个人意义上的受益最优效果,但是并不符合社会最优的结果。经济学上解决外部性的办法是将外部性行为的后果内在化,即改变激励,以使人们考虑到自己行为的外部效应。[1] 当外部性存在时,每个人对自己的权利和责任的边界的界定是模糊或者至少是不明确的,这里关键的问题是如何设计激励机制,使每个人为自己的行为负责,承担自己行为引起的成本。[2] 此时,问题的关键就是该如何改变行为人的激励,实现外部性的内在化。

庇古认为,国家权力可以通过对产生负外部性的行为施以相应的干预行为,改变当事人的行动激励,从而实现外部性的内在化。[3] 法律基于公共政策的需要宣布某些规定或修改财产权或自由权的合同无效或不合法本身就是一种国家权力介入强行性规范实施干预的方式。[4] 问题在于,国家权力的干预存在着诸多不能令人满意的地方。政府通常没有办法而且没有积极性知道管制的边际成本。如果不能确定边际成本,那么便无法确定管制的方式和程度。基于这样几点,庇古的措施遭到了另外一些经济学家的批评。[5] 同理,对于强制性规范的设计而言,立法机关便很难具体地划定禁止股东权利配置的明确范围。

与庇古的理论相反,科斯提出了两个造成外部性产品或补偿性支付缺乏的原因:缺少明确界定的产权和存在着交易成本。科斯认为,传统的方法掩盖了问题的实质,即应当对双方利益作出衡量和选择,而不是如何禁

---

[1] [美]曼昆:《经济学原理》(微观经济学分册),梁小民等译,北京大学出版社2009年版,第214页。

[2] 参见张维迎《产权、激励与公司治理》,经济科学出版社2005年版,第20—21页。

[3] 参见[英]亚瑟·赛瑟尔·庇古《福利经济学》,朱泱、张胜纪、吴良健译,商务印书馆2009年版,第345—352页。

[4] S. Rose-Ackerman, "Inalienability and the Theory of Property Right", 85 *Columbia Law Review*, 931, 935 (1985).

[5] 张维迎:《产权、激励与公司治理》,经济科学出版社2005年版,第26页。

止一方的行为。① 解决外部性问题不一定要引入国家权力的干预。他指出，只要产权界定清楚且没有交易成本，外部性可以通过当事人之间的谈判解决，帕累托效率可以实现。并且资源配置与初始的产权安排无关。这就是著名的"科斯定理"。依据"科斯定理"，当存在外部性即个人利益和社会有冲突的时候，让利益冲突的双方讨价还价能达到社会最优，而不必诉诸国家权力的介入。② 其中，通过协商的方式来解决交易成本较低时外部性问题的方案就被称为科斯谈判。问题在于，现实世界中充斥着各类的交易成本，当事人之间的协商可能根本就不会发生，更无从达致所谓的社会最优了。

实际上，现代经济学理论已经形成了一种折中的观点。无论公共决策者还是私人都可以以各种方法对外部性作出反应，所有这些方法都是为了使资源配置更接近于社会最优状态。正如科斯自己所说，在解决经济问题的不同安排之间进行选择，当然应在更为广泛的范围内进行，并应考虑这些安排在各方面的总效应。③ "科斯定理"表明，私人经济主体可以解决他们之间的外部性问题。无论最初的权利如何分配，有关各方总可以达成一种协议，在这种协议中，每个人的状况都可以变好，而且，结果是有效率的。④ 当人们不能用私人方式解决外部性问题时，国家权力往往就应当介入。但即使有了干预，社会也不应该完全放弃市场的力量。事实上，若以极端的角度来表述科斯的观点，那就是任何事情都是通过一种最佳的可行方案解决的。⑤ 总的说来，奉行新自由主义的经济学家尤其强调市场手段的基础性地位，国家权力只应行极为有限的干预。

(二) 卡拉布雷西 (Guido Calabresi) 的理论

经济学家给出了国家权力在矫正外部性行为时该如何定位的解答。但返回到法学领域，问题并不是简单的干预与否的问题，而是规制的领域和

---

① Ronald H. Coase, "The Problem of Social Cost", 3 *The Journal of Law and Economics*, 1, 2 (1960).

② 张维迎：《产权、激励与公司治理》，经济科学出版社 2005 年版，第 28 页。

③ Ronald H. Coase, "The Problem of Social Cost", 3 *The Journal of Law and Economics*, 1, 32 (1960).

④ [美] 曼昆：《经济学原理》(微观经济学分册)，梁小民等译，北京大学出版社 2009 年版，第 226—228 页。

⑤ [美] 阿维纳什·迪克西特：《法律缺失与经济学：可供选择的经济治理方式》，郑江怀、李艳东、张杭辉、江静译，中国人民大学出版社 2007 年版，第 4 页。

限度如何把握的问题。具体到本书探讨的主题，就是股东权利重新配置时，国家权力如何干预才能平衡多数股东与少数股东之间的利益关系。单从这个层面来说，现代经济学并未提供一个适宜的解决方案。然而，科斯的观点无疑为我们提供了进一步思考的方向。美国大法官卡拉布雷西便在科斯相关研究的基础上归纳出了一个法律上的规制设计理论。① 通过这一理论，卡氏揭示了国家权力干预程度不同的法律规则是如何影响资源（权利）配置效益最大化目标的。

卡氏将解决利益冲突的法律规则分为三类，分别是财产规则、责任规则和不可转让规则。这三类规则对于资源配置的社会整体效果会产生不同的影响。第一，通常法律授予财产权即视为该权利受到财产规则的保护。这项规则是指，除非权利人愿意按照其主观上评估的价格出售该项权利，否则其他人无权占有或分享该权利的任何实质利益。② 理查德·A. 波斯纳法官（Richard Allen Posner）指出，财产权是对财产的使用、管领以及收益的排他权利——也就是说，是一项如果没有财产所有人的允许，任何其他人不得使用该财产的权利。③ 某项股东权利受财产规则的保护就意味着该项权利可以通过自愿转让的方式完成资源的重新配置。第二，与财产规则不同的是，由责任规则予以保护的权利并不排除他人对某项财产的使用权，而仅仅是就对财产造成的一定的毁损灭失提出赔偿请求。④ 一个外部的、客观的价值标准被用于促使该项权利由持有人向侵害人转移。⑤ 某项股东权利受到责任规则的保护就意味着该项权利可经由相对方的行为强制实现资源的重新配置，但是相对方必须给予权利方客观价值的补偿。第三，不可转让规则是指以禁止转让的形式保护某项权利。⑥ 政策制定者可能作出规定，某些私权利应当不能通过协议改变或推翻。此类权利经常被

---

① Guido Calabresi, "Transaction Cost, Resource Allocation and Liability Rules: A Comment", 11 *The Journal of Law and Econmics*, 67, 73 – 89 (1968).

② Guido Calabresi, Douglas Melamed, "Property Rules, Liability Rules, and Inalienability: One View of the Cathedral", 85 *Harvard Law Review*, 1089, 1106 – 1107 (1972).

③ [美] 威廉·M. 兰德斯、理查德·A. 波斯纳：《侵权法的经济结构》，王强、杨媛译，北京大学出版社2005年版，第33页。

④ 同上书，第34页。

⑤ Guido Calabresi, Douglas Melamed, "Property Rules, Liability Rules, and Inalienability: One View of the Cathedral", 85 *Harvard Law Review*, 1089, 1105 – 1107 (1972).

⑥ Ibid., 1106 (1972).

称为"不可转让的权利"①。某项权利受到不可转让规则保护就意味着立法禁止资源重新配置行为的发生。② 通常，财产规则与责任规则密切相关，通常财产规则和责任规则共存于同一项权利保护的措施之中。比如，当某动产受到侵占时，权利人可以请求侵害人返还财产，这种返还原物请求权是一项财产规则；权利人也可以决定放弃该财产的所有权，请求侵害人赔偿损失，这种损害赔偿请求权就是一项责任规则。通过请求返还原物，权利人可以自主决定物（资源）的再配置；通过请求损害赔偿，权利人只能要求获得金钱赔偿，但不能自主决定物（资源）应当如何再配置。倘若立法将享有某物的权利设置为不可转让规则，那么无论是权利人，还是其他任何人均不能对这种初始的资源配置状况进行任何更改。

在上述三项规则之中，国家权力的干预程度是不同的。财产规则排斥国家权力的干预，权利重新配置的行为只取决于权利人本身的意志；责任规则存有国家权力干预的成分，其中权利重新配置的规则由国家权力决定，权利转移后的补偿标准由国家权力客观决定；不可转让规则则完全是国家权力干预的后果，国家权力禁止任何形式的权利配置活动。区分这三种类型的规则是十分有益的，不同的权利保护规则会造成资源配置效果的差异。三者有着各自的适用前提和比较优势，当交易成本较低时立法应当采用财产规则，因为较低的交易成本无碍当事人之间的自由协商，理性个人所作的选择有助于自身权利价值的最大化，并实现资源配置的社会最优效果。当交易成本较高时立法应采用责任规则，因为较高的交易成本将阻碍当事人通过协商的方式重新配置权利，采取责任规则将迫使权利强行转让给能够最为有效利用它的主体（出价最高者），从而实现权利的优化配置。当某项权利的转移会给第三方带来巨大的交易成本（不确定性）时，立法应当选择不可转让规则，因为此时权利转移的外部性将导致潜在的交易第三方理性预期的紊乱，第三方将不得不支付更多的交易成本用于新预期的形成，从而导致社会效率降低的状况。确立不可转让规则可以有效节约第三方交易成本的支出，实现社会效果的最优。

因此，当市场自主交易的成本较低时，财产规则比起责任规则更具经

---

① S. Rose-Ackerman, "Inalienability and the Theory of Property Right", 85 *Columbia Law Review*, 931, 937 (1985).

② Guido Calabresi, "Transaction Cost, Resource Allocation and Liability Rules: A Comment", 11 *Journal of Law and Econmics*, 67, 79 (1968).

济性，因为市场比起法律制度来是更可靠的价值记录者。但当市场自主交易的成本较高时，财产规则就略逊一筹了，因为它有碍资源的最优化配置。① 而不可转让规则应当适宜于会给第三方带来极大的外部性和不确定性的场合。② 科斯实际上暗示了在任何交易成本很低的时候（在现实世界里交易成本从来不可能为零）——更准确地说，在成本低于交易的获利的时候，财产规则比责任规则更可取。它假定了在大量自主交易切实可行的地方，财产权制度在管理成本上比责任规则（或直接的公共管理制度）低廉，但这个假定是合理的，因为市场对价值的调节比法律制度更准确。③ 也就是说，比较三种不同的规则，财产规则有着更为基础意义上的功能。

总之，卡拉布雷西法官的"规制设计理论"为立法者提供了一个选择国家干预程度的法律技巧。不可转让规则所体现的是法律强制的规制方式，违反该项规则将导致法律行为自始、确定、当然无效的法律后果；而财产规则和责任规则实际上是一种自治性的规制方式。在一个以效率为最高价值追求的法域，立法者需要把握三种规则之间的配比程度，促进股东权利配置冲突的最优规制结构的形成。然而，卡拉布雷西法官并未解释清楚立法应当如何界分强制和自治的领域，并且其所谓的自治仅指向双方自治的情形，并未包括公司组织自治的情形。总之，卡氏理论的意义在于将经济学上破解外部性问题的传统理论用法律语言进行了完整的还原，并为股东权利配置的规制路径选择提供了基础的分析工具。

三 破解外部性的规制策略

根据经济学和法学学者关于解决利益冲突中外部性问题的理论，对于股东之间的权利配置冲突总共存在三种法律上的策略选择。这些规制策略各有其适用的前提和条件，不同策略的采用将导致完全不同的法律后果和资源配置效果。

---

① ［美］威廉·M. 兰德斯、理查德·A. 波斯纳：《侵权法的经济结构》，王强、杨媛译，北京大学出版社2005年版，第35页。

② S. Rose-Ackerman, "Inalienability and the Theory of Property Right", 85 *Columbia Law Review*, 931, 941 (1985).

③ ［美］威廉·M. 兰德斯、理查德·A. 波斯纳：《侵权法的经济结构》，王强、杨媛译，北京大学出版社2005年版，第41页。

(一) 三种法律规制策略

多数股东私人利益的存在可能诱发其机会主义行为，通过不当配置股东权利的方式压迫和侵蚀少数股东的基本权益。对于这一问题，目前学者提出了三种可供选择的解决途径。

第一，由立法设置强制规范，采取禁止配置股东权利的规制方式。根据庇古的观点，国家权力干预是有效解决外部性问题的根本途径。国家权力可以通过强制规范介入到股东之间的权利配置冲突之中。因而外部性的存在构成了立法应采纳强制规范的合理依据。例如，立法可以明文禁止某项股东权利不得予以另行配置或者规定公司章程修正案另行安排某项股东权利的相关条款将产生无效的法律后果。在解释中国现行公司法规范时，多数学者主张采用禁止另行安排股东权利的固有权利规则和股东信义义务规则作为解决外部性问题的基本方法。不但如此，法院在司法适用过程中还拓展了固有权利的类型，进而将强制规范的适用范围予以拓宽。采用强制规范的规制方式将产生选择性的资源配置效果，即要么将利益配置给多数股东，要么配置给少数股东。

第二，由立法设置财产规则，通过"科斯谈判"予以解决。所谓"科斯谈判"，即在交易成本较低的情况下通过冲突权利双方之间的协商与谈判予以化解，也只有如此才能真正实现卡尔多—希克斯效率。[①] 科斯在其著名的文章《社会成本问题》中对庇古的传统理论提出批评，他指出传统的方法（指国家权力的干预）掩盖了不得不作出的选择的实质。人们一般将该问题视为甲给乙造成损害，因而，所要决定的是如何制止甲。但这是错误的。我们正在分析的问题具有相互性，即避免对乙的损害将会使甲遭受损害，必须决定的真正问题是：是允许甲损害乙，还是允许乙损害甲？关键在于避免较严重的损害。[②] 科斯认为，"外部性"的存在并不能成为政府干预的依据。[③] 在交易成本较低的情况下，权利冲突的当事人完全可以通过协商谈判的方法解决遗留的外部性问题。需要说明的是，上述对策并非科斯本人的观点，只是后人基于科斯定理的直接推论。

[①] [美] 杰弗里·N. 戈登、马克·J. 罗伊：《公司治理：趋同与存续》，赵玲、刘凯译，北京大学出版社 2006 年版，第 99 页。

[②] Ronald H. Coase, "The Problem of Social Cost", 3 *The Journal of Law and Economics*, 1, 47 (1960).

[③] Ibid., 49 (1960).

吴建斌教授很好地诠释了科斯的观点，他指出"科斯法律经济学的本意根本不是为了实现强势权利或者位阶较高权利，可以牺牲弱者或者位阶较低合法权利，而是意指在无交易成本时，自然会通过前者补偿后者达成博弈均衡；新的立法或者疑案裁判作出权利重新配置应当慎之又慎。①所以，此处的"科斯谈判"仅仅泛指一种通过协商破解外部性问题的规制策略，并非科斯理论的全部内容。在交易成本较低的情况下，冲突各方依照法律授权自愿参与的"科斯谈判"将会自然破解外部性问题并带来最优的社会效果。

第三，由立法设置责任规则，通过强制转让标准和责任机制的配合予以解决。选择"科斯谈判"策略需要一定的前提条件，即必须在交易成本较低的情形下才能适用。倘若交易成本较高将阻碍股东之间实际谈判的发生。哈罗德·德姆塞茨指出，一旦交易成本或谈判成本数额较大，并在分析中予以考虑，那么无论选择哪种责任原则，都会对资源配置产生影响。如此，谁能以最低成本，减少发生这种相互影响的事件（具有外部效应的事件）的可能性，就由谁来承担有关责任。②也就是说，当交易成本很高以致无法借助谈判的方式解决权利冲突时，可依据强制转让标准使得股东权利发生转移，同时对获取权利一方设置责任的方法予以解决。责任应当由最能低成本的避免损害发生的主体承担。这样股东的权利虽然受到新的约束，但是其利益因获得补偿而不致减少；获得权利方将获得所需的权利，做出机会主义行为的多数股东需要承担相应的法律责任。在对权利受到约束的股东进行补偿的前提下，责任规则能够实现资源配置最优的社会效果。

（二）对三种规制策略的评析

上述规制策略能否应用于股东权利配置冲突取决于立法者对两方面因素的政策衡量。除了与规制策略的适用前提有关外，还与公司组织的信息结构和组织结构密切关联。

第一，股东权利配置冲突中的外部性难以为立法机关所识别，强制规范的规制策略难以单独应对。公司是一种法律拟人化处理的组织实体，其

---

① 吴建斌：《关于我国公司冲突权利配置效率观的反思与重构》，《南京大学学报》（哲学·人文科学·社会科学）2011年第2期。
② ［美］哈罗德·德姆塞茨：《所有权、控制与企业——论经济活动中的组织》，段毅才译，经济科学出版社1999年版，第75页。

本身无法形成独立的意思，因此由股东所形成的集体意志予以替代。这里的矛盾在于发生权利冲突的主体与协调利益冲突的表决主体存在着不一致的情况。股东权利配置冲突发生于多数股东与少数股东之间，但是实际参与公司章程修正案表决的只能是每一位股东。因而利益冲突在形式上发生于公司与股东之间，但利益冲突实际上却发生在多数股东与少数股东之间。公司章程修正案配置股东权利究竟是基于对股东整体利益的考量，还是归结于多数股东的私益，不是在任何情况下都是清晰易辨的。这就要求立法机关通过强制规范对章程修正案的配置范围度量时，必须能够事先识别出外部性行为的可能分布情况。

问题在于，多数股东行使表决权的行为是构成滥权，还是出于股东整体利益的考虑，实际上难以被作为第三方的立法机关事前予以识别。第三方事先识别的困难导致了强制规范无法单独作为解决股东权利配置冲突的规制策略。同时，诚如学者所言，强加一种管制可能造成一些匪夷所思的东西以及非正义的东西，而有人会利用这些东西，从而在次优的世界中去证明下一轮管制是正当的，如此延续，没有终结。所以，最好是在开始的时候，就开始一个完善的方法并且一以贯之，以防止这种结果发生。① 国家权力的干预有可能引发寻租行为，产生管制俘获的效果，从而导致规制效果的差强人意。中国长期以来所形成的公司法的强制体制就与国家权力的过多介入有关。所以，国家权力的干预或许是必需的，但保持干预程度的最小化却是必要的。

第二，股东权利配置冲突具有不易谈判性，不存在适用财产规则的规制前提。中国《公司法》第38条第十项和第100条将修改公司章程列为股东（大）会的职权之一。股东作为公司的成员可以通过股东会议的形式商讨公司的重大事项，并协调彼此之间的利益关系。

问题在于，通过财产规则的规制策略解决股东权利配置冲突将面临股东数量众多所导致的协商障碍，以及股东的集体行动困境。一方面，公司中的股东数量少则一人，多则数以千、万计。随着股东数量的增加，要求每一位股东均参与到股东权利重新配置的谈判中变得愈发困难。即使股东均能参加谈判，但要使所有股东形成完全一致的意见也近乎不可能的任

---

① 参见［美］爱波斯坦《简约法律的力量》，刘星译，中国政法大学出版社2004年版，第342页。

务。协商一致的难度随着股东数量的增加而增加，这对于大部分的公司而言都是不切实际的。另一方面，股东是否参与谈判还取决于是否存在获利的动机。集体行动困境的原理告诉我们，倘若股东参与谈判却对谈判的结果不产生任何影响，那么理性股东的选择必然是不参加谈判。① 准确地来说，因为未来总是无法预测的，所以，一个最优"重新谈判"的规则是难以设计的。② 所以，受制于股东数量与集体行动障碍的原因，通过财产规则的设置解决股东权利配置冲突中的外部性是非常困难的。

第三，不当配置股东权利所导致的补偿数额较难客观确定，与强制转让标准衔接的责任机制存有适用上的困难。在不存在多数股东私益的场合，强制转让标准将导致多数股东获得配置股东权利的授权，少数股东可以从公司的整体获益中获得间接的补偿。在存在多数股东私益的场合，强制转让标准将导致多数股东获得权利重新配置的收益，少数股东可以则可以请求相关损害的赔偿。

问题在于，确定少数股东所受损害的赔偿数额是较为困难的。以集合权利形式存在的股东权利，以及剩余财产请求权、剩余利润分配请求权等财产性权利尚且存在客观定价的可能，而与公司经营管理相关的共益性质的非财产权实际上难以由法院准确地衡量赔偿数额。此外，责任规则的适用可能会导致股东人合关系的破裂，这也是该项规则的潜在缺陷。由于股东权利的配置不以股东自身的意志为转移，少数股东在权利内容修改后可能在公司中处于极为不利的法律地位。倘若间接补偿或者客观赔偿均未能填补少数股东的实际损害，那么其将面临被公司锁定却无法退出的尴尬境况。总之，责任规则虽然能在一次性的资源配置中实现社会最优，但在长期上会导致少数股东权益的价值减损。因此，在不能弥补上述缺陷的前提下，强制转让标准与责任机制的结合将引发对于少数股东长远利益的担忧。

综上所述，由于股东权利配置冲突中存在着较高的交易成本，作为财产规则的"科斯谈判"不宜作为立法选择的规制策略。由于事前识别外部性存在困难，作为不可转让规则的强制性规范不宜宽泛设置，立法应当

---

① 参见［美］曼瑟尔·奥尔森《集体行动的逻辑》，陈郁等译，格致出版社、上海三联书店、上海人民出版社1995年版，第5—13页。

② 参见［美］爱波斯坦《简约法律的力量》，刘星译，中国政法大学出版社2004年版，第347页。

保障国家权力干预的最小化。对于责任规则而言，赔偿数额难以计量，以及股东被公司锁定无法退出的风险制约了该项规则的采用。因此，只有在上述缺陷得到妥适弥补之后，责任规则才具有规制上的优势。总之，法律策略的单纯罗列并不能取代规制方式的选择。而单一的法律策略难以独立解决股东权利配置冲突中的外部性问题，因此只有在吸收责任规则和不可转让规则的优点，并进行适当改良之后，方能形成最为合适的立法规制策略。

第二节 章定权利与法定权利的划分

诚如学者所言，中国公司法和公司治理的核心问题是过度规制和市场自由之间的矛盾。[①] 可以将三种法律策略可以归为两种类型：不可转让规则属于法律强制的规制方式；财产规则和责任规则属于公司自治的规制方式。因此，对于股东权利配置冲突的法律规制路径选择可以区分为两个不同的层次予以探讨。第一层次关涉自治规范和强制规范之间的选择和边界的厘定，即立法机关应在多大范围内适用强制规范或者自治规范调整股东之间的权利配置冲突，所涉及的是不可转让规则与财产、责任规则之间规制范围的界定。第二层次是公司章程自治过程中决议方式的选择，涉及的是财产规则与责任规则之间的立法选择。因此，本书对股东权利配置冲突的规制选择区分为上述两个部分予以探讨。在本节当中将着重分析自治规范与强制规范各自应有的规制范围和边界。在第三节中将集中分析中国学者对于公司章程修改中决议方式的纷争和应当采纳的学说。

一 对规范选择理论的梳理

如何规整好或者识别出淹没在公司法条文中的强制规范和自治规范无疑是一项艰巨的任务。蒋大兴教授指出，中国目前处于转型时期，立法管制仍然在很大范围内存在，2005年《公司法》尽管已经扛起了自由主义的大旗，但仍然保有诸多管制性条款，甚至在某些方面还在强化管制。[②]

[①] Nicolas C. Hawson, "Regulation of Company with Publicly Listed Share Capital in the People's Republic of China", 38 *Cornell International Law Journal*, 237, 238（2005）.

[②] 参见蒋大兴《公司法的观念与解释Ⅱ：裁判思维 & 解释伦理》，法律出版社2009年版，第30页。

对于章程配置规则中强制规范和自治规范的边界划分，在中国学者的研究文献中尚未提及，但是国内外文献中却不乏诸多从整体上研究二者如何界分的宏观解读和识别方法方面的研究。此类文献汗牛充栋，总体上可以区分为三种解决路径。一种路径是首先划分公司法中各个不同的领域，然后由立法决定该领域是适用强制规范，还是自治规范，本书称之为法域分类学方法。另一种路径并不完全认同粗略划分公司法规制领域的做法，而是重点强调法院在司法适用过程中对强制或者自治条款的识别，本书称之为司法识别方法。最后则是所谓的假设交易模型方法，即模拟公司中的基本利益关系，并在此基础上确定两类法律规则设置的具体领域。

（一）法域分类学方法

1. 赵旭东教授的观点

赵旭东教授认为，公司法调整的内容可以区分为内部关系和外部关系两类，应当在内部关系和外部关系相互区分的情况下决定规范应当选取的类型。调整公司内部关系的规范应当主要是任意性规范，而调整公司外部关系的规范应当主要是强制性规范。只涉及股东和公司利益的规范应当主要是任意性规范，而涉及债权人利益的规范应当主要是强制性规范。[①] 依照赵旭东教授的观点，仅涉及配置股东权利的公司章程修改只涉及股东和公司的利益，属于公司内部关系，应当属于公司法内部关系规范调整的范围，因此需要选择任意性规范的立法技术。

2. 汤欣副教授的观点

汤欣认为，公司法规则可以区分为普通规则和基本规则两种类型。其中，普通规则是指与公司的组织、权力的分配和运作以及公司资产、利润分配等相关的具体制度的规则。基本规则是指涉及有关公司内部关系，包括管理层和公司股东、大股东和小股东之间的关系等基本性质的规则。由于当事人一般能够就有关公司组织、权力分配和运作及公司资产和利润的分配等进行平等协商，在协商未产生外部性时，法律应保护"合同自由"。因而此类普通规则应以任意性规则为原则而以强制性规范为例外。但在有明显信息不对称或严重机会主义行为危险时，法律应当保护当事人的合理预期。此类基本规则应以强制规范为原则而以任意性规范为例

[①] 参见赵旭东《公司法修订的基本目标和价值取向》，《法制日报》2004年11月4日。

外。① 依照汤欣对公司法域的分类标准，股东之间发生的权利配置冲突涉及公司的内部关系，应当归属于公司法基本规则的调整领域，因而应当以强制性规范为原则，以任意性规范为例外。

3. 梅尔文·阿伦·爱森伯格（Melvin Aron Eisenberg）的观点

爱森伯格将公司法的调整内容归类为三个方面，分别是结构规则、分配规则和信义规则。结构规则是指配置股东会、董事会、经理之间决策权及其行使的程序和条件的规则。分配规则是指针对公司资产盈余如何分配的规则。信义规则是指设置多数股东和董事、经理需要承担的义务的规则。② 他指出，在封闭公司中，公司各参与者之间的交易成本较低，能够较为充分地协商。因此封闭公司的结构规则和分配规则应当以非强制规范为主，但在局部的领域应当补之以强制规范；信义规则应当主要是强制规范，但可以容许适当的任意性变通。在公开公司中，公司各参与者之间交易成本较高，协商基本不可能存在。因此公开公司的结构规则和信义规则的主体部分应当设置为强制规范；由于强制规范无法规定分配的具体内容，所以除了关于债权人保护的内容外，分配规则应当主要设置为非强制规范。③ 在爱森伯格的分类标准中，股东之间的权利配置冲突似乎无法纳入结构性规则、分配性规则以及信义义务规则当中任何一项规则的规制范围。所以依据艾森伯格所主张的分类标准，应当通过何种规则规制股东之间的权利配置冲突并不能得出明确的答案。

4. 杰弗里·戈登（Jeffrey N. Gordon）的观点

戈登认为公司法中的强制性规范存在于四个方面，即分别存在于程序规则、权力分配规则、经济结构的变更规则以及信义义务标准的规则。④ 程序规则是指，虽然不分配权力和公司利润，但是作用于现存分配格局的导出的规则。由于"游戏的程序"通常决定了"游戏的结果"，所以程序规则应当设置为强制性规范。权力分配规则是指通过设置公司治理结构安排公司权力的规则。将权力分配规则设置为强制规范可以稳定公司各方参

---

① 参见汤欣《论公司法的性格——强行法抑或任意法》，《中国法学》2001 年第 6 期。

② Melvin Aron Eisenberg, "The Structure of Corporation Law", 89 *Columbia Law Review*, 1461, 1461–1525 (1989).

③ Ibid..

④ Jeffrey N. Gordon, "The Mandatory Structure of Corporate Law", 89 *Columbia Law Review*, 1549, 1549–1599 (1989).

与人的预期,防范管理人员对于权力的盗窃,以及避免权力通过合法的规避途径发生转移。经济结构的变更规则是指导致公司组织结构发生根本性变化的规则。如若不将此设计为强制规范,那么在牟利动机的诱惑下很难抵御修改公司章程中的机会主义行为。信义义务标准的规则应当设置为强制规范,这是因为强制规范有助于消除掌握公司控制权主体的机会主义行为,且信义标准难以由当事人于事前协商达成。① 依照戈登的观点,公司章程修正案配置股东权利属于经济结构的变更规则的调整范围,属于强制性规范的规制领域。之所以设置为强制规范,是为了抵御多数股东在修改公司章程中的机会主义行为。

(二) 司法识别方法

1. 贺少峰法官的观点

贺少峰法官认为,仅仅类型化显然无法满足对规范性质准确无误的判定,其中当然需要进一步深入地具体化分析。他认为强制性规范的司法识别过程应当依照如下的步骤和顺序进行。一方面,规范的类型化在规范性质的识别上发挥着基础性的功能,但完全准确地判定还需要借助法律用语的辅助功能,最终经由价值判断完成这一过程。② 另一方面,对于"边界地带"规范的性质的判定比较复杂,需要运用综合手段予以完成,可供利用的方法有:第一,探究法律规整的意图和立法目的;第二,以立法变动的历史轨迹判定规范的性质;第三,进行价值衡量。③ 贺少峰法官归纳出了识别公司法中强制性规范的具体步骤,可谓是对分类方式不足的重要补充。但是该观点仍旧未能脱离传统法律解释学方法的束缚,与本书所欲追求的事前界定自治与强制之间清晰边界的目的并不相同。

2. 科菲(Coffee)的观点

科菲强调应当通过个案裁判来识别强制性规范。他认为,法律规范是否是强制性的不在于该项规则的实体内容,而是法院对待公司合同的司法审查机制。④ 理由在于,公司合同作为长期合约和关系合约的属性决定了

---

① Jeffrey N. Gordon, "The Mandatory Structure of Corporate Law", 89 *Columbia Law Review*, 1549, 1549 – 1599 (1989).
② 参见贺少峰《公司法强制性规范研究》,厦门大学出版社2010年版,第179页。
③ 同上书,第185—190页。
④ John C. Coffee, "The Mandatory/Enabling Balance In Corporate Law: An Essay On The Judicial Role", 89 *Columbia Law Review*, 1618, 1618 – 1691 (1989).

其必定是不完全的，法院的任务之一就是防止公司的参与人利用这种不完全性侵害其他参与人的利益，以实现自身的利益。这种司法能动主义是对合同自由的必要补充。① 科菲的观点主要基于功能主义的视角，强调法院应当在司法适用过程中发挥对法律规范属性辨析的作用。但是这种强调法院事后识别规范属性的方法虽有必要，但是并非完全符合大陆法系的制定法传统。因而只宜参考，难以完全照搬套用。

（三）假设交易模型方法

1. 布莱恩·R. 柴芬斯（Brian R. Cheeffins）的观点

柴芬斯以假设交易模型作为规范属性识别理论的支撑。假设交易模型就是将交易者置于假设的交易环境之中，在该环境中交易者拥有完整的信息，不会面对高额的交易成本和对所达成协议的履行充满信心，然后综合考察并预测当事人的选择偏好。② 假设交易模型的方法和步骤是：首先决定受到有关事项影响的公司参与者的类别；其次决定可能影响参与者所采取措施的因素；再次推导出公司参与者在理想交易条件下是如何处理的；最后是将得出的结论转换成法律规范的形式。假设法律规范与其所适用的大多数公司参与者的偏好一致，一般情况下该规范应该是推定适用的；当一小部分交易者在缺乏法律确定性的情况下从事了或将从事某一实践，那么规范应该是许可适用而不是推定适用的，因为许可适用规范不会侵害以不同方式处理他们事务的大多数公司参与者；当自利的排除适用是一种可能，且当外部因素受到管理和当政策目标与提高效率无关时，立法者就应该认真考虑适用强制规范。③ 柴芬斯的假设交易模型主要是对科斯定理的实践化和步骤化，即首先模拟交易成本为零时的交易状态，其次考虑交易成本较高时的公司参与各方利益变化的状况，最后决定法律应当设置为何种属性的规则。

2. 蒋大兴教授的观点

蒋大兴教授认为，试图将公司法的具体规范从宏观上类型化，并根据此一类型化标准简单化公司章程与法律的关系是危险的，因为公司法规范

---

① John C. Coffee, "The Mandatory/Enabling Balance In Corporate Law: An Essay On The Judicial Role", 89 *Columbia Law Review*, 1618, 1618–1691 (1989).

② 参见［加拿大］布莱恩·R. 柴芬斯《公司法：理论、结构和运作》，林华伟译，法律出版社2001年版，第285—314页。

③ 同上。

都是具体的，不同场景中的强行法规则表现不同，很难构建一种统一化的一劳永逸的类型化标准。因此，对公司章程与法律关系的思考，可能主要应当是一种关涉每一具体条文的个别化思考。① 在此后的著作中，蒋大兴教授进一步诠释了自己的观点，即只是当某一领域的类型化思考成为一种普遍的乃至唯一的思维时，当我们缺乏个案思考的意识时，就必须强调个案方法。② 其所主张强制性条款的认定过程可概括为如下步骤。第一，考察涉案交易的基础性文件，探明当事人是否对纠纷的处理有事先安排或者期望。第二，在进行假设交易模型推理时，法官可能需要使用法律原则填补合同安排的缝隙。第三，在进行假设交易推理时，法官在某些特殊情况下也会忽略当事人已经作出的安排。通过这一假设交易模型来解释规范的基本性格。③ 蒋大兴教授的假设交易模型是在参考柴芬斯观点基础之上形成的。不同之处在于，蒋大兴教授是完全基于法官的视角构建推理模型的。这一模型的问题不在于本身的逻辑推演过程，而可能在于追求的过分理想化。作为一种于个案中识别强制性规范的方法，假设交易模型要求法官参考和分析的因素可能过于庞杂，且必须具备一定的经济分析基础。同样，该方法并不适合于本书所要达到的立法于事前界定强制与自治边界的意图。

（四）分析与检讨

第一，依据学者提出的立法分类方法进行逐个比照，章程配置规则应当设置为以任意性规范为主（赵旭东）；以强制性规范为原则，以任意性规范为例外（汤欣）；观点没有涉及（爱森伯格）；适宜设置为强制规范（戈登）。可见，依照学者立法分类的方法所得出的结论彼此之间相互冲突。原因一方面在于这些分类要么并未涵盖所有的公司法领域，所涵盖的范围不甚周延，要么分类标准本身欠缺精致，划分的标准不相统一。另一方面，分类本身只宜作为简化思维的有效方式，并非属于可直接应用的方法，所以意图通过分类找寻规则类型的精准设置本身就是一种奢求。

第二，司法识别方法的本质是将立法中存在模糊的规范属性判断留待

---

① 参见蒋大兴《公司法的展升与评判：方法·判例·制度》，法律出版社2001年版，第340—341页。

② 参见蒋大兴《公司法的观念与解释Ⅱ：裁判思维 & 解释伦理》，法律出版社2009年版，第70页。

③ 同上书，第99—102页。

法院进行处理。科菲的观点强调法院在强制性规范识别中的首要地位,这在英美判例法的世界中无疑具有十分重要的指导意义,但是与中国大陆法系的制定法传统相衔接难免会造成移植适用上的排异反映。贺少峰法官的观点务实且不乏理论上的创新,但这是在中国公司立法本身对强制性规范设置不明状况下的权宜之策,并非对强制规范和自治规范应然配置的理论建构。

第三,笔者认为,假设交易模型的方法不宜如蒋大兴教授的观点那样作为司法操作层面的技术流程,而是应当作为立法设置强制性规范的重要参考模式。柴芬斯的假设交易模型的方法基本诠释了"科斯定理"的精髓,并且将这种理论导入形而下的操作层面,应当作为重要的参考标准。

总之,笔者认为现有的法域分类方法易导致自相矛盾的结论,无助于归结出股东权利配置冲突的规则属性;司法识别方法所导出的结论显然更为精确,但这属于司法的事后判断问题,与本书需要解决的立法对事前规制方式的选择并不一致;柴芬斯所提出的假设交易模型的方法虽然没有提出直接的结论,但无疑可以作为思考股东权利配置冲突中强制规范和自治规范规制界分的参照路径。

二 利益冲突的规制目标

对于股东之间的权利配置冲突,无论立法机关选择以自治规范为主导的模式,还是以强制规范为主导的模式都必须首先明确法律所欲追求的规制目标是什么。只有在择定明确的规制目标之后,立法机关才能以此为指引,划分出自治与强制的规制边界,选择最为适当的章程自治方式。中国学界通常将公司章程修改中的权利配置冲突放置在保护弱势少数股东的视野中予以讨论。在保护弱势的制度预设下,决定制度设计的因素除了公平正义之外,就是对于弱势一方道德层面的同情。笔者认为,确立股东权利配置冲突的规制目标应该兼顾冲突双方的利益,寻求社会整体最优效果的实现。

(一) 实质公平和保护弱势方

倾斜保护弱势少数股东的理念在中国学者及社会大众中存在广泛的认同。学者们强调,尽管精确地定义公平是很困难的,但是,作为股东以及利益相关者利益衡平的制度安排,公司结构和公司法应该成为合同或者侵权中(尤其是当公司面临破产时)弱势权利者寻求救济的方式,否则未必公平……因此，基于公平的追求，国家有必要对公司进行适当的规制。① 也有学者认为，公司法必须实现从"股东形式平等"到"股东实质平等"的跨越，保护公司中处于弱势的少数股东是制度设计的基本要求。股东平等有利于预防和救济资本多数决之滥用，提升弱势股东所处的不平等地位。② 由于中国公司的股权结构普遍存在一股独大的问题，多数股东滥用公司控制权侵蚀少数股东合法权益的问题十分突出，因此无论是学界、广大的投资者，还是社会舆论均强烈的呼吁立法机关尽快完善关于少数股东保护的制度措施。

但似乎更为有力的法学判断是，法律对弱者的保护并非没有前提——弱者保护的目的主要是在于避免其处于不利的生活困境，旨在维护其生活的权利。③ 所以对于弱者的保护也是要区分场合、区分法域的。简单地说，不是所有的法律都适宜为弱者提供特殊保护。弱者保护的法律思想应更多体现于一般生活性的法域，而在非生活性的法域，并不特别张扬弱者保护问题。④ 有学者指出，公平原则与效率原则具有"相容性"，但并不排除两者之间在"优先性"上的政策抉择。应当明确的是，所谓公平与效率"优先性"问题，设计的是经济发展过程中宏观经济政策目标排序问题，属于紧急政策范畴。而从政策层面来看，在社会发展目标多元化情况下，受政策目标实施条件、实现手段乃至政府偏好等多种因素的约束，对多元政策目标的合理排序，就成为实现政策选择的有效方法。因此政策目标排序所要解决的问题是，在社会经济发展的特定时期，是以公平促进效率，还是以效率促进公平。⑤ 属于商事范畴的公司法制并不以"伦理人"作为制度设计的模板，而更多地以"经济人"或者"理性人"作为规则构建的假设前提。正如学者所言，法律应当追求以公平为唯一追求的价值目标，但在公司法和商法领域缺乏说服力，因为这里的交易是在保持

---

① 参见赵学刚《效率的公平矫正——债权人视野下公司法对经济学理论的超越》，《政法论坛》2009年第6期。
② 参见刘俊海《股份有限公司股东权的保护》，法律出版社2004年版，第101页。
③ 参见蒋大兴《公司法的观念与解释Ⅰ：法律哲学 & 碎片思想》，法律出版社2009年版，第147页。
④ 同上书，第148页。
⑤ 参见王琤蓓《公平与效率的均衡：法经济学对社会发展目标的追求》，《学术月刊》2006年第4期。

时空阻隔的陌生人之间进行的，他们彼此寻求的目标是自身利益的最大化。① 虽然少数股东在公司制度的整体设计中显然处于相对不利的位置，但这种处理是维系公司组织性的必要条件。组织性的凝聚是公司制度生命和活力的来源，失去组织秩序的公司也必将在制度竞争中淘汰。因此，对于少数股东的保护尽管十分必要，但仍旧不能超越必要的边界，公司法并不适合确立专为弱势股东提供倾斜式的保护的规制目标。

(二) 效率标准和追求社会效益

向少数股东的利益倾斜难以依靠公司法单独完成，那么在利益冲突的情况下，是否能最大限度地兼顾这两种利益，实现社会整体的最大效益呢？蒋兆康指出，虽然经济效率作为法律的唯一目标遭到了人们的质疑，但是，在几乎没有人认为经济效率就是一切的同时，大多数正确理解这一概念的人会同意，若它不是一个重要目的，就是一种借以达到其他目的的手段。② 而拉维斯·A. 科恩豪瑟尔（Lawis A. Kornhauser）指出，公司法和商法领域内的学术争议，更多的不是集中于法院是否应当追求效率，而是法院应如何促进这个目标。③ 而在当代公司法理论中，效率是一个主导性的理论价值观念，公司法的法理也正是以效率分析为基础的。④ 从经济学的角度看，福利经济学中最重要的一个概念就是帕累托效率（Pareto efficiency）。这个概念是我们评判一个公司治理结构优劣的重要标准，也是我们衡量在某个规定、制度下，资源、利益和责任分配的优劣的重要标准。⑤ 倘若一项制度达到帕累托标准，就是说除此之外已不存在另外一种可选择的制度使得没有任何主体的利益减损而至少一个主体的利益获得了增加。从这个意义上来说，帕累托标准是一项利益兼顾的原则，即至少没有损及任何人的利益，却使至少一方的利益获得了增加。

---

① Lawis A. Kornhauser, "Constrained Optimization: Corporate Law and the Maximization of Social Welfare", *The Jurisprudential Foundation of Corporate and Commercial Law*, Cambridge University Press, 2000, 87.

② [美] 理查德·A. 波斯纳：《法律的经济分析》中文版序言，蒋兆康译，中国大百科全书出版社 1997 年版，第 23 页。

③ Lawis A. Kornhauser, "Constrained Optimization: Corporate Law and the Maximization of Social Welfare", *The Jurisprudential Foundation of Corporate and Commercial Law*, Cambridge University Press, 2000, 87.

④ Jody S. Kraus, Steven D. Walt, *The Jurisprudential Foundations of Corporate and Commercial Law*, Cambridge University Press, 2000, 1.

⑤ 张维迎：《产权、激励与公司治理》，经济科学出版社 2004 年版，第 3 页。

那么，该如何评价一项制度是否符合帕累托标准呢？如果契约的负面效果没有影响到第三人并且契约是在公正的条件下达成，那么契约自由的法律机制此时便导致帕累托改进的产生。较之此前没有契约的情况，任何一个此种类型的契约都使缔约双方更好，即满足了帕累托标准。① 简单来说，就是看制度预设的内容与主体之间通过合意所达成的协议内容是否相一致；或者在主体之间无法形成合意时，制度设计的效果最接近于假设主体合意后的结果。这里隐含的假设是，每一个主体都是自身利益的最佳判断者，所以其通过合意的方式达成的合同必然会增进自身的利益，倘若立法者所设计的制度能够达到合同所能实现的同样效果的话，那么这个制度就是满足帕累托标准的。

依照帕累托标准来构建章程配置规则是十分困难的。因为按照这一标准，只要有一个股东的利益受损，那么公司章程修改的方案就会被彻底否定。同时，由于主观的合意结果可能会导致多样性的利益分配格局，所以依照帕累托标准设计出的制度同样会产生多个最优结果。这些制度均满足帕累托标准，且相互之间没有比较的基准，立法者将会面临无从选择的困境。但是，如果按照卡尔多—希克斯标准（Kaldor-Hicks efficiency）来构建制度的话，即使个别的股东权益受损，只要社会整体（所有股东）的收益增大，重新配置股东权利的公司章程修正案依旧为法律所准许。卡尔多—希克斯效率的理论基础既包括经济学，也包括功利主义哲学。所谓卡尔多—希克斯标准是指一项制度的本身能够使得受益者的利益所得足以补偿受损者利益的减损。所以卡尔多—希克斯标准实际上是社会总财富最大化标准。② 理查德·A. 波斯纳将卡尔多—希克斯标准发展成为所谓的拍卖规则。即法律应当把权利拍卖给出价最高的人，谁出最高的价钱，谁就应当得到这项权利。③ 这样立法者可以依据社会效益最大化标准作为判定章程配置规则优劣的标尺。

总之，卡尔多—希克斯标准不仅要求实现社会效益的最大化，还要求给予利益受损方一定的补偿。如果事后的补偿发生了，那么卡尔多—希克

---

① ［德］贝恩德·舍费尔、克劳斯·奥特：《民法的经济分析》，江清云、杜涛译，法律出版社2009年版，第22—23页。

② 张维迎：《产权、激励与公司治理》，经济科学出版社2004年版，第6页。

③ ［美］理查德·A. 波斯纳：《法律的经济分析》中文版序言，蒋兆康译，中国大百科全书出版社1997年版，第66页。

斯改进就成了帕累托改进,所以卡尔多—希克斯改进又称潜在的帕累托改进。当然,实际的补偿不一定发生。此项规则的运用仅要求所有受损者可能得到赔偿,而不是事实上得到赔偿。卡尔多—希克斯标准只是将赔偿作为思考可能性的前提。如果这一可能性要于事实上实施,则产生帕累托改进。① 卡尔多—希克斯标准首先强调事前的规则设计应当满足社会(全体股东)总体效益(利益)最大化的目标,其次才要求给予受有损失的股东以事后的补偿。只有在这种规制目标的指引下,股东之间的权利配置规则才能够实现各方利益的兼顾和社会总体效益的最大化。

三 自治与强制的边界划分

自治规范与强制规范之间并非并列的关系。科斯的理论暗含了市场机制优先的意思,市场被认为是最能有效降低租值耗散的制度。自治规范的功能是形成市场交易的平台和基础;强制规范的功能则是为了降低市场中的交易成本。只有坚持自治规范的基础地位和强制规范的补充地位,才能准确的定位股东权利配置冲突中的规则构成,促成卡尔多—希克斯效率的实现。

(一)强制规范的法律实质

如果股东之间不存在交易成本的话,仅有自治规范便可促成卡尔多—希克斯效率的实现。公司与股东是两个相互独立的法律主体。通过法律的隔断技术,公司的人格得以拟制,并从股东的人格中分离出来。为了维系这种隔断,公司集中管理的机制演化出来,作为防止股东任意干涉公司事务的防火墙。此即股东与公司的初始权利配置:股东取得相应的股东权利作为放弃公司管理后所获得的相应对价。同时,这种法定的隔断并不是固守不变的。股东可能需要调整他们之间的利益关系以实现特定环境下的组织效率。股东的这种自治活动便是通过立法设置的自治规范得以实施。当重新配置股东权利所增加的多数股东的收益超过了少数股东权益所受到的损失,且前者为后者提供了补偿,则卡尔多—希克斯效率便可通过股东之间的自治方式得以实现。在自治规范中,权利配置冲突的外部性由股东自行识别。这就意味着即使多数股东不当配置股东权利的行为会导致外部性

---

① [德]贝恩德·舍费尔、克劳斯·奥特:《民法的经济分析》,江清云、杜涛译,法律出版社2009年版,第29页。

的产生，但在外部性能够为少数股东所识别的前提下，仍会为其所接受，立法通过自治规范的设置即可实现股东权利配置冲突外部性的内在化。

强制规范旨在弥补自治规范的不足。股东之间的自治活动并非没有缺陷，其缺陷正是强制规范规制股东权利配置冲突的原因。股东权利的重新配置对于股东的影响是不均衡的。多数股东通常紧密参与或监督公司的经营管理，基于事实关系上的控制使其根本无须借助股东权利保障自身的利益。其他股东通常远离公司的经营或者疏于对公司的监督，缺乏事实控制的境况使得其只有借助股东权利才能维护自身的基本利益。因此，当章程修正案重新配置股东权利仅对少数股东的权益构成实质性的损害时，少数股东即使事先识别出外部性的发生，却可能因为公司中较高的交易成本而难以通过事后协商的方式获得补偿。① 此时，立法通过自治规范实现卡尔多—希克斯效率的可能便成为泡影。

强制规范的实质是将识别股东权利配置冲突外部性的任务转交由立法机，由立法机关规定哪些股东权利不得另行配置或者哪些行为属于不当配置股东权利的活动。由立法机关识别具有外部性的活动能够避免股东识别时较高交易成本对补偿性协商的障碍。此时，强制规范能够弥补自治规范难以克服较高交易成本固有缺陷，从而间接促成卡尔多—希克斯效率的实现。② 正如蒋大兴教授所述，即便在自由市场经济体制下，将交易行为完全交由市场自治，市场可能会失灵而无法有效地配置资源。③ 所以，在确定市场竞争机制无法正常、健全地运作，且事先制定的强制规范于规范事项之运作成本极低又效率甚高的前提下，国家即得"基于维护公益之必要"直接介入经济活动，对公司自治为合理之干预。

（二）强制规范的存在限度

当股东无法通过自治活动协商股东权利配置冲突中外部性的补偿方案时，强制规范才存有介入的必要和意义。这种观点已被学者所熟知和接

---

① 依据威廉姆森的观点，交易成本的存在导致当事人事先的专用性资产投入的租金被剥夺。公司中的交易成本与股东的人数和交易的频次相关，随着股东人数和交易频次的增加，交易成本也随之升高。参见［美］奥利弗·威廉姆森《资本主义经济制度》，段毅才、王伟译，商务印书馆 2002 年版，第 47 页。

② 参见［加拿大］布莱恩·R. 柴芬斯《公司法：理论、结构和运作》，林华伟译，法律出版社 2001 年版，第 148—150 页。

③ 参见蒋大兴《公司法的观念与解释 II：裁判思维 & 解释伦理》，法律出版社 2009 年版，第 69 页。

受，但是其中隐含的假设前提却没有为学者所充分认识。这里隐含的假定是立法机关具有完全识别外部性的能力，从而立法机关可以在外部性存在时制定出完备的强制规范。但是下文的论证将告诉我们，这一假定是存有瑕疵的。换言之，立法机关事前识别外部性的能力是存有限度的，这种有限性决定了强制规范的介入范围必定与立法机关的介入方式相匹配。许成钢（Chenggang Xu）和卡塔琳娜·皮斯托（Katharina Pistor）指出，法律在本质上是不完备的，这会深刻地影响到法律制定和执行的过程。[①] 立法机关只能在其具有识别能力的领域设置强制规范，否则将导致所谓的"严格立法、选择执法、普遍违法"的法律实施状况，而立法机关的事前识别能力则取决于由其识别外部性的法律技术。

1. 直接识别和媒介识别

法律强制规范不完备性的程度会对法律的制定产生影响，并同时受制于司法对预期可能造成损害的行为进行类型化的能力和成本。[②] 立法机关可以通过强制规范禁止具有外部性的不当配置股东权利的行为，但前提是强制规范必须要对这种行为作出描述和界定。同时强制规范还可以借助一定的法律媒介对此类行为间接地予以界定。立法的直接识别，是指立法机关在强制规范中对外部性行为直接作出预测和界定。同时，法律还可以不对行为进行直接界定，而是借助起到界定功能的法律媒介使意欲禁止的外部性行为更加明确和具体化，笔者称之为立法的媒介识别。例如，各国法律通常规定无民事行为能力的自然人作出的法律行为无效，此即通过主体限定的方式禁止某类法律意欲禁止的行为。各国一般通过客体限定的方式禁止不当配置股东权利的外部性行为，即将某类型的股东权利确定为由强制规范所授予，从而起到禁止不当配置股东权利中的外部性的作用。

2. 直接识别的抽象性和规制限度

难题在于，不经法律媒介的间接限定，由立法机关直接针对违法行为本身设置的强制规范无法于事前穷尽外部性行为的具体类型和内容，而只能提炼出外部性行为的主要构成要素或者抽象性规定。即使是外部性行为

[①] Chenggang Xu, Katharina Pistor, "Incomplete Law: A Conceptual and Analytical Framework", 35 *New York University Journal of International Law & Politics*, 931, 931–1013 (2003).

[②] Ibid., 968 (2003).

的构成要素也是极为抽象的,需要法院于事后作出相应的价值填充和补足,立法直接识别的上述特点在客观上制约了强制规范的规制能力和限度。

第一,立法机关无法事前识别某种利益是否属于多数股东私益,需要留待法院事后予以判断。多数股东的私益是诱发不当配置股东权利行为的原因。罗纳德·J. 基斯林(Ronald J. Gilson)指出,采取"良法"国家之公司其"控制者私利"通常较少,其公司的经营效率也愈高。相反,在"恶法"国家之中,多数股东的"控制权私利"通常较多,公司的经营效率也愈低。这是因为公司高效率运作的国家可通过"良法"制约控制者私利的产生。① 迄今为止,会计学和金融学界尚未全面归纳出多数股东私益的全部类型,迈克尔·C. 詹森(Michael C. Jensen)和威廉·麦克林(William Meckling)认为控制权私人收益中即包括货币收益如在职消费,又包括非货币收益如职业声誉。② 桑福德·格罗斯曼(Sanford Grossman)和奥利佛·哈特(Oliver Hart)则认为控制权私人收益指的是控制性股东所独占的收益,并且强调是货币收益。③ 哈里斯(Harris)和拉维夫(Raviv)则认为控制权私人收益是指精神收益,这种收益是非货币的。④ 可见,控制权私益的精准判断和界定是十分繁复的。

第二,立法机关无法事前识别某种股权结构是否会产生多数股东私益,需要留待法院事后予以判断。公司财务学者对股权结构的研究表明,东亚的公司通常利用金字塔结构和交叉持股的方式来放大对下属公司的控制权。⑤ 金字塔结构是一种形象的说法,专指多层级、多链条的公司集团控制结构。通过金字塔方式,实际上创造了小股东控制的结构,实现了现

---

① Ronald J. Gilson, "Controlling Shareholders and Corporate Governance: Complicating the Comparative Taxonomy", 119 *Harvard Law Review*, 1641, 1668 (2006).

② Michael C. Jensen, William H. Meckling, "Theory of the Firm: Managerial Behavior, Agency Costs and Ownership Structure", 3 *Journal of Financial Economics*, 305, 305 – 360 (1976).

③ S. Gossman and O. Hart, "One Share-One Vote and the Market for Corporate Control", 20 *Journal of Financial Economics*, 175, 175 – 202 (1988).

④ M. Harris and A. Raviv, "Corporate Governance: Voting Rights and Majority Rules", 20 *Journal of Financial Economics*, 203, 203 – 235 (1988).

⑤ Claess, Stijn, Simeon Djankov and Larry H. P. Lang, "Expropriation of Minority Shareholder: Evidence from East Asia", *Policy Research Working Paper*, World Bank, Financial Sector Practice Department, Washington D. C., 2088 (1999).

金流权（剩余索取权）和控制权的分离。① 交叉持股就是公司之间相互持股。多数股东通过这种方式就可以弱化其他持股者的力量，进而实现对整个公司集团实现绝对控制。与金字塔结构相比，交叉持股关系则更为隐蔽。通过金字塔结构和交叉持股的方式，多数股东往往掌握着公司的控制权，但实际上却享有少量的剩余索取权。控制权与剩余索取权不匹配，因此便产生了控制权的财产性私益。虽然上述两种股权结构是产生多数股东私益的前提，且均具有非常大的隐蔽性，但是立法却不能单凭股权结构即判定多数股东的客观存在或者私益的现实存在。两种股权结构的存在并不是形成多数股东私益的充分条件，这均需要留待法院综合其他具体因素判断后才能予以确定。

第三，立法机关无法事前识别重新配置股东权利的目的是否基于多数股东私人收益，需要留待法院事后予以判断。实践中有这样的案例，2006年7月，某有限责任公司召开股东会，以超过表决权三分之二的多数通过了《关于修改公司章程的决议》之后，原告童某等股东向法院提起诉讼，要求判决该决议无效。其中争议的章程修正案中包括这样的条款：自然人股东死亡之后，合法继承人继承部分股东权利和所有义务，继承人可以出席股东会议，但必须同意由股东会作出的各项有效决议。② 案件中的章程修正案更改了继承人股东的表决权，继承人股东只能出席股东会，但只能投赞成票。立法很难事前识别出当事人设置这种条款的具体目的。一方面，通过削弱继承人股东的表决权投向，公司可以在被继承人股东死亡后仍旧维持其旧有的人合关系。人合性对于小型的有限责任公司而言具有十分重要的意义，是弥补有限责任公司治理机能缺陷的重要补充力量。当有限责任公司中的人合性破裂时，公司内部极易发生各类纠纷。从这个角度观察，限制表决权的章程修正案符合股东的整体利益，限制表决权的目的并非基于多数股东的私益。另一方面，只能投赞成票的规定严格束缚了继承人股东的表决权，使得其无法参与公司的各项重大决策。因此，上述章程修正案也可能是基于多数股东的私人目的，因为其控制公司决议的最低表决权比重大为降低了。在这种情况下，只有通过法院对案件的审理才能

---

① 宁向东：《公司治理理论》，中国发展出版社2006年版，第91页。
② 张恋华、胡铁红、沙洵：《公司章程条款与〈公司法〉强制性规定冲突问题研究——兼评一则股东权益纠纷案》，《法律适用》2008年第9期。

识别重新配置股东权利究竟基于何种目的。

3. 媒介识别的具体性和规制限度

立法机关直接归纳行为的构成要素虽然可以使得强制规范从整体上涵盖全部的具有外部性的行为，但是识别的抽象性限制了强制规范的规制程度。为避免这种一般性的强制规范带来的规制程度的模糊，立法机关还通过授予股东法定权利的方式使意欲禁止的外部性边界更加明确和具体化。即立法机关将某类型的股东权利设置为强制性规定，从而禁止公司章程修正案配置该项股东权利。由于立法机关规定的法定股东权利十分的具体明确，因此立法者只能将那些只要权利内容被改变就必然产生外部性的股东权利设置为法定形式。那么，具备哪些特点的股东权利一经重新配置即会产生外部性影响呢？

一方面，应当从公司人格和股东人格区分的法理来探寻。股东权利的创设实际上旨在框定公司与股东之间的距离，维持公司的独立人格。因为，如果令股东拥有对公司的全面控制权，将股东与公司间的关系构造为主体与物的关系，公司将客体化。① 对股东权利的配置应以足以维持公司独立的团体人格为限，这一基本面划定了股东权利的整体与公司之间的界限，确保了一个独立的股东和一个独立的公司在法律领域内并存。一旦（公司人格和股东人格之间的）权利分配达到不会影响公司团体人格的临界点，法律再行配置权利时，就应遵守"节约"原则，即法律规则做反向运动——转向为禁止配置股东的权利。② 这一法理告诉我们，法定股东权利的设置既不能过于宽泛，削弱公司独立人格的构成；也不能过于狭小，使公司的独立人格无法足备成形。所以重新配置后会造成股东之间利益关系的失衡，公司的人格完全为多数股东的人格所吸收，且无法通过其他的救济措施回复失衡状态的股东权利应被设置为法定权利。

另一方面，应当从股东权利本身的产权构造进行分析。股东权利作为一项集合权利具有特殊的产权构造，这一产权构造是维系权利自身功能的基础。经济学家认为，股东所享有的两项最基本的权利是剩余索取权和控制权，这两项权利必须相互匹配，否则将导致产权基本构造的损坏，外部

---

① 参见蒋大兴《公司法的观念与解释Ⅰ：法律哲学 & 碎片思想》，法律出版社2009年版，第141—142页。

② 同上书，第142页。

性由此而生。还原成法律语言，剩余索取权实际上相当于股东的剩余收益分配请求权和剩余财产分配请求权；控制权相当于股东的表决权；相互匹配就是通常所谓的一股一权原则。除此之外的股东权利仅是为矫正这两项基本权利匹配状况失衡的基础之上逐渐演化生成的。一方面，为矫正表决机制（资本多数决）所导致的控制类权利的失衡，法律上逐渐细分出了股东的知情权、召集权、出席权、主持权以及提案权；另一方面，为矫正表决机制所导致的财产类权利的失衡，法律上逐渐细分出了股权转让权、优先购买权、优先认缴权以及股权回购请求权。

笔者尝试提出一个全新的权利分类方法，以此作为法定股东权利类型的判别基础。第一，基于剩余索取权和控制权相互匹配的理论，二者均可允许另行配置，但前提是重新配置后二者必须依然保持匹配。所以法律应当准许股东的表决权、剩余收益分配请求权和剩余财产分配请求权可以通过股东章程自治的方式另行配置。第二，公司法系通过事先设置法定的股东权利来弥补由表决机制所导致的控制权的失衡。这些股东权利一旦受到不当的限制或约束必将导致少数股东利益的损失，而且这种损失是金钱所难以度量的，也无法通过其他事前机制对这种损失予以补救。所以法律应当将股东知情权、召集权、出席权、主持权以及提案权设置为法定权利，禁止通过股东章程自治予以另行安排。第三，对于表决机制所导致的财产类权利的重新配置，由于此类股东权利受到不当安排所导致的损失可以用金钱度量，公司法一般是通过设置事后救济措施的方式维持两权的平衡。所以即使此类股东权利受到违法的变更和安排，股东仍旧可以通过公司法的事后救济方式对损失予以补救。所以法律应当允许股东的股权转让权、优先购买权、优先认缴权、股权回购请求权通过章程自治的方式重新配置。

4. 界定权利属性的文化结构

虽然我们对法定股东权利的范围作出了较为具体的划分，但必须要认识到任何区域内的公司法都是一种特定文化结构的产物，强制规范也是一种文化结构。[①] 很显然，文化结构的差异性会动态地反映在制度构成中，如果在制度构成中，我们忽略了文化结构的影响力，那么，这种"立法

[①] 蒋大兴：《公司法的观念与解释Ⅱ：裁判思维 & 解释伦理》，法律出版社2009年版，第30页。

的问题"就会导致另外一种"活的法律"的出现。"活的法律"虽然是隐蔽的,但却并不"沉默",它们不断地在生活中背离或者抵抗着成文规则,支配着社会群体的实际行动。① 中国目前正处于转型时期,立法管制仍然在很大范围内存在,2005年《公司法》仍然保有诸多的强制性条款,甚至在某些方面还在强化此类规范。虽然《公司法》还未向中国学者所期待的那样成为现代公司自由主义立法的典范,但是《公司法》稍显保守的立法政策无疑是基于中国社会现实的考量。中国《公司法》对于法定股东权利的设置范围也蕴含着同样的法理意蕴,虽然现阶段对于法定股东权利的范围设置得过于宽泛,但我们也同样要反对夸大过于超前的公司自治主张,基于历史实践的渐进和稳妥的立场或许才是我们恰当划定法定股东权利边界的主旨思想。

总而言之,由于法律的不完全性,强制规范的规制领域受到立法识别能力的制约。立法机关不能通过直接识别的方式事前预测出所有需要禁止的不当配置行为,也不能通过媒介识别的方式事前无限度地扩大法定股东权利的范围。立法机关对于外部性的识别不可能留待行为发生之后,因此在立法时需要为法院弥补上述缺陷留有适当的裁量空间。由于法律只能事前确定外部性的行为所应具备的要素,而不可能描述出所有具体的行为,所以只能对试图禁止外部性的行为的构成要素作出抽象规定。对行为抽象描述的特点使得立法对外部性行为无法精确界定,需要授予法院较大的自由裁量余地以弥补这种不足。同时,由于媒介识别的具体性特征,立法机关只能事前对那些一旦被变更就必然产生外部性的股东权利设置为强制规范。

第三节 多数同意与一致同意的选择

制度提供人类在其中相互影响的框架,使协作和竞争的关系得以确定,从而构成一个社会特别是构成了一种经济秩序。② 公司章程自治同样需要依循冠以"制度"之名博弈规则。在自治规范与强制规范的调整边

---

① 蒋大兴:《公司法的观念与解释Ⅱ:裁判思维 & 解释伦理》,法律出版社2009年版,第41页。
② [美]道格拉斯·C.诺斯:《经济史上的结构与变革》,厉以平译,商务印书馆1992年版,第227页。

域界分清楚之后，笔者将着重探讨公司章程自治中决议方式的选择问题。章程修正案的决议方式包括资本多数同意规则和一致同意规则。换个角度讲，这实际是在财产规则和责任规则之间作出抉择。

一 决议方式与公司合同理论

对于章程修正案的决议方式而言，首先需要明确决议应当由股东会作出，还是由董事会作出。决议机关的确定是决议规则选择的前提。现代公司法通常限制股东参与公司决策的范围，因为将决策权转移到股东手中虽然是处理"委托—代理"问题的一个有效策略，但导致股东在实质上被剥夺了集中管理好处的高昂代价。[①] 尽管存在选择其他公司机关的可能，但是重新配置股东权利的决策仍然需要由股东会作出。因为配置股东权利的事项符合了须由股东会作出决议的三项理由：（1）决策不需要经常作出；（2）决策是一个类似于投资的经营事项；（3）决策对股东足够重要以至于他们可能投入适当的资源以作出该决策。[②] 此外，由股东会作出公司章程配置股东权利的决议符合各国的立法通例。

在明确重新配置股东权利的决策应由股东会作出后，需要进一步讨论股东会应当采取何种决议方式。自从1843年英国枢密院于福斯诉哈伯特（Foss v. Harbottle）案最早确认了股东会议事的资本多数决原则之后，各国在公司立法中普遍将这一规则确定为股东自治活动的基本规则。中国《公司法》也于第44、第104条中对此规则作出了明确的规定：（有限责任公司）股东会会议作出修改公司章程……的决议，必须经代表三分之二以上表决权的股东通过；（股份有限公司）股东大会作出修改公司章程……的决议，必须经出席会议的股东所持表决权的三分之二以上通过。第44及第104条作为公司章程修改的一般规则，明确规定章程修改时应当经过三分之二以上多数股东的同意。

争议在于，近年来国内部分学者运用域外的公司合同理论试图彻底颠覆公司章程修正案配置股东权利中的资本多数决规则，并且这种尝试已经广泛渗透到司法实践之中。[③] 这些学者认为，公司章程修正案重新配置股

[①] Paul L. Davies (ed.), *Gower's Principles of Modern Company Law*, Sweet & Maxwell Press, 1997, 130.

[②] Ibid., 132.

[③] 参见本书第二章第二节的相关内容。

东权利恐会危及少数股东的利益,因此并不能适用资本多数决规则,须依照公司合同理论的观点转采一致同意规则或者合同效力评判规则。

(一) 一致同意和公司合同理论

主张股东一致同意规则的学者认为,公司章程修正案只有经过全体股东合意后才具有重新配置股东权利的效力,理由在于公司章程的修改是一项合同行为,非经本人同意否则不生法律效力。例如,钱玉林教授援用了美国学者卢西恩·阿里·拜伯切克(Lucian Arye Bebchuk)的观点,即"初始章程存在合同机制,而公司章程修正案无须全体股东一致同意,不能视为一种合同,因此不能直接依赖合同机制的存在作为基础,支持公司章程修正案排除适用公司法"。[1] 所以他认为,如果章程修正案作出另行配置股东权利的规定,则在未经受此约束的股东同意的情形下,章程修正案的"另有规定"欠缺合同存在的基础,这些"另有规定"不能产生排除适用公司法规定的效力。[2] 如果对公司章程的"另有规定"不加以限制,很容易导致资本多数决的滥用,限制或剥夺少数派股东的权利。[3] 只有经全体股东一致同意后,章程修正案方才具有作为合同的基础,可以另行安排股东权利。

现实中也存在实践这种观点的法院判决。通过对"滕芝青诉常熟市建发医药有限责任公司股东权纠纷"一案的经验总结,江苏省高级人民法院民二庭认为:如果全体股东一致同意对公司章程作如此修改,情况则完全不同……经过股东同意的章程条款、股东会决议,只要具备了合同所应具有的基本条款,即可作为约束股东、公司的合同。既然是合同,就应当受到合同法规范的调整。[4] 显然,江苏高院认为章程修正案另行安排某些股东权利必须要经过股东的一致同意,非经一致同意的股东会决议不得配置股东权利。

(二) 合同效力评判和公司合同理论

其他支持公司合同理论的学者认为,章程修正案是一项"不完全"的合同行为(没有经过股东的一致同意),所以其正当性较弱,可以通过合

---

[1] Lucian Arye Bebchuk, "Limiting Contractual Freedom in Corporate Law: The Desirable Constraints on Charter Amendments", 102 *Harvord Law Review*, 1820, 1829 (1989).

[2] 钱玉林:《公司章程"另有规定"检讨》,《法学研究》2009 年第 2 期。

[3] 同上。

[4] 江苏省高级人民法院民二庭:《审理有限责任公司治理案件中的三个基本问题》,《人民司法·案例》2007 年第 4S 期。

同法上的效力规则（合同的不成立、无效、可撤销、效力待定及合同所附的条件与期限）评判其效力，即用合同法的效力评判规则取代资本多数决原则的适用。罗培新教授指出，公司在长期经营过程中，随着市场环境的变化，必须对其内部的治理规则进行相应的调整。这时，要求股东一致同意方可进行相应的调整，无疑极不现实。尽管因为修改公司章程必须经过股东大会同意，在理论上必须承认公司章程修改是股东合意的结果，但只需多数股东同意的公司章程修改，与标准的、合意充分的契约行为并不相同。故而，必须承认初始章程与后续的公司章程修改在"选掉"公司法规则的正当性方面所存在的分野。所以，公司在初始章程中写入"选掉"公司法规则的条款，具有相当强的正当性，而公司通过后续的章程修改来"选掉"公司法规则，其正当性基础则非常孱弱。[①] 罗培新教授在该文中指出，公司章程修改不得适用一致同意规则，但仍旧认为这是一种契约行为，只是作为合同正当性的基础较弱，仍旧需要对合同的效力作出判断。

在实践中运用公司合同理论评判章程修正案法律效力的案例可以参见常州市中级人民法院的相关判决。常州市某房地产开发有限公司在公司修改章程时增加了限制股权转让的条款。张姓股东提起确认章程修正案条款无效之诉。[②] 法院认为章程修正案约定职工股东必须履行为公司工作的义务等内容完全属于公司意思自治的范畴。对于公司章程中有关股权转让的其他限制条款的效力，应当从有限公司所独有的封闭式、人合性特点出发，引入合同观念，作为一个附生效条件的股权转让合同约定对待，当公司章程约定的股东调离公司或实施侵害公司利益行为的条件出现时，公司就有权以章程规定的原出资额受让股权。这样的争议条款并不违反法律、行政法规的强制性规定，有理由得到尊重，对全体股东均有约束力。在该判决中，常州中院将章程修正案视为一个附生效条件的合同，将合同条件成就与否作为判断章程修正案能否另行安排股东权利的法律依据。

总之，无论是一致同意还是合同效力的评判，两者本质上都是将公司章程修正案配置股东权利视为一种合同行为。只不过，前者是对公司章程修正案生效要件的归纳，后者是对其效力不完全时如何类推合同法规则的总结。

[①] 罗培新：《公司法强制性与任意性边界之厘定——一个法理分析框架》，《中国法学》2007年第4期。

[②] 参见江苏省常州市中级人民法院（2006）常民二终字第313号民事判决书。

二 公司合同理论的误用和澄清

公司合同理论本为舶来品，一经引入旋即受到中国公司法学界广泛和热烈的关注，相关的研究文献更是层出不穷。前述观点就是运用该理论解读股东权利配置冲突案件中章程修正案的决议规则。但是，正如学者所检讨的那样，国内热议公司合同理论的学者不胜枚举，但几乎无人注意到该理论本身的多重含义，大而化之、不求甚解甚至以讹传讹的解读比比皆是。① 所以，下文拟就中国学者运用"公司合同理论"解读本书主题时所存在的认识误区进行一番剖析和整理。

（一）公司合同理论的源流

企业理论属于新制度经济学的一支，中国法律学者将其称为公司合同理论或者公司契约理论。② 通常认为该理论肇始于1937年罗纳德·H. 科斯的《企业的性质》一文的发表。科斯在文中阐述了这样的观点：企业与市场是两种不同的资源配置方式，企业基于权威来配置资源，而市场是基于契约来配置资源；企业产生的原因是节约市场交易成本的结果，企业与市场的边界由交易成本的高低决定。③ 此后，科斯又于1960年发表了著名的论文《社会成本问题》，该文奠定了新制度经济学的方法论基础，并架起了沟通法律与经济学交叉研究的桥梁。④ 科斯的论文发表后并未立刻引起经济学界的关注，直到20世纪70年代后，由于哈罗德·德姆塞茨、奥利弗·威廉姆森、张五常等人的深入研究和推广，该理论才逐渐为经济学界所熟知和认可。随着罗纳德·H. 科斯（1991年）、道格拉斯·C. 诺斯（1993年）、奥利弗·威廉姆森（2009年）相继获得诺贝尔经济学奖，以及该学科对经济现象的强大解释力，新制度经济学俨然成为微观经济理论中日益夺目的理论热点。

新制度经济学的研究范围并非只局限于企业理论，而是涉及"制度"范畴下的所有场域。除企业理论外，尚且包括产权理论、国家理论等领

---

① 吴建斌：《合意原则何以对决多数决——公司合同理论本土化迷思解析》，《法学》2011年第2期。

② 中国学者所言的公司合同理论多指由哈特、莫尔所提出的不完全合同理论。

③ Ronald H. Coase, "The Problem of Social Cost", 3 *The Journal of Law and Economics*, 1, 2, 1960.

④ Ibid..

域;基于分析框架的差异,又可将其区分为交易成本理论、代理理论(包括委托代理理论和实证代理理论)。① 其称谓之所以冠之以"新"是因为该学科是以新古典经济学的传统分析方法来研究制度问题的。此后,在经济学家的研究基础之上,公司法学者在其研究中逐渐引入了经济分析的内容。1988 年 12 月 9 日,美国哥伦比亚大学法律经济学研究中心主办了以"公司法中的合同自由"为主题的研讨会,标志着公司法研究中经济分析方法的全面铺开。②

(二)公司合同理论的地位

公司法的合同属性有着深远的思想渊源,这与英国早期以特许法案的形式授予公司经营权力的模式紧密相关。公司的特许经营权力被普遍视为是持股人与政府达成的一项社会契约。没有疑问的是,这种基于合同角度的理解仅仅是局限于描述性的语义,而非规范性的表述。

严格来说,认为公司的本质就是合同的观点并非始于公司合同理论,而是基于更为早期的一致同意理论。作为公司自由主义思潮的影响范围不断扩张的后果,一些法学家开始运用合伙理论来类推公司,因此将公司冠之以由个人之间的合同联结的一致同意的存在形式。③ 一致同意理论不承认与其有着本质不同的拟制实体理论(先于一致同意的早期公司理论),而是认为公司是由以股东为主的相关主体经由一致同意所自发组成的。④ 对于主张一致同意理论的学者来说,将公司视为一种团体的合同结合只是一种概念或者纯粹的意识层面的构建,这是为了将公司中各种不同的个人关系类型相互区分的方法。但是基于一致同意理论,股东投票适用一致同意规则,这种观点所持的是这样一种理念的自然延伸,即公司仅仅是合伙的改进机制,股东作为主管,而董事会只是被任命的代理人。⑤ 一致同意

---

① [美]埃里克·弗鲁博顿、[德]鲁道夫·芮切特:《新制度经济学——一个交易费用分析框架的提出》,姜建强、罗长远译,格致出版社、上海三联书店、上海人民出版社 2006 年版,第 17 页。

② 参见 Columbia Law Review, 1989, Vol. 7.

③ Brett W. King, "The Use of Supermajority Voting Rules in Corporate America: Majority Rule, Corporate Legitimacy, and Minority Shareholder Protection", 21 Delaware Journal of Corporate Law, 895, 904 (1996).

④ Michael C. Jensen, "Eclipse of the Public Corporation", 67 Harvard Business Review, 61, 61-74 (1989).

⑤ E. Merrick and Dodd, "Dissenting Shareholders and Amendments to Corporate Charter", 75 Pace Law Review, 723, 739 (1927).

理论还主张，除了公司日常的商业交易外的任何决策都应当由股东在一致同意的规则下做出。因为在这种理论的视角下，适用一致同意之外的其他规则都构成对其他公司成员的欺诈。① 尽管多数股东在一致同意理论下仍旧拥有运营公司的一般权力，但是这种权力却完全是源于经股东一致同意的公司章程。② 一致同意理论主要盛行于 17 世纪的美国，此后该理论逐渐被法人实体理论所全面取代。

在如今的美国，公司合同理论的迅速蹿升是伴随着法律经济学运动而彭勃兴起的，它的核心思想同样是强调个人自由主义。但是与美国历史上的一致同意理论不同的是，公司合同理论对少数股东保护的关注并非拘泥于合同主义，而是将评估权救济作为对一致同意规则的替代机制。③ 公司法学学者用于解读法律问题的经济分析方法也并非只有公司合同理论（关系合同理论）一种。在诸多的经济分析文献中，许多美国公司法学者并未刻意强调其运用的是公司合同理论，而是广泛吸纳了企业理论中的各种分析框架和分析工具。

例如，著名公司法学者亨利·汉斯曼（Henry Hansman）教授主要运用交易费用理论来解释企业组织内部的成本和权利安排，并归纳出不同企业治理结构形成的原因。④ 马克·J. 洛（Mark. J. Roe）教授则一贯采用公共选择理论（公司产权结构背后的政治基础）来解释公司法的制度变迁以及世界各国股权结构的演化问题。⑤ 莱纳·克拉克曼（Reinier Karaman）和英国的保罗·戴维斯（Paul Davis）教授等学者更多的是针对公司中具体的权利冲突问题综合的运用交易费用理论和代理理论探讨公司法应然的规

---

① Stevens v. Rutland & Burlington R. R., 29 Vt. 545, 548 (1851). Mason v. Pewabic Mining Co., 133 U. S. 50, 59 (1890).

② Brett W. King, "The Use of Supermajority Voting Rules in Corporate America: Majority Rule, Corporate Legitimacy, and Minority Shareholder Protection", 21 *Delaware Journal of Corporate Law*, 895, 904 (1996).

③ William J. Carney, "Fundamental Corporate Changes, Minority Shareholders, and Business Purpose", 1980 *American Bar Foundation Research Journal*, 69, 79 – 80 (1980).

④ H. Hansmann, *The Ownership of Enterprise*, Harvard University Press, 2000, 177 – 199.

⑤ Mark J. Roe, "Legal Origins, Politics, and Modern Stock Markets", 120 *Harvard Law Review*, 460, 460 – 518 (2006). Mark J. Roe, "Can Culture Constrain the Economic Model of Corporate Law", 69 *University of Chicago Law Review*, 1251, 1251 – 1268 (2002). Mark J. Roe, "Political Preconditions to Separating Ownership From Corporate Control", 53 *Stanford Law Review*, 539, 539 – 606 (2000). Mark J. Roe, "German Codermination and German Securities Markets", 5 *Columbia Journal of Eurppean Law*, 199, 199 – 211 (1999).

范设计。① 即使是直接运用公司合同理论，学者之间也存在着较大的不同。部分学者认为合同机制可以在某些情况下作为公司法的替代机制，从正当性意义上来讲，公司法是被合同所选出的。② 而更多的学者虽然会指出公司是一组契约的联结，但这更像是一种比喻意义上的使用。其著述之中更多的是用不完全合同理论来描述或解释公司利益格局背后的经济成因，而并没有将合同关系应当替代法律规定作为一种明确的法律建议。

（三）中国学者对公司合同理论的误读

中国学者对公司合同理论的介绍最早见于汤欣和罗培新教授的相关著述。③ 学界随之继起了一波探讨公司合同理论的热潮，相应的观点与主张也为部分法院所接纳并采用。实际上，中国公司合同理论的兴起有着特殊的时代背景。1993年《公司法》乃是基于将国有企业改制为公司的目的而制定。该法实施之后，法律中所规定的诸多管制措施和强制规范受到实务界和学界的广泛批评。在中国私营公司及混合所有制公司大量涌现的情况下，这种法律规范模式不但严重束缚了公司的商业自由和创新精神，而且反过来约束了立法自身目标的实现。在这样的背景下，主张放松管制、呼吁公司法正当性基础便是契约的公司合同理论，一经出现便大行其道，相应的著述更是层出不穷。

但是，就本源意义上的公司合同理论而言，该理论存在着应用领域上的局限。经济学上的公司合同理论最初是用于解释企业制度为什么会出现，企业和市场的边界在哪里，以及企业内部的产权安排为什么如此等问题。④ 法学的研究虽然也较多地涉及某种法律现象的剖析，但最终需要回

---

① 参见［美］莱纳·克拉克曼、［英］保罗·戴维斯、［美］亨利·汉斯曼、［瑞］杰拉德·赫蒂格、［德］克劳斯·霍普特、［日］神田秀树、［美］爱德华·洛克《公司法剖析：比较与功能的视角》，刘俊海、徐海燕等译，北京大学出版社2007年版，第1—9页。

② Lucian Arye Bebchuk, "The Debate on Contractul Freedom in Corporate Law", 89 *Columbia Law Review* 1395, 1395 – 1415 (1989). Darrell Hall, "No Way Out: an Agrument Against Permitting Parties to Opt Out of U. S. Securities Laws in International Transactions", 97 *Columbia Law Review*, 57, 57 – 90 (1997).

③ 参见罗培新《公司法强制性与任意性边界之厘定——一个法理分析框架》，《中国法学》2007年第4期；罗培新《填补公司合同"缝隙"——司法介入公司运作的一个分析框架》，北京大学学报（哲学社会科学版）2007年第1期；罗培新《公司法的合同路径与公司法规则的正当性》，《法学研究》2004年第2期；罗培新《公司法学研究的法律经济学含义——以公司表决权规则为中心》，《法学研究》2006年第5期；汤欣《论公司法的性格——强行法抑或任意法？》，《中国法学》2001年第1期。

④ 参见费方域《企业的产权分析》，格致出版社、上海三联书店、上海人民出版社2009年版，第23页。

溯到规范层面的对策论。问题在于，经济学上的公司合同理论一旦应用到法学领域就只能被用来证成"公司法的基础是契约"等正当性问题的讨论上来。① 笔者无意否定此类论题的时代价值，而是指出该理论的应用终究无法在规范层面取得实质性突破。否则，强行的将"合同"生搬硬套的应用于规范层面必将引起法院在司法裁判上的巨大混乱。正如吴建斌教授所言，假如我们只是从中得出新制度经济学中有关制度重要性的结论，是远远不够的，关键在于究竟如何配置冲突权利。② 就公司章程修正案配置股东权利的决议方式而言，部分学者和法院运用公司合同理论竟然得出如此的分析结论，即立法应当采纳股东一致同意规则或者合同效力评判规则。此间对公司合同理论的误用表现在如下四个方面。

第一，把公司合同理论（不完全合同理论）等同于企业理论。前文述及，企业理论包括若干分支，所谓不完全合同理论不过是其中之一。不完全合同理论早年由哈特、莫尔、格罗斯曼（Oliver D. Hart, J. Moore, Grossman）等提出。③ 其主旨是将公司各方主体间的权利配置描述为一种不完全合同关系，由于公司合同的不完全性造成了公司中剩余权利的出现，并指出剩余控制权是公司产权的核心。④ 中国学者在介绍企业理论时往往径直将其称为公司的合同理论，并将其按照来源划分为交易费用学派和代理学派，似乎意指公司合同理论就是企业理论的全部。⑤ 这样的认识无形中拘束了我们研究的视野，并引导了人们简单化处理问题的倾向。学者所理解的公司法的经济分析就是指公司合同理论的应用，而公司合同理论就是主张公司是由诸多合同所组成的学说。在这样的认识基础上，自然会形成这样的认知，即公司章程配置股东权利的决议方式只有在各股东达成一致同意时才符合合同的特性，才具有法律上的正当性。

第二，忽略交易成本对公司"合同"的影响。令人奇怪的是，中国学者一方面强调公司的本质是不完全合同，并且是由公司中所存在的交易

---

① 罗培新：《公司法的合同路径与公司法规则的正当性》，《法学研究》2004 年第 2 期。
② 吴建斌：《关于我国公司冲突权利配置效率观的反思与重构》，《南京大学学报》（哲学·人文科学·社会科学版）2011 年第 2 期。
③ Oliver D. Hart, J. Moore, "Foundations of Incomplete Contract", 66 *Review of Economic Studies*, 115, 115 – 138 (1999).
④ Oliver D. Hart, "An Economist's Perspective on the Theory of the Firm", 89 *Columbia Law Review*, 1757, 1757 – 1774 (1989).
⑤ 罗培新：《公司法的合同解释》，北京大学出版社 2004 年版，第 67 页。

费用决定的。另一方面却在具体的研究中忽视交易成本对合同的影响。按照科斯的观点,在交易成本较低的情况下当事人才存在缔结合同的可能;在交易成本较高的情况下则合同难以达成。① 也就是说,较低的交易成本是合同得以缔结的基本前提。正如科斯定理所展示的,合同作为一种最优的降低租值耗散的资源配置工具是有前提条件的,即交易成本为零或很低的情况。那么,公司中的交易成本是较高,还是较低呢?对此不能简单而论,理论上只能枚举出若干影响交易成本高低的主要因素,例如参与谈判的人数、交易的频次与期限等。但仅凭些微弱的经验就能够感知,公司中各方主体谈判的交易成本在绝大多数情况下是较高的。因此公司法中的权利配置问题必然更多的是基于科斯第二定理的情景予以规范分析的。② 也就是在公司利益各方不能达成合同的情况下如何规划最有效率的法律规制问题。此处所要表明的是,中国学者显然是混淆了描述性分析与规范性分析的界限,也混淆了科斯定理Ⅰ和Ⅱ的假设前提的区分。如果不对交易成本作定量上的考察,径直认为重新配置权利的股东之间构成合同关系,则会产生有失偏颇的见解。

第三,混淆经济学与法学对合同理解的差异。企业理论发轫于科斯对新制度经济学的开创性研究,后经法学家的择取始被运用于公司法的研究。在学科转换的维度中自然会产生一些前提理解上的冲突。虽然在法学领域,遵循既有的契约理论来阐释公司章程的基本法理,也有着深厚的法制史背景。追溯公司法制的历史沿革,不难发现,公司法原理最初是从合伙法的规则中脱胎出来的,由于合伙人之间为契约关系,因此,契约法是合伙的规范模式,是公司法的渊源。③ 但是,所谓公司法在本质上具有合同属性,这只不过是一项隐喻,就如同哲学中关于社会的契约理论一样。④ 从合同法的角度审视,经济学家所谓的公司合同根本称不上是合

---

① Ronald H. Coase, "The Problem of Social Cost", 3 *The Journal of Law and Economics*, 1, 21 (1960).

② 科斯第一定理也称为实证的科斯定理。即如果交易费用为零,不管产权初始如何安排,当事人之间的谈判都会导致那些财富最大化的安排,即市场机制会自动达到帕雷托最优。科斯第二定理是指,在交易成本大于零的现实世界,产权初始分配状态不能通过无成本的交易向最优状态变化,因而产权初始界定会对经济效率产生影响。

③ Paul L. Davies (ed.), *Gower's Principles of Modern Company Law*, Sweet & Maxwell, 1997, 179.

④ Clark, "Agency Costs versus Fiduciary Duties", 1 *Principles and Agents: The Structure of Business*, 55, 61 (1985).

同。所以，简单地认为合同法中的一致同意规则可以作为章程修正案的决议方式的观点无疑混淆了不同学科对合同概念界定和理解上的巨大差异。

第四，忽视经济学与法学对合同学术价值定位的不同。张五常指出，经济学是一门关于解释和预测的学科。① 经济解释运用的是一种描述性的语言，通过对各种变量的提炼归纳出具有内在逻辑的经济模型，用以解释或预测某个经济现象。而法律本身是一种规范性的用语。法律解释在主体、对象、目的、方法、价值判断等方面具有自身的特征，法律解释的特征使得法律解释与一般解释相区分。② 所以，经济学上的合同与法律解释学上的合同有着很大的不同。经济学上的公司合同仅仅是指主体之间存在一种平等的关系，突出的是事实状态，并以此作为经济分析的前提。这是一种自亚当·斯密以来便根深蒂固的市场（合同）本位意识。就哈特的不完全合同理论来说，只不过是借助不完全合同关系的假定来解释公司中的权利配置原理，其本质上是一种产权理论。③ 相反，法律意义上的合同则强调其规范属性，即合同的有效成立必须满足基本的构成要件，违反合同也会产生明确的法律效果。法律上的合同已不再是一种分析问题的角度或者工具，而是具有了本体上的法律意义。所以不能直接将此"合同"直接适用法律上的合同效力规则。

总而言之，中国学者运用公司合同理论分析章程修正案配置股东权利的决议方式时存在着理论上的误读。无论是股东一致同意规则，还是合同效力判断规则，两者均错误地运用了公司合同理论的精髓。正如学者所说，通过资本多数原则所形成的章程修正案不能约束异议股东的观点，也许尚未真正理解公司法作为组织法的特性，将合同法的理念简单套用于解决公司法问题，以至于得出有悖于常理的结论。④ 因此，运用经济分析的方法考察章程修正案的决议方式，必须首先廓清交易成本因素对规制方式选择的影响，不能将合同理论简单地套用于股东权利配置法律关系。

---

① 张五常：《经济解释》，易宪容、张卫东译，商务印书馆2001年版，第3页。
② 王利明：《法律解释学导论——以民法为视角》，法律出版社2009年版，第38页。
③ 费方域：《企业的产权分析》，格致出版社、上海三联书店、上海人民出版社2009年版，第30页。
④ 吴建斌、赵屹：《有限公司收购设限股权效力解析》，《社会科学》2009年第4期。

三　公司自治决议方式的选择

在拨开公司合同理论误用的迷雾之后，章程修正案配置股东权利的决议方式似乎唯有资本多数决原则了。但是纵观中国学者的相关论述，则到处充斥着对资本多数决固有弊端的批判与诘难。需要检讨的是，在股东权利配置冲突中，资本多数决是否是一种最为适宜的决议方式？在此不妨先考察一下英美两国制定法与判例法中的观点。

（一）英美法上的考察

英国《2006 年公司法》第 21 条是关于公司章程修改时的资本多数决规则。该条第一款明确规定：公司可以通过特殊决议修改其章程。第 283 条（1）规定，公司成员（或一个类别的成员）的特殊决议是指以不低于四分之三的多数通过的决议。章程修正案配置股东权利即适用该项条款。该法第 25 条列举了公司章程修正案不得记载的事项，第一款规定"（1）如果属于下列范围，则公司成员自他成为成员之日起不受章程变更的约束：（a）该变更要求他获取或认购超过变更被作出之日他所持数量的股份，或者（b）该变更以任何方式增加他在该日向公司缴付股本或向公司付款的责任"。在前述条文中，配置股东权利事项并未被法律列为章程禁止规定的事项。此即表明英国《2006 年公司法》是允许公司章程修正案配置股东权利的。

斯蒂芬·加奇指出，关于何人才能享有改变或修改股东权利的权力，这取决于公司是仅仅拥有一种股票还是拥有两种以上的股票。当公司只有一种股票时，改变股东权利的公司权利取决于公司的章程大纲或章程细则中是否对此作出规定。如果该权利规定在公司章程大纲中，则除非公司对此予以禁止，否则依据第 17 条的规定对股东权利予以改变；如果该权利是规定在公司章程细则中，则依据第 9 条的规定对股东权利予以改变。[①]此即表明英国法中的股东权利可经股东会中全体股东四分之三多数决议的通过而予重新调整、配置，其中涵盖公司章程中所规定的任何类型的股东权利。英国学者指出，任何缺少一致同意的资本多数决要求都潜在地使某

---

① 上述作者所指出的第 17 条与第 9 条系《1985 年英国公司法》的规定，《2006 年英国公司法》修订后将公司章程大纲与章程细则予以合并，一体适用第 21 条。参见［英］斯蒂芬·加奇《商法（第二版）》，屈广清、陈小云译，中国政法大学出版社 2004 年版，第 270 页。

些少数股东得不到保护。然而，股东制定决策拒绝一致同意规则是压倒性的。它会创造出一个比将决策权交给非控制的股东组织更为严重的障碍问题。① 英国法区分了法定的股东权利和可由章程规定的股东权利。只有章定股东权才允许受到章程修正案的重新配置，且配置章定股东权必须满足四分之三的资本多数决要求。

正如布雷特·W. 金（Brett W. King）所说，回顾美国公司法的演进历史，公司决策方式是由公司本质理论所自然派生的。公司法学者花费了无休止的时间探讨在公司法理论发展的每一个阶段决议方式是何以由公司本质所决定的。② 在美国普通法的早期案例中，法院总是担心少数股东的固有权利受到剥夺，因此曾要求公司章程的重大修改必须得到股东的一致同意。③ 例如，在 1948 年的 Swanson v. Wash 一案中，法院认为股东享有的选举董事的任免权是一项固有权利，公司不得经由多数决对其更改以施行累积投票权。在 1951 年的 Bechtold v. Coleman Realty Co. 案中，法院认为股份转让权是股东的固有权利，只能通过股东的一致同意才允许变更，公司不得经由资本多数决通过的章程修正案限制和剥夺股份转让权。这种裁判倾向于 20 世纪中叶开始发生转向，法院开始越来越多地放弃章程修正案配置股东权利的一致同意规则，转而采用资本多数决规则。④ 现代《美国示范公司法》第 10.03 节规定，公司章程修正案的批准必须由达到法定人数后召开的股东会同意，该法定人数至少应为对该修改的条款有表决权的多数票。根据第 7.25 节的规定，对该事项投票的多数人构成该投票事项的法定人数。如果法定人数得到满足，投票团体内赞成某行为的票数超过反对某行为的票数，则投票团体对某事项的行为被批准。

（二）责任规则和资本多数决

从英美两国制定法和判例法的变迁情况来看，章程修正案配置股东权利的决议方式最终均确立为资本多数决原则。而股东之间较高的交易成本

---

① Paul L. Davies (ed.), *Gower's Principles of Modern Company Law*, Sweet & Maxwell, 1997, 233.

② Brett W. King, "The Use of Supermajority Voting Rules in Corporate America: Majority Rule, Corporate Legitimacy, and Minority Shreholder Protection", 21 *Delaware Journal of Corporate Law*, 895, 940 (1996).

③ Ibid., 1622 (1988).

④ Hovenkamp, "The Classical Corporation in American Legal Thought", 76 *Geotown Law Journal*, 1593, 1601 (1988).

和公司决策效率上的要求是决定资本多数决最终胜出的根本原因。满足效率原则是公司得以存续和发展的前提。资本多数决在本质上是卡拉布雷西法官所谓的责任规则的一部分,即在交易成本高时,仍旧允许一方获取对方的权利(资源),但需要事后补偿对方丧失权利的损失。唯有如此,方能实现较高交易成本下权利(资源)配置的效率。所谓责任规则的一部分,是指资本多数决作为强制权利(资源)转让的标准,只有和事后的责任承担机制相连接才能构成完整的责任规则。如果只有权利的强制转移,而没有事后的责任承担,那么这只能算是欺诈或是掠夺。

李哲松指出,社团法人具有支配自己的独立意思,因此可以根据自己的意思变更自己的存在规范,这才是忠实于社团法人本质的说明;而且,公司作为营利团体,只有能够伸缩地适应企业环境的不断变迁,才能提高营利性。[①] 因此,考虑到卡尔多—希克斯效率的实现,在交易成本较高的现实条件下,满足股东权利关系重组的效率要求就必须选择资本多数决原则。如果初始的权利配置,标志着对原始事务状态的帕累托改进改善(一个至少使一方境遇更好同时其他人也没有因此而境遇更糟的改善),那么随后的公司合约也是如此。[②]正如柴芬斯所说,法律应试图确保交易在事后对所有人都有效率吗?考虑到干预的成本,基本的态度应该是否定的。即使交易的一方对结果不满意,从整体而言资产仍可能被用于更有价值的地方。[③] 这是因为其他交易者的所得要比他们失去的更多。

中国学者对资本多数决原则总是怀有一种谨慎和疑虑的态度。这种思考上的倾向可能与两类因素有关。在现实因素方面,学者多从约束中国多数股东滥权的角度考量决议方式的选择问题。宋智慧认为,资本多数决因内在的缺陷导致其易被大股东滥用,从而妨碍股东实质平等的实现。大股东控制权依资本多数决而合法产生,但其权利的行使必须在合理的限度内,否则就是滥用了控制权,客观上会造成资本多数决发生异化。[④] 刘辅华和李敏则指出,在公司运作过程中,资本多数决与少数股东保护之间有

---

① [韩] 李哲松:《韩国公司法》,吴日焕译,中国政法大学出版社 2000 年版,第 76 页。
② [美] 爱泼斯坦:《简约法律的力量》,刘星译,中国政法大学出版社 2004 年版,第 343 页。
③ [加拿大] 布莱恩·R. 柴芬斯:《公司法:理论、结构和运作》,林伟华译,法律出版社 2001 年版,第 17 页。
④ 宋智慧:《资本多数决的异化原因与回归路径》,《南昌大学学报》(人文社会科学版) 2010 年第 1 期。

内在的冲突，成为多数股东损害少数股东利益的诱因。从制度设计上约束多数股东，维护少数股东与多数股东利益的平衡，是公平、正义等法的基本价值的体现。① 在价值观因素方面，中国学者通常基于股东平等原则来认识决议方式的选择问题。朱慈蕴教授指出，从表面上看，基于一股一权、股份平等的资本多数决原则是符合股东平等的第一层含义——形式平等的。但正是这种形式平等造成了大股东和小股东之间实质上的不平等，资本多数决在实际运作中产生了异化。② 陈艳和郑梦状则更是明确指出，私利驱动着多数派股东滑向滥用资本多数决原则的边缘，形式平等的资本多数决最终导致事实上的不平等，这是多数决原则致命的局限。③ 上述的学术观点体现了中国学者对于资本多数决原则作为章程自治决议方式的质疑和疑虑。

笔者认为，中国学者的上述观点并未贯彻冲突权利初始配置中的卡尔多—希克斯效率标准的要求。中国学者的研究立基于当下的社会现实，现实中所暴露的社会问题与现象促动着法学学者的思考。因此中国学者在讨论决议方式的选择时总是糅合进中国公司所特有的股权结构因素，即在多数股东普遍存在的预设前提下分析资本多数决的弊端与不足。在法律层面，公司法学者并非总是价值中立的，尤其对实质平等怀有更多的偏爱。资本多数决作为直接配置公司权力、决定股东基本权益的决策机制，自然成为学者批判强势，倾注保护弱者之情感的理想对象。

正如学者所言，之所以必须经由特别多数决定的程序，是因为少数股东同意多数股东的决策权策略会保护少数股东免受多数股东的机会主义行为，但反过来又将多数股东暴露在少数股东机会主义行为之下。尤其是，少数股东也许会行使法律根据该策略赋予他们的"阻碍"权以使他们从同意明显为了股东整体利益的决议中攫取私人利益。④ 资本多数决原则有可能但并非必然成为多数股东压迫少数股东的工具，在尚无其他更好的机制替代之前，资本多数决仍是公司治理机制的基础，当其带给少数股东损

---

① 刘辅华、李敏：《资本多数决——股东大会决议规则的反思》，《法学杂志》2008年第1期。
② 朱慈蕴：《资本多数决原则与多数股东的诚信义务》，《法学研究》2004年第4期。
③ 陈艳、郑梦状：《资本多数决原则的思考》，《浙江学刊》2005年第5期。
④ Paul L. Davies (ed.), *Gower's Principles of Modern Company Law*, Sweet & Maxwell, 1997, 232-233.

害时，受害股东可以通过其他途径进行救济。[①] 吴建斌教授指出，我们应当尽可能避免借用权力强行配置冲突权利，但更不可突破受损合法权利应当得到救济的法治底线，而在救济方式、救济程度上可以进行仔细衡量，贯彻和谐司法理念，只有这样重构科斯法律经济学本土化的路径，才能将其变为促进权利有效配置的便捷工具，而非推行弱肉强食逻辑的不实借口。[②] 选择资本多数决原则正是基于公司整体效率因素的考量。

总之，在交易成本较高的公司环境中，章程修正案配置股东权利的决议方式必须贯彻符合效率要求的资本多数决原则。资本多数决原则的自洽运行需要以分散的股权结构为前提。当公司中股权分散时，配置股东权利的决议通常能够反映股东的整体利益；当公司中存在多数股东时，股东会的决议可能只反映其私人利益，资本多数决原则才存有被滥用的危险。因此，我们应当摒除试图在初始配置中就实现权利冲突公平化解的断想，必须树立事前规制与事后救济共存的理念，通过两个阶段不同机制的选择，进而实现整体制度安排的卡尔多—希克斯效率。

[①] 吴建斌、赵屹：《有相似收购设限股权效力解析》，《社会科学》2009年第4期。
[②] 吴建斌：《关于我国公司冲突权利配置效率观的反思与重构》，《南京大学学报》（哲学·人文科学·社会科学版）2011年第2期。

第五章

救济措施的立法重塑

第四章的分析表明，立法者需要在强制规范和自治规范之间选择解决股东权利配置冲突的规制路径。无论是法律强制的规制方法，还是公司自治的规制方法均存在各自的局限性。法律强制的规制方式受制于立法者事前识别能力的局限，而公司自治的方式受制于股东之间交易成本高昂造成的协商不完全的局限。因此公司法只能将那些只要重新配置就必然产生外部性的股东权利设置为法定权利，将资本多数决原则设置为公司章程修改的决议方式。

这些事前制度安排上的必然与不足无法彻底地预防和规制多数股东滥用控制权不当配置股东权利的行为，通常这一情况可以被归结为股东压迫的类型之一。阿维纳什·迪克西特指出，机会主义行为一旦形成预期，将阻碍潜在有价值的投资行为，破坏互惠互利合约的协商订立，并对它们产生强大的负向激励。因此，如果一种市场经济是成功的，它就应该具备某种体制基础，防止这些对私人有利、对社会有害的行为发生，并对生产和交换活动提供足够的激励。① 因此，中国公司立法应当在事后的救济措施中对受到不当配置行为压迫的少数股东给予充分的救济，从而达到全体股东整体上实现卡尔多—希克斯效率的法律调整目标。

第一节 法定救济措施的体系

公司立法对受到不当配置的股东权利的救济不应是杂乱无章的，而是

---

① [美] 阿维纳什·迪克西特：《法律缺失与经济学：可供选择的经济治理方式》，郑江怀、李艳东、张杭辉、江静译，中国人民大学出版社2007年版，第2页。

应当针对强制和自治的规制缺陷构建出完整的框架和体系。这种体系应当秉承一贯的理念和逻辑，各种救济措施之间可彼此协力、相互配合，共同实现救济充分的目的。在本节内容中，笔者将首先检讨中国公司立法中关于不当配置股东权利的救济措施的基本设置情况，并指明其存在的缺陷和不足；其次，本节将分析立法者构建救济措施所应秉持的法律理念，并以此作为体系建构的指导基础；最后，本节将依据上述理念和域外国家的立法情况探讨救济措施之间的体系关系，从而为具体法律救济措施的分析奠定基础。

一 现行救济体系的设计缺陷

中国现行公司立法针对多数股东不当配置股东权利所设计的救济措施存在不完备和不灵活的问题。一方面，现行的基于股东压迫的救济措施仍旧遵循强制规制路径下的救济理念，轻视甚至忽略与自治规制方式相配套的救济措施的规则构建，诸多具体制度安排尚且处于空白状态。另一方面，现行的救济措施所提供的救济形式固定和单一，受到不当配置行为压迫的少数股东无法获取灵活、多样的周延保护，救济的广度和灵活性存有局限。

首先，现行《公司法》的规定和司法裁判标准扩张了与强制规制方式相衔接的救济措施的适用范围。法定股东权利的救济措施与强制规制方式相衔接。《公司法》第22条规定了违反强制性规定的股东会决议无效。依据该条款，倘若公司章程修正案另行安排了法定股东权利将导致股东会决议无效的法律后果。由于中国立法事前设置的法定股东权利本就十分宽泛，再加上司法实践中通过固有权利规则进一步拓宽了"法定"股东权利的范围，以至于第22条俨然成为实践中救济少数股东的唯一措施。少数股东诉请公司章程修正案配置决议无效的方式在规制范围的拓展和司法适用范围上的扩张均导致了严重的弊端。一方面，法院一概判决另行配置股东权利的公司章程修正案无效将导致有利股东集体利益的商事计划和安排无法施行，全体股东根据自身的特殊情况调整相应权益结构的自由被强行剥夺，经营自由和公司自治徒具其表。另一方面，中国《公司法》中与自治规制方式相衔接的救济措施本就处于空白状况，法院极力扩张第22条的适用范围客观上抑制了该类救济措施于司法上突破和创制的可能。

其次，现行《公司法》没有规定与自治规制方式相衔接的救济措施。

章定股东权利受到不当配置时缺少可资选择的具体救济措施。与强制规制方式相衔接的救济措施在司法适用领域的扩张状况相反，现行《公司法》所规定的与自治规制方式相联结的救济措施处于缺位和空白的状况。一般情况下，章定股东权利受到不当配置的股东既无法请求损害之赔偿，也无法申请退出或解散公司。第一，受到压迫的股东无法通过股权回购的救济措施回赎资金，全身而退。现行《公司法》第75条和第143条分别是关于有限责任公司和股份有限公司股权回购的规定。上述条文规定并列举了法律准许公司回购股权的具体法定事由，其中并未包括通过公司章程修正案配置股东权利的情形。由于上述法定事由均为封闭式规定，故而受到不当配置的股东权利无法经由公司或其他股东以公平价格回购股权的方式获得救济。第二，权利受到不当配置的股东难以通过解散公司的方式退出公司以获得救济。《公司法》第183条抽象地规定了公司司法裁判解散的法定事由，但依据《最高人民法院关于适用〈中华人民共和国公司法〉若干问题的规定（二）》第一条第二款的相关规定进行类推，权利受到不当配置的股东将难以通过司法裁定解散的方式获得救济。第三，《公司法》没有通过具体的条文规定股东权利因不当配置行为所导致的损失可以获得相应的损害赔偿。《公司法》仅于第21条规定了多数股东需要对关联交易所导致的损害承担赔偿责任，并未规定多数股东要对不当配置股东权利以及其他违法行为承担相应的损害赔偿。

最后，《公司法》对受到不当配置的股东权利一般性的、兜底式的救济措施的设置存在诸多不足。现行《公司法》第20条一般性地规定了股东应当依法行使股东权利，不得滥用股东权利损害公司或者其他股东利益的义务，否则将承担损害赔偿的法律后果。《公司法》第20条通常被学者认为是对股东信义义务的规定，各国公司法一般均有关于股东信义义务的一般规定，并以此作为弥补成文法的疏漏和不足的兜底式规则。但中国《公司法》将违反股东信义义务的后果仅仅局限于损害赔偿，不仅导致了股东信义义务规则适用范围的收窄，并导致了损害赔偿作为独立救济措施的存在意义，从而使其作为兜底条款的功能受到严重制约。在实践中，由于中国不承认判例法，而且立法本身也不完善，一些法院常以法律没有明文规定为由，拒绝受理股东、公司、经营者之间的纠纷。[①] 这也是中国法

---

① 刘俊海：《股份有限公司股东权的保护》，法律出版社2005年版，第659页。

院在案件审理时更加倾向于适用与强制规制方式相衔接的第 20 条规定判决股东之间权利配置冲突案件的根本原因。

与股东权利配置冲突中事前规制路径的立法安排一样，事后救济措施的相关规则依旧未能把握好公司自治和法律强制的恰当结合关系。中国《公司法》对与强制规制方式相衔接的不当配置法定股东权利的救济措施规定的较为完备，但是与自治规制方式相衔接的不当配置章定股东权利的救济措施基本上处于空白状态。现行股东压迫救济制度的这种缺陷突显了中国公司立法因应公司自治理念，转换法律调整模式时缺乏整体、宏观思考的问题。依据何种理念完善和构建与自治规制方式相衔接的股东压迫救济措施以及如何协调自治和强制救济措施之间的关系成为具体制度构建的必要基础和前提。

二 重构救济措施的法律理念

卡拉布雷西法官指出，仅仅设置权利并不能避免"权力产生权利"的问题，国家干预的最小化始终是必要的。[①] 公司法律应当以卡尔多—希克斯效率作为规制目标，这实际上暗含了一种价值理念，即国家干预程度的最小化是实现效率的必要途径，国家干预只有在能够促进效率实现的情况下才能借助强制规范介入股东之间的私权关系。这种理念在事前界分自治规制方式与强制规制方式的边界时适用，在事后规划股东权利的救济措施时同样适用。因为在公司这样一种具有长期性、关系性的"契约"中，组织关系的人合性和复杂性以及外部第三方力量介入的暂时性均要求国家干预必须保持在最小的限度，即使在救济措施的层面，法律仍旧要为组织成员之间的内部"协商"和多样性选择提供必要和可能的空间。

（一）干预最小化的规则分析

对于股东权利配置冲突可以选择不同类型的规则，而每一种规则都各自代表了不同的规制方式。法定股东权利的设置体现的是法律强制的规制方式，实质上是一种不可转让规则；章定股东权利的设置体现的是公司自治的规制方式，适宜设置为一种责任规则。借助卡拉布雷西的规则分类理论，我们可以在其基础之上初步构建出一个维持国家干预程度最小化理念

---

① Guido Calabresi, Douglas Melamed, "Property Rules, Liability Rules, and Inalienability: One View of the Cathedral", 85 *Harvard Law Review*, 1089, 1089 – 1128 (1972).

的救济规则体系。那么，该如何设置与公司自治规制和法律强制规制相衔接的救济规则呢？

1. 章定股东权利的救济规则设置

（1）责任规则与损害赔偿

由于股东之间通常存在较高的交易成本，公司章程修正案重新配置股东权利适宜采用资本多数决这一决议方式，因此章定股东权利的救济应当符合卡氏理论中责任规则的原理，而资本多数决原则只有和事后的损失补偿机制相结合才能构成一项完整的责任规则。因此，章定股东权利的救济应当设计出有关损害赔偿的制度设置。

章程修正案另行安排股东权利需要股东会作出特别决议。当满足超过三分之二的多数股东同意的法定标准时，重新配置股东权利的决议将会获得通过，受到约束的股东权利中的部分利益内容将被强行让渡。从强行将（受约束的部分）权利转让给"侵害方"的角度而言，资本多数决将导致部分股东权利的强行转让。卡氏理论中的责任规则要求事后必须存在给予"受害方"客观补偿的机制，而资本多数决原则本身并未给予权利受到约束的股东事后的赔偿支付。外部效应（多数股东滥权控制权）发生上的或然性使得资本多数决原则的适用不必然引起事后损害赔偿的产生，只有在确定的引发了外部效应后才有补偿机制发挥效能的时机。因此，法律需要对补偿损失的救济措施作出明确规定，与资本多数决一同成为一项完整的责任规则后，可能由其引发的多数股东不当配置行为才能够得到妥当的化解和救济。从这个角度来说，只有与补偿机制相联结的资本多数决才是一项完整的责任规则，才符合卡尔多—希克斯的效率标准。

（2）拟制财产规则与股权回购

既然章定股东权利的救济可以依据责任规则的原理进行设计，那么章定股东权利的救济是否可以被塑造成一项财产规则呢？笔者认为，法律虽然不能舍弃资本多数决（责任规则形式），转而选择一致同意规则（财产规则形式），却可以把它"拟制"为财产规则。在拟制的财产规则下，持异议的少数股东在公司章程修正案通过之后可以要求公司支付合理价款并退出，法律"拟制"公司的意志，令其接受这种选择。

由于股东人数众多及公司永续经营的原因，股东之间于公司成立后进行协商的交易成本通常较高。为避免交易成本高昂所造成的股东协商障碍正是各国公司法采用资本多数决作为章程修正案决议方式的根本原因。此处似乎不存在设置财产规则的理由,因为财产规则适用的前提是交易成本较低的情况。倘若法律强行将其更改为财产规则,那么股东会决议将适用股东一致同意的决议方式,这将阻碍社会总体效率目标的实现。然而法律却可以将其"拟制"为事后的财产规则。即经股东权利重新配置的方案通过之后,投反对票的少数股东可以请求公司回购其股权,并通过事后协商的方式进行权利估价。所谓的"拟制"是指这种事后的协商并非出于双方完全的自愿,而是通过法律拟制市场机制的方式赋予少数股东获取权利主观价值的救济措施。

总之,笔者认为章定股东权利的救济既可以依照责任规则设计,也可以依照"拟制"财产规则的原理安排;既可以通过损害赔偿,也可以通过股权回购予以救济。

2. 法定股东权利的救济规则设置

法定股东权利的救济措施只能被塑造成一项不可转让规则。从中国现行的法律规定来看,《公司法》第 22 条规定违反法律强制性规定的股东会决议无效。依据该条规定,只要公司章程修正案对法定股东权利另行安排就将导致股东会决议无效的法律后果。中国法院在处理股东之间权利配置冲突案件时通常扩张这一救济措施的适用范围。不但法定股东权利不得另行安排,而且股东的固有权利也不能重新配置,否则亦将导致公司章程修正案无效的法律后果。

与法定股东权利和固有权利相联结的决议无效救济是一项不折不扣的不可转让规则。即某股东权利是法定股东权利或者固有权利,受到资本多数决另行配置的股东权利可以借助诉请修正案无效的方式获得救济。不可转让规则禁止权利(资源)的转移和变动,否定权益的变动即构成不可转让规则的实质。[①] 认为某项股东权利是法定或者固有权利,就是指公司不能从股东那里获取或剥夺该项权益,即使股东本人同意或者决议满足了资本多数决的最低法定表决标准。

(二) 干预最小化的救济设置

卡拉布雷西法官的规则分类理论揭示了交易成本和规则设计之间的关系,为立法机关构建出国家干预程度最小化的救济措施提供了理论上的支

---

① Guido Calabresi, "Transaction Cost, Resource Allocation and Liability Rules: A Comment", 11 *The Journal of Law and Econmics*, 67, 72 (1968).

撑。但是卡氏的规则分类理论并不能完全涵盖股东之间权利配置冲突中的所有利益冲突情况和解决方案。

特别强调的是，卡氏所区分的三类规则并不能适用于公司自治不可持续，以及法律强制和公司自治不完全这两种情况。一方面，实际上多数股东不当配置股东权利有可能导致公司僵局或者少数股东被锁定，出现公司自治不可持续的状况。另一方面，强制规范通过事前媒介识别所设置的法定股东权利救济并不能强制性的禁止不当配置章定股东权利的行为；同时公司自治属于组织自治，组织自治的特点要求相应的救济措施必须灵活和多元，因而法律难以据此列举出周全的救济方式。① 无论是财产规则、责任规则还是不可转让规则均只有在公司自治状态存续和属于强制规范规制限度之内的情况下才能发挥应有的功能。然而这三类规则均不能为解决上述两种不当配置章定股东权利的情况（即自治失灵和强制失灵时救济措施）的规则设置提供理论指导。如果将卡氏的规则分类理论说成是区分自治与强制的规则设计的指导方针的话，那么还需要补充公司自治失败和法律强制能力有限时的规则设置情况。

一方面，立法机关应当为权利受到不当配置的股东备有公司自治失败时的相应救济措施。公司章程修正案对章定股东权利的修改可能引起股东之间的分歧，当分歧影响到公司的日常管理且无法通过其他途径消除时，便会产生公司僵局的状况。当少数股东由于权利受到压制，却无从退出时，其便被永久的锁定于公司之中。此时公司所聚集的资源和股东享有的权益处于闲置和消耗的状态，无益于各方利益的实现。因此，立法机关需要提供相应的解决方案为克服这种公司自治失败的状况提供救济。

另一方面，立法机关应当考虑到法律强制本身的规制限度和公司自治的不完全性。以直接识别和媒介识别形式存在的强制规范具有有限的规制限度。因此，立法不但要列举具体的法定股东权利类型，还必须补充直接识别的强制规范形式，即由立法机关直接抽象出违法行为的主要构成要素并设置为一般性的规定。同时，公司自治本身是一种不完全的私法自治形式，公司组织的多边性和长期性使其区别于合同的双边性和即时性，因此

---

① Oliver E. Williamson, "Transaction-Cost Economics: The Governance of Contractual Relations", 22 *Journal of Law and Economics*, 233, 251 (1979).

要求法律必须为其提供一个灵活的纠纷处理机制。① 因此，立法机关还应当为受到不当配置的股东权利设置一般性的救济措施，并且该措施应当具有能够适应组织特征的灵活救济的特点，从而为学说及判例填补成文法漏洞预留空间。

三　重构救济措施的体系安排

(一) 救济措施的法理解析

不当配置股东权利的救济措施存在着被设计为不同类型规则的可能，那么中国公司立法应当如何选取和抉择呢？笔者认为，评判的标准在于哪种规则能够在国家干预程度最小化的前提下准确界定并化解多数股东不当配置股东权利的外部性。公司章程的修改是否会引起权利重新安排的外部性损害存在界定上的困难。只有设置出能够准确界定和分配外部性的救济规则才能妥善地处理好股东之间的利益平衡关系。同时，界定困难也是造成国家干预股东救济困境的关键所在。倘若任由国家力量的不当甚至随意介入，将极大地干扰公司自治秩序和股东的合理预期。卡拉布雷西法官所提出的三类规则中，不但国家力量的干预领域和程度存在着重大差异，而且界定和识别外部性的主体也存在着显著的区分和不同。

第一，就"拟制的"财产规则而言，它提供了一种允许当事人自由协商外部性的界定和分配的自由与空间。股东之间可以自由协商股东权利的移转，其背后所隐藏的是一种任由市场配置资源（权利或者外部性）的逻辑。在财产规则中，国家权力介入的价值在于为当事人的谈判提供了路径和基础，保障权利主观价值的实现，这是一种干预程度最小的救济措施。

在财产规则中，对不当配置股东权利的外部性的界定和再分配由股东自行判断。当股东认为股东权利的重新配置将导致自身利益的减损时，其可以请求公司以公平价格回购股权，界定和再分配外部性的工作由股东通过法律拟制协商的方式自行完成。只有在定价遇到障碍时，法院才可能适时地出现，并依据市场价格第三方决定股权转让的价格。

第二，在责任规则中，国家干预体现为股东权利受到公司章程修正案

---

① ［美］奥利弗·威廉姆森：《资本主义经济制度》，段毅才、王伟译，商务印书馆2002年版，第47页。

的不当配置后，对于少数股东的赔偿应当依据客观价值确定，而非依据股东之间的自主协商定价。实际上，责任规则给予了潜在的侵害人只要愿意赔偿受害人就可以造成伤害的"权利"。因此，责任规则允许资源从受害股东向侵害股东移转而不用经过受害股东的同意，而财产权利以及它的履行要求经过受害股东对这种移转的同意，因此任何人占有属于别人的物品的行为都是被禁止的，即使他能够证明该物对于他的价值甚至大于物品所有人。财产权接近于通过市场来引导交易，而责任规则更接近于通过法律制度来规范交易，忽略市场的作用。[①] 责任规则对于少数股东而言是一种较弱的保护，仅能给予权利人客观的补偿。但其积极意义在于从结果上促成权利（资源）优化配置的效果，克服交易成本较高时可能出现的当事人协商定价之不能。

在责任规则中，对不当配置股东权利的外部性的界定和再分配由法院决定。当法院认为股东权利的重新配置会导致股东利益减损，同时也无益于股东集体利益的增加时，可以判决滥用控制权的多数股东对少数股东按照损害的客观价值予以赔偿；当法院认为股东权利的重新配置虽然会减损股东的利益，却更有益于股东集体利益时则可以判决不予承认赔偿的请求。

第三，就不可转让规则来说，国家力量的介入直接表现为对于另行配置股东权利的公司章程修正案的禁止。这是一种干预程度最强的救济措施，通过否决公司章程修正案的合法性以保护权利机能的完整。

在不可转让规则中，对不当配置股东权利外部性的界定和再分配实质上是由立法机关于法律文本中事前决定的。当立法机关在法律制定过程中将某项股东权利设置为强制性的法定权利后，任何涉及另行配置该项股东权利的公司章程修正案都将被认定为自始、确定的无效。由于并未给予当事股东任何的协商空间和回旋的余地，不可转让规则构成了国家干预程度最强的救济措施。

上述的分析表明，财产规则是交由股东自行界定和再分配权利配置冲突中的外部性；责任规则是交由法院于个案中进行界定和再分配；不可转让规则是交由立法机关于法律文本形成过程中直接界定和再分配。其中，

---

① ［美］威廉·M. 兰德斯、理查德·A. 波斯纳：《侵权法的经济结构》，王强、杨媛译，北京大学出版社2005年版，第35页。

以财产规则原理设计的事后估价协商的救济措施中的国家干预程度最低,法律只需为冲突双方预留协商退出的制度空间便可;其次是以责任规则原理设计的事后损害补偿的救济措施,法律需要为法院客观确定不当配置后的补偿价格预留权限;最后则是依照不可转让规则的原理所设计的由立法直接禁止重新配置的法定股东权利,配置法定股东权利的章程修正案自始、确定、客观无效,不容许冲突双方的任何协商和法院的价格裁量。

(二) 救济措施的体系关系

上述结论的得出并不意味着对受到不当配置的股东权利的救济只需采用"拟制"的财产规则即可。财产规则的设置具有基础性的作用。就具有长期合作关系的公司而言,法庭诉讼在本质上是有破坏性和对抗性的,这意味着诉讼会使各方很难以合作的方式继续一块工作。与此形成对照,当各方可以自己解决问题时,这会有助于保持和谐并促进关系的延续。既然股东之间的关系是长期的,如果纠纷不是通过法庭解决的,这会提高他们共同的福利。[①] 同时,我们也应当慎重地对待中国公司立法中责任规则和不可转让规则的设置问题。通过责任规则、不可转让规则这种非市场救济机制的配置,可以弥补"拟制"财产规则的不足。

运用财产规则而非责任规则保护一项权利的一个非常普遍的理由,或许是最为普遍的理由,就是对权利进行市场估价是无效率的,更确切地说,它要么是无法实现的,要么就是相较于集体估价来说代价过于昂贵。[②] 而不可转让规则尽管从表面上看来效率目标受到了禁止性规定的限制而削弱,但是通过减少对于第三方的成本,经济效率通过此类禁止后变得更加优化了。[③] 因此,我们应当尽可能避免借用权力强行配置冲突权利,但更不可突破受损合法权利应当得到救济的法治底线,而在救济方式、救济程度上可以进行仔细衡量。[④] 此外,由于公司章程修正案配置股东权利还可能出现公司自治失败和法律强制规制限度不充分的情况,立法

---

① [加拿大] 布莱恩·R. 柴芬斯:《公司法:理论、结构和运作》,林伟华译,法律出版社 2001 年版,第 492 页。

② Guido Calabresi, Douglas Melamed, "Property Rules, Liability Rules, and Inalienability: One View of the Cathedral", 85 *Harvard Law Review*, 1089, 1089 – 1128 (1972).

③ S. Rose-Ackerman, "Inalienability and the Theory of Property Right", 85 *Columbia Law Review*, 931, 956 (1985).

④ 吴建斌:《关于我国公司冲突权利配置效率观的反思与重构》,《南京大学学报》(哲学·人文科学·社会科学版) 2011 年第 2 期。

机关还需要构建出相应的法律救济措施，将二者置于补充的地位。总之，单一的规则和法律策略均存在自身的缺陷和不足，各种救济措施之间应当是一种互相补足的关系和体系，须由法律制定时一体规定。

此外，考察英国和美国的制定法和判例法也会得出相同的结论。哈利·J. 海恩斯瓦什（Harry J. Haynsworth）指出，在美国的立法及司法实践中，对于不当配置股东权利的救济一般根据股东压迫法理进行处理，此时立法和司法先例授权法院采取一切衡平手段的救济方式。① 在实务中，当前最为流行的救济措施是回购受压迫股东的股权，但是，法院可以授予的救济并不受此限制，法院可以采用其认为最为合适的一切衡平救济。罗伯特·C. 克拉克（Robert C. Clark）也指出，美国目前普遍在"有关公司重大资产的兼并、出售和交换以及章程修改这些对异议股东的权利有着重大和负面影响的事项"方面提供了"评估权"。② 作为拟制财产规则存在的评估权是美国法院目前最为偏好的救济措施，在整个救济体系中起着基础性的作用。而作为克服公司自治失败的司法裁判公司解散则尽量为法院回避适用，以尽量减少对公司的外部干预。尤其在封闭公司中，股东落入陷阱的情况是如此普遍，重要的原因就在于股东缺少出售其股份的市场。当股东间的内部矛盾产生后，多数股东或者可以凭借特殊的公司章程条款或者依靠合约中的权利去解决困境或者出售其股份。但是其他股东却无法合作来使用前述方法。如果此时没有特殊的章程条款或者合约可以借助，那么股东就只能被迫求助于法定的救济措施了。③ 相比美国各州的法律，英国不愿意在大范围内采用评估权，但是英国《2006年公司法》还是于第996条规定了有关不公平损害的基本救济措施，即法院认为本部分的诉状有合理理由的，可以颁布其认为合适的法令对被诉称事项采用一切衡平手段的救济。其中包括要求公司未经法院同意不得对其章程作出任何修改以及股东或公司购买其他股东的股份的救济措施。英国的法院似乎更为偏好采用损害赔偿的方式救济压迫股东的权利，但同样极为谨慎地避免

---

① Harry J. Haynsworth, "The Effectiveness of Involuntary Dissolution as a Remedy for Close Corporation Dissension", 35 *Stanford Law Review*, 25, 50 (1986).
② R. C. Clark, *Corporate Law*, Boston: Little, Brown & Co., 1986, 443.
③ James M. Van Vliet Jr. and Mark D. Snider, "The Evolving Fiduciary Duty Solution for Shareholders Caught in a Closely Held Corporation Trap", 18 *Northern Illinois University Law Review*, 239, 245 (1998).

司法解散公司。

目前，中国《公司法》没有将不当配置股东权利的救济措施设计为财产规则，股东无法依法主张股权回购救济。现行《公司法》同样未对责任规则作出规定，少数股东难以获得损害赔偿救济。《最高人民法院关于适用〈中华人民共和国公司法〉若干问题的规定》第一条第二款的规定似乎也将股东权利受到不当配置的情形排除出司法解散公司的救济范围之外。此外，《公司法》第20条虽然规定了为弥补法律强制的规制能力不完全而设计的股东信义义务，但是中国法律文本以及法院和学者尚且对股东信义义务的法律效果存在诸多误解。唯独与强制规范方式相联结的股东会决议无效制度规定的较为完备。

总之，中国公司立法对不当配置股东权利的救济尚且存在重大的漏洞和不足，立法机关需要对股权回购救济、损害赔偿救济、司法解散救济以及股东信义义务救济等制度予以完善，并与股东会决议无效制度一同构成保护受到不当配置的股东权利的救济体系。

第二节 股东的异议回购救济

少数股东的股权回购救济又可称为评估权救济，是指对于提交股东会表决的配置股东权利的公司章程修正案表示异议的股东，在该事项经股东会议通过时享有依法定程序要求公司或其他股东以公平价格收购其股权，从而退出公司的救济方式。由于在异议股东行使估价权救济时会导致公司资本额度的减少，可能对公司债权人的利益造成损害，因此中国《公司法》对此采取了严格管制的立场。由于相关公司立法的缺位，少数股东在其股东权利受到不当配置后缺少利益损失的补偿以及从公司退出的途径，只能被长期的锁定于公司之中。中国学者此前并未对公司立法中是否应当为受压迫的少数股东打开回购救济之门展开相关的探讨，因此本部分将着重论证回购救济适用于公司章程修正案配置股东权利冲突的可行性问题。

一 法定回购事由限定严格

中国公司立法对异议股东评估权救济的事由所采取的严格限定的立场由来已久。这一立场虽曾产生松动，但并未从根本上发生改变，究明并解析背后的深层原因是考察评估权救济方式引入股东权利配置冲突救济体系的起点。

(一) 股权回购救济的法制变迁

中国 1993 年《公司法》由于立法背景和条件的历史局限性，并未对股东的退股权作出明文规定。1993 年《公司法》第 149 条的规定，公司不得收购本公司的股票，但为减少公司资本而注销股份或与持有本公司股票的其他公司合并时除外；并且，公司不得接受本公司的股票作为抵押权的标的；在公司按规定收购本公司的股票后，必须在 10 日内注销该部分股份；且依法律、行政法规办理变更登记并公告。可见，中国原《公司法》对公司取得自己股份的规范是以禁止为原则，以允许为例外。在 1993 年《公司法》中，不要说回购救济股东权利法定事由的选择，立法者甚至根本未将评估权救济设置为少数股东的保护措施。

同样，在 1993 年国务院证券委员会颁布的《股票发行与交易管理暂行条例》以及国家体改委发布的《到香港上市公司章程必备条款》中均未对股权回购问题作出规定。国务院证券委员会和国家体改委于 1994 年联合颁布的《到境外上市公司章程必备条款》以及 1997 年中国证券监督管理委员会发布的《上市公司章程指引》对此则作出了较为概括的规定。《到境外上市公司章程必备条款》第 149 条第一款规定：反对公司合并、分立方案的股东，有权要求公司或者同意公司合并、分立方案的股东以公平价格购买其股份。《上市公司章程指引》第 73 条则规定：公司合并或者分立时，公司董事会应当采取必要的措施保护反对公司合并或者分立的股东的合法权益。上述规定将引起股东评估权救济的事由限定于公司合并和分立的情形。

2005 年《公司法》强化了对于少数股东权利的保护，法律增设了异议股东回购请求权，但并未将股东权利受到公司章程修正案的另行配置列为可以获得评估权救济的法定事由。对于有限责任公司异议股东的评估权救济，中国《公司法》第 75 条规定，有下列情形之一的，对股东会该项决议投反对票的股东可以请求公司按照合理的价格收购其股权。这些情形包括：公司连续五年不向股东分配利润，而公司该五年连续赢利，并且符合本法规定的分配利润条件的；公司合并、分立、转让主要财产的；公司章程规定的营业期限届满或者章程规定的其他解散事由出现，股东会会议通过决议修改章程使公司存续的。第 75 条规定了有限责任公司的股东可在对股东会决议存有异议的三种情况下请求公司以合理价格回购其股份。但是法律所列举的三种情况并不包括修改公司章程另行安排股东权利的情形。从而可以推出 2005 年《公司法》并不允许异议股东可以请求回购受到公司章程修正案配置的股东权利。对于股份有限公司异议股东的评估权救济,《公司法》第 143 条规定,公司不得收购本公司股份。但是,有下列情形之一的除外。这些情形包括:减少公司注册资本;与持有本公司股份的其他公司合并;将股份奖励给本公司职工;股东因对股东大会作出的公司合并、分立决议持异议,要求公司收购其股份的。第 143 条规定了股份有限公司的股东可在对公司合并、分立的股东会决议存有异议时请求回购自己的股份,同样并未包括修改公司章程配置股东权利的情形。

由于上述两项关于回购股权的规定均为封闭性的列举式条款,所以可以认为,中国 2005 年《公司法》同样没有允许受到另行安排的股东权利可以通过股权回购的方式获得估价并退出公司。2006 年中国证券监督管理委员会修订的《上市公司章程指引》中关于异议股东请求回购股权的事由与 2005 年《公司法》相同,同样缺少少数股东权利的评估权救济规范。

(二) 受限股权回购救济缺失的原因

为何中国公司立法严格限定引发评估权救济的法定事由呢? 一方面,这与中国公司立法始终坚持资本维持原则,强调资本制度对债权人利益的保护有关。中国关于公司取得自己股份的法律规定,过于严守资本维持原则,严格限制公司取得自己股份的事由。① 有学者指出,在防弊心态压倒兴利目标的既定框架下,偏重对债权人利益的保障,忽视甚至阻碍股东的投资回报与退出的内在需要,从而在保障公司参与人利益方面出现规制上的失衡。② 另一方面,这与中国公司法制渐进发展的特质紧密相关。由于 2005 年《公司法》放松了对公司自治的管制程度,借助公司章程修改的时机不当安排股东权利的案件方才逐渐增多。受限于当时的立法准备状况和司法实践经验的积累程度,立法者遗漏了公司章程重大修改作为适用评估权救济的情形也并非不可理解。

---

① 李晓春:《在自由与管制间寻求利益平衡——公司取得自己股份制度研究》,法律出版社 2010 年版,第 157 页。

② 苗壮:《美国公司法:制度与判例》,法律出版社 2007 年版,第 502 页。

基于上述的分析，可以看出中国修法时并未引入针对公司章程修正案不当配置股东权利的回购救济机制是由于历史条件的束缚与立法政策的考量所致。由于 2005 年《公司法》是采用了封闭性条款列举了适用于异议股东回购救济的法定事由，所以并不构成一项法律漏洞，而是属于法律有意的遗漏。① 因此法院在司法适用层面就无从通过法律解释的方法来类推适用基于其他事由的回购救济规则，从而希冀从司法实践中发展出受置股权回购救济的可能俨然泯灭，只能借助通过再次修法的时机进行法律上的修补。至此，启迪我们思考的问题是，将域外法中关涉受限股东权利救济措施的有益规则和经验植入中国本土的思路是否应予检视和考虑。

二　英美法域中的回购事由

刘俊海教授指出，值得注意的是，中国新《公司法》允许的异议股东评估权救济的范围依然有限。因此有必要借鉴先进立法经验，在未来公司法修改时进一步予以拓展。② 那么，救济事由的拓展应当依循何种法理或者标准呢？英美法的制定法经验和法院判决实践为我们提供了诸多值得参考的有益经验。

评估权救济最早起源于美国俄亥俄州 1851 年的法律当中，它的产生与公司表决机制的演变密切相关。在 19 世纪，美国各州的公司法理论盛行一致同意学说，该说认为包括公司章程修改在内的重大变化的表决必须采用"一致同意"原则。直到 20 世纪中叶，一致同意原则逐渐为资本多数决原则取代，成为股东对公司重大事项决策的基本准则。由于资本多数决可能引发多数股东压迫少数股东的问题，因此异议股东股权回购请求权便由此产生，成为保护少数股东利益的有力手段。③但是，现代评估权救济的功能已经悄然发生了转变。玛丽·西格尔（Mary Siegel）在考察了评估权救济机制在历经 19 世纪的起源、20 世纪的衰落后认为，21 世纪的评

---

①　法律漏洞是指立法者对一个应当规定的事项没有规定，属于无意的疏漏。因此，立法者故意的遗漏并不构成法律漏洞。

②　参见刘俊海《新公司法的制度创新：立法争点与解释难点》，法律出版社 2006 年版，第 218 页。

③　Alexander Khutorsky, "Coming in From Cold: Reforming Shareholders Appraisal Rights in Freeze-out Transactions", 1997 *Columbia Business Law Review*, 133, 156 (1997).

估权救济目标已经不同于其起源时的社会和经济背景了。现代的评估权救济应当具有两方面的功能,即为股东提供一个以公平价格退出公司的渠道和对公司内部自我利益交易进行监管的方式。① 如此,势必需要拓展引起评估权救济的事由,而现代公司法的发展正是趋向于扩展评估权救济的适用范围。

美国法律研究院颁布的《公司治理原则:分析与建议》§7.21 规定了可能产生评估权的法定事由,其中(d)项规定,对公司章程的任何修改,无论是直接的修改还是由合并导致的修改,如果这种修改:(1)取消或者严重影响了公司股份合法持有人的优先权、先买权、赎回权或者转换权……(4)取消或者限制了股东就某一事项的表决权。其中,"限制"一词不应该机械的理解。但是,可以明确的一点是,那些轻微的修改,不会产生评定补偿。② 该条实际上明确了对任何一类股东的权利产生不利影响的公司章程修改都会引起评估权救济的适用。该条规定与修正后的《美国示范公司法》的规定基本一致。只有其权益直接受到章程修改影响的股东才能主张评定补偿权。《美国示范公司法》第 13.02 节(a)规定当公司存在下列情形时,股东享有评估权,就其股票的公平价值获得支付:(5)任何对公司章程、合并文件、股票交换文件或者资产处置文件在公司章程、公司内部细则或者董事会决议规定的范围内进行的修改。

玛丽·西格尔指出,《美国示范公司法》和《特拉华州普通公司法》在评估权救济机制的设计上存在重大的不同,其中包括两部制定法对引起评估权救济的事由的规定存在差异。前者规定的事由包括了对公司章程作出重大修改的情形,而后者没有明确规定。在美国,绝大多数的法院均认可《美国示范公司法》的规定,压倒性地倾向于提供广泛的评估权救济。③ 因此,安吉·乌(Angie Woo)认为,特拉华州的普通公司法的法律体系对评估权救济设置了实质性的障碍,应当通过扩展所适用的交易类

---

① Mary Siegel, "Back to the Future: Appraisal Rights in the Twenty-first Century", 32 *Harvord Journal on Legislation*, 79, 92 – 93 (1995).

② 美国法律研究院:《公司治理原则:分析与建议》(下卷),娄建波、陈炜恒、朱征夫、李骐译,法律出版社 2006 年版,第 235 页。

③ Mary Siegel, "An Appraisal of the Model Business Corporation Act's Appraisal Rights Provisions", 74 *Law and Contemporary Problems*, 231, 245 (2011).

型和缩小股票市场例外原则来开拓评估权救济的适用领域。① 但是罗伯特·B. 汤普森（Robert B. Thompson）却认为，两部法律的差异或许并不显著，只是它们回应社会和经济变革的方式不同罢了。四十年来《特拉华州普通公司法》并未作出明显的改变，它主要依靠法院将评估救济适用于公司根本性变更的情况。而《美国示范公司法》则是通过成文法修订的方式重塑这些引发评估权救济的新事由的。② 整体上来看，美国各州制定法给予了股东对特定种类的交易提出反对，并通过司法程序对其持股进行评价的权利。评估权救济完全是制定法的产物，因此只有在制定法明文规定时，当事人才可主张此权利。然而，在一些案件中，法院在制定法没有明文规定的情况下创造性地创设出了评估型的救济。③ 总之，二者均对评估权救济范围进行了扩充，只是一个采用了制定法的方式，另一个采用了判例法的方法。

　　法定的评估权救济事由一般是基于公司重大变更的情形。公司重大变更是指公司在法人实体、治理结构、资产结构等方面所发生的实质性变更。如果说公司是一系列合同的联结，那么，公司重大变更就从根本上改变了公司与股东之间，或者股东之间的关系。④ 传统上，法院对于"重大"的判断系于"股东合理期待"原则的运用。纽约州上诉法院最早创造了"合理期待"的检验方法，即判断多数股东的行为是否挫败了合理期待，需要具体考察股东加入公司时的环境下的客观期望。⑤ 为了保护股东的合理预期，某些反对公司重大变更的股东有权请求公司以公平价格回购其所持有的股份，其中包括公司章程修改使其权益受到重大不利影响的情形。也就是说，多数股东通过公司章程修正案不当配置股东权利的行为，倘若切实破坏了股东加入公司时的合理预期，权益受到压迫的少数股东可以选择评估权的方式寻求救济。

---

　　① Angie Woo, "Appraisal Rights in Mergers of Publicly-held Delaware Corporations: Something Old, Something New, Something Borrowed, and Something B. L. U. E.", 68 *Southern California Law Review*, 719, 736 (1995).

　　② Robert B. Thompson, "The Case for Iterative Statutory Reform: Appraisal and the Model Business Corporation Act", 74 *Law and Contemporary Problems*, 253, 277 (2011).

　　③ ［美］罗伯特·W. 汉密尔顿：《美国公司法（第五版）》，齐东祥编译，法律出版社2008年版，第473页。

　　④ 参见苗壮《美国公司法：制度与判例》，法律出版社2007年版，第502页。

　　⑤ Kemp v. Beatley, 473 N. E. 2d at 1179.

《2006年英国公司法》通过不公平损害制度为少数股东受到多数股东压迫提供法定救济。该法第996条（1）规定，如果法院认为本部分之下的诉状有合理理由，其可以颁布其认为合适的法令，并对被诉称事项提供救济。其中的（e）项规定，其他成员或公司自己购买公司任何成员的股份，并且如果是公司自己购买，应据此减少公司资本。值得注意的是，购买股份的命令并不限于公司或者多数股东购买少数股东的股份，法院也有可能命令其他少数股东进行购买。有学者指出，重要的是，制定法并没有对损害的含义作出明确规定，只能从现有的判例中得到一些指导。[①] 而损害并非指向具体的有形损害以及金钱损失，而是泛指可能对少数股东产生的任何不利益的广泛状况。因而，更为重要的是法院应对多数股东的行为是否构成"欺诈"进行判断。在 Allen v. Gold Reefs of West Africa Ltd 案中，法庭禁止多数股东滥用控制权变更公司章程，因此变更必须是出于"为了公司整体利益的善意目的"[②]。由于不公平的检验属于客观的，该问题通常要看授予大股东的权力是否为公司的整体利益而行使。[③] 显然，倘若多数股东不当修改公司章程配置股东权利的行为并非善意或者并非出于公司整体利益的目的，那么法院通常允许适用不公平损害救济中的回购股份的方式对少数股东予以保护。

他山之石可以攻玉，美英两国的制定法与判例规则展现了现代评估权救济制度保护范围广泛和适用灵活的特征。两国法律均允许股东权利受到不当配置的股东主张股权回购救济。本部分下面要探讨的是，中国公司立法对于引发评估权救济的法定事由是否应当予以扩张，从而允许权利受到不当配置的股东获得估价并退出公司以保护自身的合法权益呢？

三　回购救济的立法拓展

有学者认为，中国现行公司取得自己股份的规则设计出于这样的窘境，在以债权人利益为主导的立法模式下，片面压制公司的内在要求，以防弊的心态对公司取得自己股份的行为进行了严格的管制……允许公司用

[①] 樊云慧：《英国少数股东权诉讼救济制度研究》，中国法制出版社2005年版，第147页。

[②] ［英］斯蒂芬·加奇：《商法（第二版）》，屈广清、陈小云译，中国政法大学出版社2004年版，第244页。

[③] ［英］丹尼斯·芬南：《公司法（第十二版）》，朱羿锟等译，法律出版社2006年版，第246页。

资本取得异议股东的股份，是为了平衡大股东和小股东之间的利益冲突，保护小股东的利益，但在保护小股东的同时，有可能引发异议小股东和债权人之间的利益冲突。① 易言之，只有在确保多数股东和少数股东之间以及少数股东与债权人之间利益平衡得以维系的前提下才能够在立法上确立少数股东权利的回购救济措施。

（一）多数股东与少数股东的利益平衡

中国公司法应当成为平衡相关法律主体利益的"调节器"。如果一项公司法律规则没有很好地平衡公司各主体的利益，过于强调或偏重某一主体的利益，则会产生诸多弊端：要么影响公司的效率，要么损及社会公平，要么侵害公司的整体利益，要么严重损害投资者个体的合法权益，最终将影响公司的长远和持续发展。② 而回购救济的引入能够更为有效地保障多数股东与少数股东之间的利益平衡。

第一，回购救济是对多数股东修改公司章程不当配置股东权利行为的有效制衡机制。由于公司章程在公司内部具有宪章的作用，股东对公司的期望都通过章程体现出来，公司章程的修改有可能使公司成立的基础发生动摇，因此公司章程的重大变更可以成为股东请求公司回购股份的基础。③ 此时的回购救济与其说是一种救济，更不如说是对多数股东形成的有效监督和制约机制。一方面，异议股东请求回购股权等同于释放了一种对公司不利预期的信息，这种信息所引发的传递效应将诱导其他股东和信息不对称的潜在投资者作出不利公司的决策。另一方面，异议股东的退出意味着公司资产的减损、资本的减少，倘若不当配置股东权利后持异议的少数股东纷纷主张回购股权的话，公司的运营资金和信用以及实力将受到严重的削弱。因此，这两方面的功能共同构成了对多数股东滥权行为的有效制约。

第二，回购救济为权利受到不当配置的股东提供了退出公司的渠道。公司的特征之一便是永续经营，如果不发生经营上的失败或者难以预期的不可预知因素，公司在理论上是可以永久享有其独立运营的法律人格的。

---

① 李晓春：《在自由与管制间寻求利益平衡——公司取得自己股份制度研究》，法律出版社2010年版，第6页。
② 郝磊：《试论利益平衡理念与我国公司立法》，《甘肃政法学院学报》2003年第4期。
③ 王林清、顾东伟：《新公司法实施以来热点问题适用研究》，人民法院出版社2009年版，第249页。

多数股东与少数股东共存于公司之中，彼此只有维持长久、融洽的合作关系方能形成组织上的活力。而不当配置股东权利是一种破坏和睦、共生关系的行为，同时往往是压迫少数股东的片段或者开始。如果法律仅仅为权利受到限置的股东提供一时性的救济，而无法保障其一劳永逸地退出公司，公司制度便不再成为利润创造和汲取的有效工具，而是少数股东无法挣脱的牢笼，会对其财产利益造成更为不利的长期影响。回购救济能够为持异议的少数股东提供退出公司的便利渠道，从而为其逃离公司枷锁的桎梏给予保障。

第三，回购救济对公司正常的经营秩序的影响相对较小。退股权对公司股权结构与治理格局的冲击和影响比解散公司诉权要缓和一些。这是由于，股东退股后公司资产虽然减少，但公司法律人格依然存在。[①] 从另一个角度来看，确认股东的退股权对公司的多数股东也有好处。因为法律为持不同投资意见的小股东预留退出通道之后，少数股东可以轻而易举地通过行使股权买取请求退出公司，而不用借助费时费力的解散公司之诉或者股东代表诉讼维护自身权益。一方面，多数股东享有控制权；另一方面，中小股东享有退出权，二者各得其所。[②] 因而，少数股东的回购救济是一种即能保持公司内部的稳定，又能减少对公司正常运营冲击的较为有效的制度选择。

（二）公司资本维持与少数股东救济的平衡

资本维持原则又称资本充实原则或资本拘束原则，是指公司在其存续过程中，应当经常保持与其资本额相当的财产。该项原则旨在保护债权人的利益。传统学说认为，公司资本为股份有限公司活动与信用的基础，故公司自设立中、设立后，以至解散前，皆应力求保有相当于资本的现实财产，始能保护交易大众、投资股东，并维持公司信用而保公司于不坠。[③] 公司取得自己股权的回购救济相当于向股东分配收益或返还出资，从而威胁到债权人利益。因此，只有在妥善处理好资本维持原则与少数股东救济之间的平衡问题后，才能够在立法上正式确立少数股东权利的回购救济措施。笔者认为，这种利益平衡的目标存在于法律技术

---

① 参见刘俊海《新公司法的制度创新：立法争点与解释难点》，法律出版社 2006 年版，第 219 页。

② 同上书，第 216 页。

③ 王泰铨：《欧洲公司企业组织法》，五南图书出版公司 1998 年版，第 96 页。

上实现的可能，债权人的利益即使在引入持异议少数股东的回购救济后仍然能够获得保障。

一方面，保障债权人利益的法律规制方法已从事前转向事后。诚如学者所言，虽然资本维持原则在防止资本侵蚀，保障债权人利益发挥过重大作用，但随着知识经济时代的到来和融资技术的更新，资本的担保功能锐减，其在债权人保障机制体系中的核心保障功能地位已发生动摇。① 取而代之的是注重事后角度规制债权人保障问题的综合防控体系。各国公司法对公司债权人的保护已从抽象的资本维持转向对公司及股东不当利益输送行为的规制，开始注重信息披露和发挥债权人的积极参与性，以求对债权人以更为真实的保障。② 就比较法的角度而言，美国公司法历经变革，重新配置了对债权人利益保障的制度。在制度配置上，采纳了从核心公司法到公司法外规则的整体配套改革，即公司资本制的目的并非旨在担当保护债权人的全部功能，在核心公司法中强化信息披露机制、揭穿公司面纱规则、衡平居次规则以及董事的信义义务；在配套法律中完善各州的蓝天法案以及公认财务会计准则，如此便构成了美国现代的债权人利益防范与保障机制。③ 总而言之，法律对债权人利益保障的规制阶段发生转向后，业已不再绝对的坚持排斥救济少数股东权益的股权回购救济。

另一方面，平衡债权人与少数股东利益的法律技术日臻成熟。这里存在着一个法律优先保护哪一方的法律政策选择问题。异议少数股东的预期利益需要法律的保护。一个特定的公司总是有自己的一系列特征，如果一个人在某个公司购买了股份，他就有权期望自己作为这个公司的投资者的身份得以延续，无论谁都不能强迫他变成一个完全不同的企业的投资者。④ 债权人的利益同样需要保障。如任意许可公司买回自己股票，支付取得自己股票的对价，可能会侵蚀企业的基本财产，影响所及，包括公司债权人的权益，危及企业交易的秩序。⑤ 学者指出，对异议少数股东和公司债权人利益的平衡涉及异议股东行使股份买回请求权的情形和公司所用的资金。倘若适用情形或资金限制过于宽泛，很显然会损害债权人的利

---

① 参见冯果《论公司资本三原则理论的时代局限》，《中国法学》2001 年第 3 期。
② 参见傅穹《重思公司资本制原理》，法律出版社 2004 年版，第 3—4 页。
③ 冯果：《论公司资本三原则理论的时代局限》，《中国法学》2001 年第 3 期。
④ R. C. Clark, *Corporate Law*, Boston: Little, Brown & Co. Press, 1986, p.355.
⑤ 施大涛、仇汹：《公司取得自己股份法律问题研究》，《政法论坛》2002 年第 4 期。

益，但适用情形过窄或资金管制过严，则不利于少数股东公平的退出。①就适用情形而言，公司章程修正案配置股东权利会对股东加入公司时的预期带来根本影响，因此构成对公司章程的重大修改，应当被列为引起股权回购救济的适用情形。就资金管制而言，美国早期有很多州的立法允许公司用资本取得异议股东股份，但目前大多数州已经取消了这一规定。可见，美国现代立法者在异议小股东和债权人利益产生冲突时，已经转向于保护债权人利益为重。② 在回购资金的限制上，应当以公司偿债能力测试为标准，要求公司在取得异议股东股权后，仍旧能够在一定期限内清偿公司的到期债务，如此便满足了回购少数股东权利的财源条件。

在现实中，不当限制某项权利就等同于剥夺该权利，这种限制或剥夺肯定会在股份的价格中反映出来。更重要的是，如果在这种情况下不赋予现在的股东评定补偿权，实质上就剥夺了所有现在的和将来的股东寻求救济的权利。③ 因此，在可供法院选择的诸种救济措施之中，回购救济的功用应当得到重点的强调。这不仅仅是因为它是一种对各方面利益的调节更为均衡，对公司经营的状况影响最为轻微的救济措施，还因为它是一种延续公司自治精神，有效减少法院讼累的法律工具。中国公司立法应当放宽适用股权回购救济的法定情形，允许构成公司章程重大修改的不当配置股东权利情形作为适用回购救济的法定事由之一。同时，法院在审理具体案件时还应当依据客观情况，宜将回购救济作为最为主要的救济措施。

第三节　股东的损害赔偿救济

公司中的多数股东表决并通过不当配置股东权利的公司章程修正案后，权益受到压迫的少数股东在没有诉请异议股东股权回购救济的情况下，仍旧可以选择损害赔偿的方式获得相应的保护。在 Baker v. Commercial Body Builders, Inc. 一案中，美国俄勒冈州高等法院列明了股东压迫案件中可供法院选择的救济类型与方式，其中包括对少数股东施予的损害

---

① 李晓春：《在自由与管制间寻求利益平衡——公司取得自己股份制度研究》，法律出版社2010年版，第192页。

② 同上书，第193页。

③ 美国法律研究院：《公司治理原则：分析与建议》（下卷），娄建波、陈炜恒、朱征夫、李骐译，法律出版社2006年版，第913页。

赔偿，以此作为对压迫行为所带来的损害后果的填补。美国其他州的法院也赞同并援引这些列举出的救济措施。① 托马斯·P. 比林斯（Thomas P. Billings）指出，通常在商事纠纷中，首要关注的就是金钱，损害赔偿可能是法院为受害人提供的最为灵活和适宜的救济方式了。② 而按照2001年修订的《美国示范公司法》明确的规定，股东之间的协议被准予修改或者取消多数类型的股东权利救济措施，但是并不包括评估权、损害赔偿以及解散这三种方式。③ 托马斯·P. 比林斯还指出，商业争端通常都是由金钱所导致的。因违反法律义务所导致的损害和获得赔偿应被认为是替代的或者附属的衡平救济方法，损害赔偿在难以估算方面的不确定性不应当构成其作为股东救济方式的障碍。④ 总体来说，损害赔偿是一种最为普通的救济方式，往往是少数股东在权利受到公司章程修正案的不当配置后仍旧不愿退出公司时所作出的无奈选择。

一 股东损害赔偿救济的地位

中国法院在审理股东权利配置冲突案件时并未适用与损害赔偿相关的法律条款。这与中国《公司法》中的损害赔偿规范相对粗疏，以及学界和法院对公司法领域中股东压迫的损害赔偿救济法律地位的传统认识有关。

（一）损害赔偿的法律规定情况

中国《公司法》对股东所受损失的赔偿请求权规定于第20条之中。第20条第一款前半段规定，公司股东应当遵守法律、行政法规和公司章程，依法行使股东权利，不得滥用股东权利损害公司或者其他股东的利益。该条第二款规定，公司股东滥用股东权利给公司或者其他股东造成损失的，应当依法承担赔偿责任。依据第20条的规定，多数股东不当配置股东权利的行为倘若给其他股东的利益造成损失的话，同样应当承担赔偿责任。

但是就损害赔偿的规范构成而言，中国《公司法》第20条的规定尚且

---

① Baker v. Commercial Body Builders, Inc., 507 P. 2d 387, 395 - 96 (Or. 1973).
② Thomas P. Billings, "Remedies for the Aggreved Shareholder in a Close Corporation", 81 *Massachusetts Law Review*, 3, 35 (1996).
③ Robert C. Art, "Shareholder Rights and Remedies in Close Corporations: Oppression, Fiduciary Duties, and Reasonable Expectations", 28 *Journal of Corporation Law*, 371, 401 (2003).
④ Thomas P. Billings, "Remedies for the Aggreved Shareholder in a Close Corporation", 81 *Massachusetts Law Review*, 3, 6 (1996).

存在不足之处。一方面,责任构成的具体要件没有细化。单从法律条文的表述看,第20条只是将责任的构成诉诸禁止权利滥用的法理,尚未交代所应包含的违法性的判断、过错和因果关系的评判标准等具体内容。另一方面,法律没有明确界定损害赔偿的具体范围。损害赔偿范围是贯彻全面赔偿原则,还是限额赔偿原则等问题均未明确规定。此外,中国《公司法》的相关规定中并不存在协调损害赔偿与其他救济措施之间适用关系的条款。

(二) 损害赔偿救济的法律地位

学者通说认为,中国现行私法采民商合一体例,民法为普通法,商事单行法为特别法。[①] 商法规范应当优先适用,但在商法未作规定或者相关规定存在漏洞的情况下可以适用相关的民事法律规范。损害赔偿在中国《侵权责任法》和《公司法》中均作出了规定。但正如上文所述,《公司法》只是粗略地规定滥用股东权利将引发损害赔偿救济的法律效果,同时这也是股东所致损害赔偿的一般条款,具有很大的弹性和解释空间。相反,中国《侵权责任法》则对损害赔偿的构成要件和法律效果作出了详尽的具体规定。依照特别法优先于普通法,普通法补充特别法的法理,多数股东滥权导致的公司章程不当配置股东权利的行为应主要根据《侵权责任法》的相关内容予以适用。

侵权法的制度功能在于维系个人自由和受害人救济之间的微妙平衡。然而现代侵权法的发展则更加趋向于对受害人的救济和损害合理分担方面的倾斜。[②] 与作为民法分支的侵权法相比较,作为商事法律的公司法则更为倾向于张扬自治和自由的理念,强调归责的客观性、限制责任范围,以及鼓励风险事业。因此,本书认为对于多数股东不当配置行为所导致的损害赔偿固然可以适用《侵权责任法》的相关规定,但是中国公司立法还应当基于商事法律特性的角度修正和补充某些特殊性的规则。第一,就责任构成而言,应当采纳较为严格的责任构成规则,提高对于过错的判断标准,明确行为违法性以及其例外排除事由。第二,就损害赔偿的范围而言,应当予以适当限制,以期减少投资决断和商业运营的风险和冲击。同时应对恶意诉讼所引致的成本和费用等纯粹经济损失克以适当的再分配规则。第三,理顺损害赔偿救济和其他救济方式之间的关系。例如,1984

---

① 参见王利明《民法总则研究》,中国人民大学出版社2003年版,第40页。
② 程啸:《侵权行为法总论》,中国人民大学出版社2008年版,第13—15页。

年《美国示范公司法》§13.02（b）沿袭了纽约州的做法，规定"除非公司的行动对股东或者是公司来说是不合法的或者是欺诈性的"，否则评估权是排他适用的。也就是说，在存在欺诈的情形下，股东可以选择评估权以外的救济方式，除宣布决议无效之外，通常就是损害赔偿。① 对此中国应当予以借鉴，允许权利受到压迫的少数股东在多种救济方式之间作出有利自身情况的选择。

二 股东损害赔偿救济的构成

受到压迫的少数股东的损害赔偿救济应当满足特定的法律构成要件，包括责任构成中的违法性判断、过错标准、因果关系的选择以及损害的确定四个方面。只有在满足上述构成要件的情形下，受到压迫的少数股东方可主张损害赔偿救济。

（一） 多数股东的行为具有违法性

1. 违法性的判断

损害赔偿责任的成立要求多数股东的行为在公司章程修改过程中必须具有违法性。所谓违法性，是指法秩序对特定行为所作的无价值判断。"违法性"应当是归责的最重要依据。因为借助于过错和因果关系，损害后果被归责于行为人，但此种"结果归责"尚难以证明责任的正当性；所以，人们还必须增加一个责任的基础——违法性。② 可见，违法性是归责正当性的基础之一。对于违法性的判断存在结果违法和行为违法两种学说。倘若依从结果违法说，任何多数股东支持的配置股东权利的决议都将因为股东权利本身受有约束而具有违法性，如此无异于禁止了所有的公司章程修改活动。因此，应当依照行为违法说，对其违法性的判断应当考察是否存在违反法律义务的情况。依据美国的相关规定，公平交易义务在一些情形下要求董事、高级主管或者多数股东不得利用自己的地位不当的获取作为股东的利益，而和他们处在类似地位的其他股东却得不到相同的利益。③ 而所谓的不公平，是指明显地背离了公平交易的标准，违反了每一

---

① [美] 罗伯特·W 汉密尔顿：《美国公司法》，齐东祥编译，法律出版社 2008 年版，第 474 页。
② 周友军：《德国民法上的违法性理论研究》，《现代法学》2007 年第 1 期。
③ 美国法律研究院：《公司治理原则：分析与建议》（上卷），娄建波、陈炜恒、朱征夫、李骐译，法律出版社 2006 年版，第 235 页。

个把资金投入到公司的股东有权依赖的公平博弈的条件。① 依据行为违法的判断标准,违反法律义务将被推定为违法性的存在,多数股东若想推翻这一推定,还需证明其行为符合违法性例外排除的免责事由。②

2. 违法性的例外排除

美国法律研究院颁布的《公司治理原则:分析与建议》§5.11 (a) 规定,多数股东不得为牟取金钱利益而使用……其在公司的控制地位……除非:(1) 为这种使用和交易已经支付了达到§5.10 (多数股东与公司之间的交易) 标准的对价。(2) 任何为该多数股东所得的利益,要么已经按比例提供给其他处于相似情形的股东,要么完全是得自于该多数股东在公司的可执行地位;而且这种控制性地位对于其他股东并无不公,且这种使用并不违法。上述规定将多数股东行为违法性例外排除的免责事由归结为三项判别标准,分别是对价标准、比例标准以及适当性标准。只要满足三项标准中的一项,行为违法性即获得排除。

第一,对价标准。在满足§5.11 (a) 的标准并支付对价的情况下多数股东利用公司地位是法律所允许的,但是多数股东必须证明所获得的利益并非不当,且其为获得该项利益支付了公平的对价。法律允许多数股东支付公平的对价就意味着,多数股东与少数股东之间事先已就配置股东权利问题达成了妥当的安排。这种安排使得其他股东获得了某种形式的补偿,因此多数股东行为的违法性得以排除。

第二,比例标准。§5.11 (a) 适用于多数股东以股东身份获得了与其他具有相似情形下之所得不成比例的利益,如不成比例的股息或者以其他形式支付给该多数股东的经济利益。③ 这就意味着利用公司控制性地位所得的利益已经按比例提供给其他处于相似情形的股东。只要这种控制利益未被独占,而是在股东之间成比例地获得分享,那么多数股东行为的违法性亦被排除。

---

① John Lowry, "The Pursuit of Effective Minority Shareholder Protection: s 459 of the Companies Act 1985", 17 *The Company Lawyer*, 3, 29 (1996).

② 需要说明的是,在侵权责任的构成要件上,美国法是将违法性因素并入过错要件的,其归责基础只有过错,通常违反法定义务即推定具有过错。中国侵权法学者的通说是主张区分违法性和过错要件的。因此从移植的角度而言,借用美国法上的公平交易义务作为违法性的判断标准,而非作为过错的判断准则只是一种模式的转换,并非本书对理论的误用。

③ 美国法律研究院:《公司治理原则:分析与建议》(上卷),娄建波、陈炜恒、朱征夫、李骐译,法律出版社 2006 年版,第 391 页。

第三，适当性标准。只要不触犯其他股东的权利，§5.11（a）并不禁止多数股股东行使其作为股东权利以保护其利益。如果所得利益完全是得自于该多数股东在公司的控制性地位，而且使用这种控制性地位对其他股东并无不公且不违法。此项例外允许多数股东独享某种利益而不与其他股东分享，而且并不为此支付对价。① 适当性标准表明法律并不试图禁止多数股东的所有控制性行为，在不损及其他股东利益的适度范围内，控制性的行为并不具有违法性，是为法律所允许的。

（二）多数股东具有过错

过错包括故意与过失两种形态。故意，是行为人预见自己行为的结果，仍然希望它发生或者听任它发生的主观心理状态。《美国侵权法重述（第二版）》将故意界定为，行为人期望其行为导致某种结果，或者行为人相信其期望的结果相当确定地将要发生。通常在美国侵权法中，违反制定法规范可作为行为人存在过失的自动证明，即"行为本身即过失"规则。制定法规定的义务（法定义务）被视为普通法上注意义务的具体化，围绕制定法之违反的问题通常是行为人是否违反行为标准，亦即其是否有过失。② 多数股东违反禁止滥用控制性地位的法定义务就被推定为具有过失，除非其能够证明自己的行为并未违反注意义务。

传统理论是通过对违反注意义务的三种评价标准来区分过失程度的，其中重大过失和抽象轻过失采取的是客观标准，具体轻过失则采取了主观标准，依据行为人自己的认识能力进行判断。③ 重大过失是指欠缺一般人的注意；具体轻过失是指欠缺与处理自己事务同样的注意；抽象轻过失是指欠缺善良管理人的注意。

对于多数股东过失的判断应采善良管理人标准，即客观过失标准。客观过失也称为过失的客观化，确切地说，就是认定过失标准的客观化，即认定是否具有过失时不再探究特定行为人主观心理状态，也不因行为人的年龄、性别、健康、知识水平等主观因素的不同而有差异，而是统一采纳某种基于社会生活共同需要而提出的客观标准即"合理的人"或"善良

---

① 美国法律研究院：《公司治理原则：分析与建议》（上卷），娄建波、陈炜恒、朱征夫、李骐译，法律出版社 2006 年版，第 393 页。
② Dan B. Dobbs, *The Law of Torts*, West Group, St. Paul, Minn., 2000, 1319.
③ 陈本寒、艾围利：《怎样确定民法上的过错程度及其区分标准》，《中国社会科学院研究生院学报》2011 年第 3 期。

管理人"的标准,将合理的人放在与行为人相同的情形之下,看看这个合理的人对于损害的发生是否可以预见、是否可以避免。如果合理的人都无法预见也无法避免,那么行为人就不具有过失,否则具有过失。① 善良管理人标准并不要求行为人的行为完美无缺,也不要求其具有超常的能力以及专家技能,而只要求其具有所属社会阶层或所从事职业的一般能力和胜任程度。② 采取善良管理人标准要求多数股东对损害的预期是一个与被告地位相同的正常谨慎的人在类似的情形能够预见得到的。

（三）行为与损害之间存在因果关系

因果关系既是联结多数股东控制性行为与少数股东损害之间的桥梁,又是贯彻法律赔偿范围政策的管道。林诚二指出,因果关系分为事实关系与相当关系,前者为决定是否构成侵权行为责任之关系,而后者则为决定应负损害之赔偿范围之关系,必在相当可期待损失之范围内。③ 因果关系被区分为事实上因果关系和法律上因果关系的方法源于英美法系的侵权责任法,同时这也是判断因果关系的先后两个步骤。

事实上的因果关系要说明的是实际上发生了什么。因此确定事实上的因果关系的重点在于,被告的行为在事实上是否促成了原告所受损害的发生。也就是说,在事实上的因果关系的调查中,最根本的问题就是要解决被告的行为是否是造成损害的一个"重要因素"。④ 对于事实上因果关系的判断通常依据的是"要不是……否则"（but for）标准,即若没有该行为,否则损害就不会发生。⑤ 因此,法院必须回答这样的问题:认定多数股东的行为与其他股东的损害之间是否太过牵强。根据这一检验标准,多数股东的行为必须构成"造成损害的实质性因素",才能认定行为与损害之间存在事实上的因果关系。

法律上的因果关系又可称为近因或者直接原因规则。如果说事实原因主要反映出的是一种自然的因果关系。那么与此截然不同的是,法律原因

---

① 参见程啸、张发靖《现代侵权行为法中过错责任原则的发展》,《当代法学》2006 年第 1 期。

② 参见丁玫《罗马法契约责任》,中国政法大学出版社 1998 年版,第 161 页。

③ 参见林诚二《民法债编总论——体系化解说》,中国人民大学出版社 2003 年版,第 150 页。

④ [美] 文森特·R. 约翰逊:《美国侵权法》,赵秀文等译,中国人民大学出版社 2004 年版,第 110 页。

⑤ Francis v. United Jersey Bank, 87N. J. 15, 432A. 2d, 829.

主要反映的是一种法律上的或者更确切地说是政策上的因果关系，它所起到的作用是限制赔偿范围，防止其借助自然因果关系的延续而无止境地扩大。① 可以说，法律上的因果关系是一种政策性的考量，它主要决定侵权责任应该涵盖哪些由侵权行为实际造成的损失。法律上的因果关系规则的设立是基于这样一个前提，即任何人都不应当理所当然的对其行为所造成的所有后果承担责任，特别是在某些后果是不可预见的情况下。② 因此，法律上因果关系主要是从公共政策、价值理念或者公平正义的角度审视行为与损害之间的可归责性。法律原因强调的是结果在事前是否具有可预见性。依据《公司治理原则：分析与建议》§7.18（b）的规定，对多数股东滥用其控制地位行为的公平标准的违反被认为是导致公司或股东损失的法律上的原因。依据可预见性标准，多数股东必须能够遇见到自身行为的性质以及发生损害的可能性，但其无须确切遇见损害的具体范围，只需预见损害的大致类型即可。

（四）配置股东权利导致实际损害

股东权利受到公司章程修正案的不当配置并不必然导致损害后果的发生。对基于超出多数股东所得利益的损害的赔偿，只得给予因为不当行为而遭受实际损害的人。如果一名股东因为多数股东的不当行为而受到损害，该股东可以直接提起诉讼要求赔偿。③ 只有在股东权利的财产价值发生实际减损的情况下，损害才最终构成。依据英国的不公平损害救济制度，申请人并不需要证明对公司拥有实际控制权的人在行为时明知这对申请人并不公平或者他们是恶意行事；检验的标准应是一个观察他们行为后果的理性旁观者是否会认为这对申请人的利益造成了不公平损害。④ 不公平损害救济制度所采的是一个宽泛的"损害"概念，实际上是立法机关为了形容和涵盖所有类型股东权利受损的形态所创制的术语，与侵权责任构成中的损害并非同一概念。

---

① 李响：《美国侵权法原理及案例研究》，中国政法大学出版社2004年版，第323页。

② ［美］文森特·R.约翰逊：《美国侵权法》，赵秀文等译，中国人民大学出版社2004年版，第122页。

③ 美国法律研究院：《公司治理原则：分析与建议》（上卷），娄建波、陈炜恒、朱征夫、李骐译，法律出版社2006年版，第395页。

④ ［英］A.J.博耶尔：《少数派股东救济措施》，段威、李扬、叶林译，北京大学出版社2006年版，第85页。

三　股东损害赔偿的范围限定

权利受到不当配置的股东可以主张的损害赔偿范围有别于一般民事赔偿，美国法上采纳限制赔偿的原则，在对股东权利允以救济的同时，也试图抑制多数股东遭受过度索赔的投资风险。

（一）赔偿可得利益的法理

各国民法中的损害赔偿规则通常采取全面赔偿原则，中国《公司法》并未规定股东权利损害赔偿范围的计算问题，应理解为适用全面赔偿原则。美国《公司治理原则：分析与建议》§7.18（a）也规定，除非另有规定，被告必须赔偿股东所受到的损失。但是在例外情形下，法律基于特定情况的考虑会对特定领域的损害赔偿范围施加限制。该法§5.11（c）是关于股东救济的特别规定，即除非多数股东的行为造成的任何可以预见的损害要超出所得利益的价值，该多数股东在本节下所付之责任只以其所得的任何不当利益为限。可见，该条对损害赔偿范围是由"所得利益"和"实际损害"来限定的，而且原则上应以所得利益为限。那么，以可得利益作为限定损害赔偿范围的法理基础是什么，中国是否应予以借鉴呢？

实际上，中国民事法律中借助"可得利益"来确定赔偿范围的法律规范有两类。一类是作为损害赔偿实际数额难以确定情况下的替代计算方法而存在的。例如，中国《侵权责任法》第20条规定对侵害人身权益所致财产损失的赔偿规定为，被侵权人的损失难以确定时，侵权人因此获得利益的，按照其获得的利益赔偿。中国《反不正当竞争法》第20条规定，经营者违反本法规定，给被侵害的经营者造成损害的，应当承担损害赔偿责任，被侵害的经营者的损失难以计算的，赔偿额为侵权人在侵权期间因侵权所获得的利润。中国《商标法》第56条规定了商标侵权人的赔偿额为侵权人在侵权期间因侵权所获得的利益或者被侵权人在被侵权期间因被侵权所受到的损失。

另一类则是由于承担责任的法理基础不同，而发生的请求权"竞合"。例如，《公司法》第149条第二款规定，董事、高管违反忠实义务所得的收入应当归公司所有。同时，第150条规定，董事、监事、高级管理人员执行公司职务时违反法律、行政法规或者公司章程的规定，给公司造成损失的，应当承担赔偿责任。《证券法》第47条规定，上市公司董事、监事、高级管理人员、持有上市公司股份百分之五以上的股东,将其持有的该公司的股票在买入后六个月内卖出,或者在卖出后六个月内又买入,由此所得收益归该公司所有,公司董事会应当收回其所得收益。

权利受到不当配置的股东可以主张的损害赔偿请求权属于第二类情形,即承担责任的法理基础不同,多数股东承担违信责任的赔偿与承担侵权责任的损害赔偿之间发生了请求权的"竞合"。中国学界一般将《公司法》第149条和《证券法》第47条的规定称为归入权。归入权是公司立法赋予公司的特别救济,指公司依照公司立法的规定所享有的对公司负责人违反法定义务之特定行为而获得的利益收归公司所有的权利。① 可得利益的归入权具有独立的请求权基础作为支撑,并不等同于侵权损害赔偿和不当得利的返还。

朱岩认为,发生加害人得利范围不同于受害人受损范围并且往往使前者大于后者时,此种获利可称之为"利润"。此种"利润"请求权与侵权损害赔偿请求权以及不当得利返还请求权之间存在区别,具有独立性。该新型请求权融合了侵权损害赔偿责任的归责要件(违反注意义务所导致的过错与违法性)和不当得利请求权的法律后果(返还不当"得利"),处于侵权法与不当得利法的中间过渡地带。② 一方面,可得利益的归入不同于侵权损害赔偿。在"利润剥夺"的情况下,计算的基准完全是加害人所得利润的范围,并不考虑受害人是否真正遭受此种损害,因此此种"利润剥夺"可以称之为"全部获益返还"。③ 另一方面,可得利益的归入也不同于不当得利的返还。由于"返还"概念一词表明一方当事人向另外一方当事人归还原本属于后者的归属利益,即恢复其应享有的利益状态;而在"利润剥夺"情况下,责任人所履行的内容并非权利人基于所有权或者其他法益所本应享有的利益,而是基于加害人的各种不法行为所滋生的额外利润,属于"意外之财"。④ 归入权的法理基础是公司法中利益冲突规则在救济层面的延伸,属于信义义务具体化和制度化的后果。规定可得利益收归公司所有的根本原因就在于,多数股东利用了自己在公司

---

① 雷兴虎:《论公司的介入权》,《法学研究》1998年第4期。
② 朱岩:《"利润剥夺"的请求权基础——兼评〈中华人民共和国侵权责任法〉第20条》,《法商研究》2011年第3期。
③ 同上。
④ 同上。

中的职权，为自己谋取私利，这就与公司的利益发生了背离，公司不管是否受有损失，都应该基于受益人的地位享有这部分利益，因为上述人员应为公司的利益掌管公司的财产，一旦有收益全部推定为公司的受益部分。

可得利益的归入具有浓厚的预防属性和功能，从而在实际效果上可以作为遏制法律经济分析意义上收益大于成本的积极侵权行为的激励机制。而从法律适用的效果来看，可得利益的返还对股东的救济还具有如下优点，即可得利益返还范围的计算建立在侵害人事实上所获得的利益基础上，而不取决于受害人通常难以证明的损失范围或所丧失的利益，从而易于适用和计算。现阶段，中国《公司法》和《证券法》只规定了对于董事、高管基于违信责任请求权基础的可得利益返还。由于权利受到不当配置的股东可得利益归入权和董事、高管承担责任的法理基础相同，且存在法律适用上的便利和好处，中国公司立法应当直接引入作为确定损害赔偿范围的限定手段。

（二）诉讼成本和费用的赔偿

受压迫股东的诉讼成本和费用属于民法上所谓的纯粹经济损失。纯粹经济损失是指非作为权利或受到保护的利益侵害结果而存在的损失，才在权利侵害和纯粹经济损失之间建立了直接联系。[①] 张新宝和李倩认为，纯粹经济损失具有如下特点：第一，纯粹经济损失是不因受害人（主张损害赔偿的人）的身体或财产损害而产生的损失，是一种间接性损害；第二，纯粹经济损失是指由他人的一定行为引起，但并未对受害人造成人身、财产上的损失，而是直接导致了受害人纯粹金钱上的不利益，不涉及精神上的损害。[②] 从损害的角度而言，诉讼成本和费用并非多数股东所导致的直接损害后果；从因果关系的角度而言，多数股东的不当配置股东权利的行为与诉讼费用的支出之间相距较远。因此，学界上一般认为纯粹经济损失以不赔偿为原则，以赔偿为例外。

美国《公司法治理原则：分析与建议》§7.18（d）规定，在计算违反多数股东的行为准则所导致的损害时，应该将公司或股东的权益恢复到违法行为之前的状态，即包含诉讼中相关的成本和费用，除非法院认为特定项的成本或费用不应计算在内。§7.18（d）并未要求被告承担所有的

[①] ［德］克雷斯蒂安·冯·巴尔：《欧洲比较侵权行为法》（上），张新宝译，法律出版社2001年版，第34页。

[②] 参见张新宝、李倩《纯粹经济损失赔偿规则：理论、实践及立法选择》，《法学论坛》2009年第1期。

费用，而是要求被告在合理的范围内承担费用。换言之，法院只能根据案件的具体情况裁决被告承担费用中的一定份额。① 也就是说，其采取的是允许赔偿，但由法院酌情限定的规则。为妥恰平衡股东之间的利益分歧，防弊多数股东可能采取恶意诉讼消耗、延缓等策略压迫少数股东现象的出现，中国立法也应考虑引入准许诉讼费用适当赔偿的法律机制。

第四节　股东的解散公司救济

1993 年《公司法》中并未规定司法强制解散公司制度。此后，2005 年中国修订《公司法》时于第 183 条规定了该项规则，但依照严格的文意解释，少数股东似乎并不能基于股东权利配置后受到压迫的理由向法院提起解散公司之诉。司法解散公司一般伴随着较为剧烈的社会和经济后果，将导致职工的下岗、政府税收的减少、社会福利支付的负担，容易引发社会和经济领域的不安和波动。通过比较域外的法律成文规则及适用状况可以看出，公司解散救济虽然会带来负面的社会效应，但也可能是股东欲摆脱权利受到持续性压迫的唯一解救出路。因此，公司解散救济往往是受压迫的少数股东在公司自治彻底失败，用尽公司其他救济的情境下所不得已采取的最终救济措施，中国立法应当予以确立。

一　法定解散事由限定严格

同股权回购救济一样，2005 年《公司法》对司法解散公司的法定事由同样采取了严格限制的立场。中国公司法规定的法定事由只包括出现公司僵局的情形。此后，最高人民法院在司法解释中虽对法定解散事由作出了更为细化的规定，但是仍未脱离上述范围。

（一）公司立法的文本解读

《公司法》第 183 条规定，公司经营管理发生严重困难，继续存续会使股东利益受到重大损失，通过其他途径不能解决的，持有公司全部股东表决权百分之十以上的股东，可以请求人民法院解散公司。该条规定的解散事由十分抽象，按照文义解释，股东不可在其权利受到不当配置的情况

---

① 美国法律研究院：《公司治理原则：分析与建议》（上卷），娄建波、陈炜恒、朱征夫、李骐泽，法律出版社 2006 年版，第 807 页。

下请求法院解散公司。而中国学者一般认为，公司压迫不同于公司僵局，此时公司仍能照常运转，并没有形成公司僵局。① 此后《最高人民法院关于适用〈中华人民共和国公司法〉若干问题的规定（二）》（以下简称《〈公司法〉司法解释（二）》）第一条进一步细化了导致公司经营管理发生严重困难的三类具体情形。这些情形并未明确规定修改公司章程限制股东权利作为解散的事由。同时，该条第二款规定，股东以知情权、利润分配请求权等权益受到损害……提起解散公司诉讼的，人民法院不予受理。依照法官的解读，《〈公司法〉司法解释（二）》对《公司法》第183条"公司僵局"的具体判断标准进行了细化，列举三种情形。虽然在第1条四款中比照《公司法》第183条规定了兜底条款，但司法解释的起草者认为这四种情形主要体现的是"股东僵局"和"董事僵局"所导致的公司"处于事实上的瘫痪状态，体现为公司自治的公司治理结构完全失灵，不能正常进行经营活动"，而且法院要从严适用，公司解散是"当事人通过其他途径不能解决"的"法院不能轻易给予"的救济。② 这表明了最高人民法院严格控制公司解散法定事由的倾向。倘若依照第二款的规定类推适用，恐将得出公司章程修正案配置股东权利的情形不得适用司法解散公司的判断。

对于《公司法》及其司法解释专采严格限定解散事由的立场，中国学者多持否定的观点。耿利航教授认为，《〈公司法〉司法解释（二）》将有限公司司法解散制度局限于"公司僵局"的特殊情形，看似法律有了确定性，但这是以拒绝对小股东权利进行救济为代价的。较传统为中国司法实践所重视的大股东关联交易、侵占公司财产案件，小股东被剥夺出资利益却"无路可走"所遭受的损害更大，这样的"确定"司法没有意义。③ 中国的公司解散制度因法定事由的过于狭窄而备受质疑，解散公司制度旨在实现公平、防止权利滥用、保护中小股东利益的初衷也较难落实。④《公司法》对股东滥权情形下的司法解散没有规定，这是一大缺漏。

---

① 孙谦：《首例公司僵局诉讼的实例分析》，《中国审判》2007年第2期。
② 参见《规范审理公司解散和清算案件——最高人民法院民二庭负责人答记者问》，http://www.xmcourt.gov.cn/pages/ContentView.aspx? CmsList = 106&CmsID = 51，2012年3月15日。
③ 参见耿利航《有限责任公司股东困境和司法解散制度——美国法的经验和对中国的启示》，《政法论坛》2010年第5期。
④ 汤兵生：《公司解散诉讼的现实困境与司法对策》，《东方法学》2011年第4期。

无论是从立法的预防还是救济功能来说，股东滥权型司法解散制度的设立应当是适当的。① 总之，从法律文本的表述及学者阐明的观点上可以看出，中国公司立法将司法解散的事由局限于公司僵局的情形，将除此之外的股东权利受到不当配置等事由排除在解散救济的调整范围之外。

（二）严格限定解散事由的原因

为何中国立法会选择严格限定公司解散事由的立场呢？笔者认为，立法机关主要是基于以下三个方面的考虑。

第一，秉持司法审慎介入公司自治的理念。基于公司自治的理念，公司解散属于公司内部事务，应当由公司内部自行解决。此外，有限责任公司具有较强的人合性，其内部人际关系较为特殊、复杂，公司股东之间的人际关系矛盾往往造成公司纠纷，因而不宜由法院解决。② 2005年《公司法》的颁布，使得公司自治的理念深入人心，中国法院在裁处公司纠纷案件时愈加强调司法权力的审慎介入，尽量减少对商业秩序的冲击和干扰，少用甚至不用解散公司这种极端的救济方式。

第二，严守企业维持的法律原则。一个代表性的观点是，担心公司解散破坏了公司的正常经营所带来的负面影响。③ 在企业维持状态下，公司的资产价值远比解散之后的公司资产价值大。而且企业解散之后，股东利益、债权人利益、职工就业、国家税收等都会受到影响。④ 倘若轻易地允许公司解散，公司创立和发展过程中逐步积累起来的各种物质、非物质的财富，如生产资本、营销渠道、信誉和人力资源，都将付之东流。⑤ 也就是说，严格遵守企业维持原则就意味着这样一种观念，即只有维持企业的存续才不致各种资源的浪费，才是最有效率的选择，解散公司只会导致低效率的经济效果。

第三，公司社会责任观念的影响。在中国，公司的解散不仅涉及股东

---

① 孙晓燕：《我国公司司法解散制度的检讨和完善》，《扬州大学学报》2009年第4期。
② 参见李曙光《新〈公司法〉中破解"公司僵局"制度安排的探讨》，《武汉理工大学学报》（社会科学版）2006年第3期。
③ 参见李国光、王闯《审理公司诉讼案件的若干问题——贯彻实施修订后的公司法的司法思考》，《人民法院报》2005年11月21日。
④ 罗培新、胡改蓉：《瑕疵出资与公司司法解散之若干问题——2006年华东政法学院公司法律论坛综述》，《法学》2006年第12期。
⑤ 龚鹏程：《论公司司法解散——对修订后公司法相关内容的思考》，《南京社会科学》2006年第5期。

权益的救济和债权人利益的实现，还涉及公司员工的安置等社会问题，因此，对法院判决解散公司更是持谨慎的态度。① 解散公司对于市场和社会来说也是一种沉重的负担。如果解散公司的裁判泛滥，还会使得国家税收来源削减，失业人群上升，这些都需要留待社会和市场来自行消解。因此，公司社会责任观念的滥觞深刻影响着立法采纳严格限定公司解散事由的立场。

审慎介入公司自治、企业维持原则的恪守以及社会责任观念的影响无疑是正确的，但其前提是正确配置好公司组织的事前规制和事后救济措施之间的关系。在中国公司权力结构和权利分配的事前规制条理紊乱，并未区分好强制与自治边界的情况下，过分强调审慎介入、企业维持以及社会责任等理念只会过度的压抑少数股东的利益和自由，窒息其本就有限的生存空间，妨碍公司的融资能力做大做强。

二 英美法域中的解散事由

在美国的公司制定法和判例法中，多数股东不当配置股东权利的行为属于股东压迫的情形之一，而公司僵局和股东压迫则并列为强制解散公司的事由，二者在意涵上相互独立，并不等同。股东压迫起先并不构成解散公司的法律诉因，法院此后基于合理期待挫败理论以及股东信义义务的具体化逐渐地完成了这一转型。

（一）公司僵局与股东压迫的区分

公司僵局和压迫并不相同，二者是提起公司解散诉讼的两个相互独立的诉因。美国《示范公司法》第 14.30（2）规定，司法解散的事由包括：第一，董事们在公司事务的管理上陷入了僵局，股东们无力打破僵局，公司将遭受或正在遭受无法弥补的损害，或者由于僵局而使得公司的业务无法以对股东总体有利的方式进行下去。第二，股东在投票上陷入僵局，已无法在一个时期内选出满意的继任者。第三，公司控制者已经实施、正在实施或将要实施非法的、压迫的或欺诈的行为……其中，第一、第二项事由分别是管理层僵局和股东投票僵局的情形，而第三项则是基于股东压迫的事由，压迫和僵局被作为各自独立的诉因而存在。在美国，司

---

① 张艳、马强：《法院判决解散公司相关问题之研究——公司法第 183 条适用引发问题之探讨》，《法律适用》2008 年第 9 期。

法实务中公司僵局解散情况有以下两种：（1）如果公司股东之间势不两立，无法选举产生董事或是公司内部斗争过于激烈，则持有投票权的半数股东可以向法院请求解散公司。（2）如果股东有严重分歧，两次召开股东年会的日期之间未能产生董事，则任何股东可以要求法院解散公司。① 美国学者罗伯特·W. 汉密尔顿（Robert W. Hamilton）则把可能导致公司僵局的主要情形归纳为四类：（1）争议双方都持有公司 50% 的股份；（2）公司董事人数为偶数，争议双方都有权选举出相同的董事；（3）由于过高的股东会定足数或者表决权赞成数，使小股东享有否决权；（4）股东之间分歧太大。在这些情形中，公司实际上不能作出任何决议，并不能以公司的运营方式运营。② 上述对僵局类型的所有列举显然不能包含股东压迫的情形。

（二）股东压迫是解散公司的诉因

美国法上法院解散公司作为解决股东压迫问题的方法经历了一个漫长的演变进程。直到 20 世纪 30 年代，伊利诺伊等美国州公司法规定了股东在受到压迫或不公平行为的侵害时，可以向法院请求强制解散公司，开启了适用司法解散解决股东压迫问题的先河。③ 此后这一法律立场上的变革缓慢但坚决地在判例法领域发生着变迁。

起先，法院对压迫的判断所采的是主观性的判断，即判断多数股东行为是否构成欺诈。此后为弥补主观判断标准下救济范围狭小的问题，解决包括公司章程修正案配置股东权利等常见压迫案件，法院转而采纳客观判别标准，即通过甄别是否存在股东的利益是否受损及行为对义务的违反来认定压迫的构成。越来越多的法院在解释压迫制定法用语时往往赋予其宽泛的含义，不要求迫在眉睫的灾难这样的要件，而是更多地考虑行为的持续过程，也不要求行为必须具有欺诈性，甚至没有不当管理或滥用资产行为。④ 同时，为了解决客观"压迫"的宽泛性，法院通常依据合理期待挫败原理予以限定。

---

① 朱伟一：《美国公司法判例解析》，中国法制出版社 2000 年版，第 336 页。
② [美] 罗伯特·W. 汉密尔顿：《美国公司法》，齐东祥编译，法律出版社 2008 年版，第 275 页。
③ Robert B. Thompson, "The Shareholders' Cause of Action for Oppression", 48 *Business Lawyer*, 699, 723 (1993).
④ 参见杨署东《中美股东权益救济制度比较研究》，知识产权出版社 2011 年版，第 184 页。

罗伯特·B. 汤普森（Robert B. Thompson）指出，在过去的十年里（指20世纪80年代），近半数的美国的州最高上诉法院已经采纳合理期待标准作为强制解散公司的法理基础。有两个州已经将合理期待标准写入其制定法之中。大多数的美国法院目前均允许股东在受到违法控制公司行为的侵害时诉请解散公司的救济。非法行为、欺诈、浪费公司资产等行为已被多数州确认为请求解散的诉因。[1] 原存于判例法上的股东压迫解散救济最终在制定法上的广泛确立标志着美国在该项制度上的成熟。

在英国公司法的法律实践中，法官判断是否准许解散公司，并颁发公正合理清盘令的事由依据同样存在宽泛的基础。这些事由包括但不限于公司控制者的行为违反小股东的基本权利和合理期望，公司经营活动超越章程大纲和章程细则所定之范围或者公司设立的目的已无法实现，公司实际上是大股东、董事或经理人实现个人利益的工具，公司被人利用进行诈骗或其他非法行为等诸多原因。现今，英国公司法已将股东压迫救济下的司法解散成文化，作为不公平损害制度中立法明确规定的救济措施。

主张制定法确立压迫情形下股东享有强制解散公司权利的支持者提出了诸多理由。首先，他们主张解散救济使得少数股东可以从多数股东的违法行为或者挫败其合理期待的行为中挽回自身的投资收益。其次，制定法中的强制解散救济会起到预先阻止多数股东从事不法行为的动机。具体来说，少数股东试图解散公司的威胁减少了多数股东滥权的可能性。[2] 当股东压迫问题存在时，股东之间的相互公平关系发生倾斜，法院会酌情对受压迫的股东给予救济，准予其请求解散公司的诉请。[3] 当多数股东对少数股东实施压迫时，法院倾向于给予受压迫的少数股东予司法救济。

但是，由于单纯基于股东压迫原因执行解散救济确实容易造成资源上的浪费和公司利益相关者的损失，英美制定法和判例法上逐渐衍生出替代

---

[1] Robert B. Thompson, "Corporate Dissolution and Shareholders' Reasonable Expectations", 66 *Washington University Law Quarterly*, 193, 201 (1988).

[2] Hunter J. Brownlee, "The Shareholders' agreement: a Contractual Alternative to Oppression as Aground for Dissolution", 24 *Stetson Law Review*, 267, 278–279 (1994).

[3] Thomas J. Bamonte, "Should the Illinois Court About Corporate Deadlock", 29 *Loyola University Chicago Law Journal*, 625, 653 (1998).

解散措施的其他救济类型。但公司解散救济作为一种威力巨大，但又必不可少的制度安排终究是十分必要的。Cohen 委员会认为，适当和公正的停止清算尽管可以保留，但通常并不合适。英国上议院于 1971 年修订少数派股东的救济制度时仍然认为这是一种具有发展潜力的吸引人的替代性救济措施。然而，近些年来，法院通常倾向于调适不公平损害救济制度，使之成为更适于受害少数派股东使用的救济措施。[1] 在制定法上普遍确立，在司法适用奉行审慎、宽缓的政策是当前英美两国对待股东压迫解散救济所持的基本立场。

三 解散救济的拓展与适用

尽管从中国法律文本的文意解读上看，类似股东权利不当配置这些压迫问题不能诉诸强制解散公司救济，而部分法官和学者认为可以通过法律解释的方法使之适用。但通过比较僵局与压迫本身的意涵，笔者认为应当严格区分这两个概念，在修法时将股东压迫事由确立为司法解散救济的独立诉因，并在适用中恪守审慎适用的司法政策。

（一）立法应当拓展解散救济事由

1. 扩大解释和目的解释的误用

中国学者主要采用扩大解释和目的解释的方法拓展解散救济的适用范围。

其中，采用扩大解释方法是借助对"僵局"或"经营管理困难"概念的运用完成的。例如，李曙光教授是借助对"僵局"内涵和外延的界定扩大了解散救济的适用范围。股东压迫会引起公司僵局。所谓股东压迫就是指大股东控制公司，使中小股东的权益受到严重侵害或者致使股东会无法正常发挥作用。这种情况的公司僵局出现得最为频繁。[2] 与此相似，范黎红法官认为，基于公司人合性因素的损害层面不同，公司僵局纠纷包括股东或董事违反法定义务引起的公司僵局，在这一情形下，违反法定义务的股东或者董事对造成公司僵局存在过错。[3] 另一种方法是扩展"经营

---

[1] ［英］A. J. 博耶尔：《少数派股东救济措施》，段威、李扬译，叶林校，北京大学出版社 2006 年版，第 99 页。

[2] 参见李曙光《新〈公司法〉中破解"公司僵局"制度安排的探讨》，《武汉理工大学学报》（社会科学版）2006 年第 3 期。

[3] 参见范黎红《论司法对公司僵局纠纷的分类介入》，《政治与法律》2005 年第 1 期。

管理困难"的内容指涉边界。例如，有观点认为，公司经营管理困难既包括外部的经营管理困难，也应包括内部的经营管理困难。《公司法》规定公司司法解散制度主要在解决公司股东利益会从图，股东不能有效行使股权就是内部经营管理困难的典型内容之一。① 刘毅法官认为，将《公司法》第 183 条理解为公司司法解散的事由仅仅是公司出现僵局是不完整的，司法解散公司的事由还应包括公司压迫以及其他使公司经营管理发生严重困难的情形。②

张艳、马强法官则运用了目的解释的方法，他们认为《公司法》第 183 条的立法目的是确保股东预期利益受到侵害时提供救济，股东的期待并不完全是通过投资获得股息和股利，而是通过设立公司享受参加公司事务管理和执行公司业务来实现的。因此，应当将多数股东已经、正在或将要实施不法压榨或者欺诈的行为解释为操纵僵局，从而纳入到司法解散的调整范围之内。③ 耿利航教授指出，公司司法解散制度为异议股东创造了一个类似公众公司的、能够对股东机会主义行为产生约束力的司法"退出"市场。中国法院应灵活适用《公司法》第 183 条规定，给予股东更有效的救济。因此适当放松对《公司法》第 183 条的解释，将司法解散制度从"公司僵局"扩展适用于公司控股股东的不当行为导致股东之间分歧严重、无法继续合作，而导致的"继续存续会使股东利益受到重大损失"的场合。④ 如此，法院拥有判处公司解散的更多灵活余地，不仅可以减少诉累，而且有前景的公司不会因此走向解散。

总之，法官及学者通过"僵局"和"经营管理困难"边界的拓展以及对法律目的重新阐述，强制解散公司的救济措施得以适用于股东权利受到不当配置的情形。笔者认为，通过扩大解释的方法会造成法律概念的误用，不宜为中国司法界所倡导。《布莱克法律辞典》对公司僵局所下的定义是指，在封闭持股公司中出现的由于公司的控制结构允许一个或者多个不同意公司某些方面政策的股东派别阻止公司的正常运作所致

---

① 参见彭小娜、袁辉根《公司司法解散认定标准分析》，《法律适用》2010 年第 2 期。

② 刘毅：《司法解散公司诉讼之规则补遗与再论证——以最高人民法院关于适用〈公司法〉若干问题的规定（三）（征求意见稿）为视角》，《法律适用》2008 年第 1、2 期。

③ 参见张艳、马强《法院判决解散公司相关问题之研究——公司法第 183 条适用引发问题之探讨》，《法律适用》2008 年第 9 期。

④ 参见耿利航《有限责任公司股东困境和司法解散制度——美国法的经验和对中国的启示》，《政法论坛》2010 年第 5 期。

的僵持状态。① 而所谓压迫是指拥有公司权力的多数股东及其关联人士利用控制权部分剥夺小股东在公司的利益。② 哈罗德·A. 劳弗尔（Harold A. Laufer）在考察威斯康星州商事公司法条款的适用领域后认为，股东所获得的司法解散公司救济适用于股东被不适当的行为所压迫以及公司发生僵局这两类情况。他同时指出，司法强制解散公司并不是一个可频繁适用的救济措施。③ 公司僵局以公司管理上的困局和意思形成上的障碍为表现形式，而股东压迫则以部分股东的利益完整性受到侵害为特征。在压迫的情形下并不一定导致公司僵局，僵局并不必然导致压迫。二者分属两类特定的公司机能障碍，所指内容并不相同。同样，目的解释的方法并不适宜。因为依照《〈公司法〉司法解释（二）》第一条第二款的规定，股东以知情权、利润分配请求权等权益受到损害……提起解散公司诉讼的，人民法院不予受理，这实际上表明了该条的法律目的仅仅专注于解决公司僵局纠纷，并非为了解决少数股东所面临的压迫问题。

2. 股东解散救济的立法确立

中国《公司法》与美国法上强制公司解散的具体诉因存有差异。美国公司法的诉因涵盖基于公司控制者的不正当行为、压榨行为、合理期待挫败以及纯粹衡平正义等事由。杨署东教授指出，中国公司司法解散之诉的诉因限于公司经营发生严重困难，继续存续会使股东利益受到重大损失的情况。《公司法》没有赋予遭受多数股东极端过错行为侵害和小股东被压制排挤时的解散公司请求权。④ 由于通过法律解释的方法难以将解散救济适用于公司章程修正案不当配置股东权利的情形，因此唯能选择修订公司立法时再将该项漏洞予以填补。

（二）法律适用上的审慎

股东诉请强制解散公司的救济措施具有很强的负面效果。强制解散也并不是解决压迫或僵局的理想方式。如果它导致了一家有价值的和盈利的

---

① Henry Campbell Black, *Black's Law Dictionary* (sixth edition), West Publishing Corporation, 1990, 579.

② 杨署东：《中美股东权益救济制度比较研究》，知识产权出版社2011年版，第179页。

③ Harold A. Laufer, "Corporate Control Contests: Judicial Dissolution of Closely Held Corporations", 67 *Wisconsin Lawyer*, 18, 43 (1994).

④ 参见杨署东《中美股东权益救济制度比较研究》，知识产权出版社2011年版，第305—310页。

公司的消亡，强制解散就一点也不吸引人了。① 直到 2001 年之前，美国《示范公司法》和美国俄勒冈州的制定法关于压迫后救济规则的内容规定的一样，均明确规定了公司的司法解散措施，却并未规定其他救济方式。但在实践中，法院几乎很少判决发生压迫情形的公司司法解散。法院总是反复地将公司司法解散表述为一种影响剧烈的救济措施，应在一般诉讼案件中予以避免。更为优先的选择是法院应尽量保持商业上的协作和正常经营。② 美国做过一项调查，发现所有起诉到法院要求强制解散公司的诉求，基本上没有被正面回应，而大多数是通过公司股权收购的方式来解决。

所以强制收购公司股权是一个理想的、比公司强制解散更温和的制度。③ 可以说，在股东请求解散公司诉讼中，法官发现的是法律真实，而非事实真实，司法的剧场化不可避免诉讼过程中信息的失真。同时，司法难以对公司经营信息进行判断。司法裁判者，更多的是一种经验型的判断，很难对一个案件的信息结构进行准确的观察，通过精确的分析形成符合效率原则的最优裁判，从而引导往后的公司制度实践者。④ 对于法院应持的司法政策，范黎红法官指出，顾虑的存在并不能减损制度本身存在及付诸实践的价值，况且，可以通过对"通过其他途径不能解决的"等要件以及相关法律救济制度的设计来形成严密的制度安排，限制法官的恣意。故此，法官应以公平为基点，兼顾效率，进行适当的司法干预。⑤ 皮特·A. 马勒（Peter A. Mahler）则指出，克服商业合作上"离婚"（指公司解散）不确定性的最为保险的方法是股东之间事前签订的售买协议。打算合作开展商事经营的伙伴签订事前安排可最小化事后解散公司的风险，这样的行为应当受到鼓励。⑥ 总之，强制解散公司往往是可供法官选

---

① ［美］罗伯特·W. 汉密尔顿：《美国公司法》，齐东祥编译，法律出版社 2008 年版，第 276 页。
② Robert C. Art, "Shareholder Rights and Remedies in Close Corporations: Oppression, Fiduciary Duties, and Reasonable Expectations", 28 *Journal of Corporation Law*, 371, 385 (2003).
③ 罗培新、胡改蓉：《瑕疵出资与公司司法解散之若干问题——2006 年华东政法学院公司法律论坛综述》，《法学》2006 年第 12 期。
④ ［美］乔迪·S. 克劳斯、史蒂芬·D. 沃特：《公司法和商法的法理基础》，金海军译，北京大学出版社 2005 年版，第 115 页。
⑤ 参见范黎红《有限责任公司司法裁判解散的困惑及法理思考》，《法学》2007 年第 4 期。
⑥ Peter A. Mahler, "Shareholder Wars: Internal Disputes in Close Corporations do not Always Lead to Judicial Dissolution", 76 *New York State Bar Journal*, 28, 56 (2004).

择的最终救济手段。在可选择股权回购、损害赔偿抑或其他灵活的救济方式的情况下,一般不应予以适用。

第五节 股东的信义义务救济

权利受到不当配置的股东还可以寻求股东信义义务的救济。股东压迫的信义义务救济实际是一种一般式或者兜底式的救济措施。罗伯特·C. 克拉克（Robert C. Clark）指出，在某些情况下，公司的多数股东对公司负有不可分割的信义义务。信义义务是一个剩余概念，它包括无人曾预见和分类的实际情形。这项一般性义务事实上导致了公司法的不断发展。为了处理涉及利益冲突且一再发生的许多问题，法院和立法机关已发展了更具体的规则。[1] 一方面，由于法律的不完全性，法律强制的规制方式受到立法识别能力的制约。立法机关不能通过直接行为识别的方式事前预测出所有需要禁止的多数股东滥权行为，也不能通过媒介权利识别的方式事前无限度地扩大法定股东权利的范围。另一方面，公司自治本身是一种不完全的私法自治形式，或是一种组织自治形式，前述法定的救济措施亦不可能涵盖所有权利受到不当配置的股东的实际情况。[2] 因此立法需要通过设置一般性的规定的方法授权法院来弥补具体强制规范和自治规制不完全的问题。中国公司法学者虽然对多数股东信义义务的讨论较多，但目前尚未从法律一般性的规定及其法律效果的角度展开对于该问题的研究，因此笔者将对这种一般性规定在公司法中的设置和植入问题进行讨论。

一 股东信义义务的移植和变异

中国公司立法已对股东信义义务作出了初步的规定。作为舶来品，中国公司立法中关于股东信义义务的法律规定带有鲜明的本土色彩。卡塔琳娜·皮斯托（Hideki Kanda）和柯蒂斯·J. 米尔哈特（Curtis J. Milhaupt）认为，对普通法系中信义义务的移植应当考察两个方面的内容。一方面是微观适应，是指移植的规则能否与移入国现有的法律架构相冲突。另一方

---

[1] R. C. Clark, *Corporate Law*, Boston: Little, Brown & Co. Press, 1986, 115.
[2] 参见蒋大兴《公司法的观念与解释Ⅱ：裁判思维 & 解释伦理》，法律出版社2009年版，第30页。

面是宏观适应,是指移植的规则能否与移入国现有的政治经济体制相适应。① 由此,笔者试图从上述两个方面来考察股东压迫情形下信义义务在中国移入后的变化情况。

(一) 中国《公司法》相关规定的梳理

中国《公司法》第 22 条规定,公司股东会或者股东大会、董事会的决议内容违反法律、行政法规的无效。第 22 条是一项法律的具体规定,法院只能严格依据该条款确定的行为要件判决不当配置法定股东权利的公司章程修正案无效。此外,该条并未对多数股东不当配置章定股东权利的行为课以一般性的义务,中国《公司法》对股东会决议效力的法律规定是封闭式的。那么,中国《公司法》中是否就不存在可资法院适用的一般性的股东信义义务呢?

中国《公司法》第 20 条第一款前半段规定,公司股东应当遵守法律、行政法规和公司章程,依法行使股东权利,不得滥用股东权利损害公司或者其他股东的利益;该条第二款规定,公司股东滥用股东权利给公司或者其他股东造成损失的,应当依法承担赔偿责任。该条是对股东信义义务及其法律效果的一般性规定,多数股东行不当配置股东权利的行为客观上可以被纳入股东信义义务所涵盖的范围之中,适用该条的效果将导致不当配置股东权利的公司章程修正案无效或者其他法律效果。现在的问题是,《公司法》虽然备有股东信义义务的规定,但是中国法院和学者却并不认为第 22 条可以直接适用于多数股东不当配置股东权利的情况。

(二) 股东信义义务的微观变化情况

中国学者和法院对于多数股东信义义务的理解呈现出两方面的倾向:一方面,并不区分信义义务作为一般性规定和作为具体性规定的差别,作为一般性规则的多数股东信义义务能否直接适用并未得到重视;另一方面,仅仅将违反多数股东信义义务的法律后果理解为损害赔偿,并不包含法院可以援引并判决股东会决议无效等其他救济方式。这样的理解倾向拘束了《公司法》第 22 条的规范适用范围,使得多数股东信义义务作为一般性法律规则填补立法遗漏的功能受到极大的拘束,无法直接适用于不当配置股东权利的冲突。

---

① Hideki Kanda, Curtis J. Milhaupt, "Re-examining Legal Transplants: The Director's Fiduciary Duty in Japanese Corporate Law", 51 *Journal of Company Law*, 887, 912 (2003).

1. 不区分一般规则和具体规则

中国学者和法院并未将多数股东信义义务作为一项一般性的规定来解读和阐释，而总是在不区分其是一般性规定还是具体性规定的情况下就展开讨论。王保树教授和杨继即认为，从中国股份公司特别是上市公司的实践出发，要求多数股东履行忠实义务主要包括以下两方面要求：一是不得为欺诈行为，具体包括虚假出资、操纵发行价格、操纵利润分配、操纵信息披露、侵吞公司和其他股东的财产；二是限制关联交易。① 王华杰则认为，需要结合多数股东滥用控制权的具体表现来论证其诚信义务。多数股东诚信义务具体存在于如下领域：表决权行使时多数股东的诚信义务；控制股权转让时多数股东的诚信义务；关联交易时多数股东的诚信义务；履行出资义务时多数股东的诚信义务；多数股东执行公司业务时的诚信义务。② 习龙生则将信义义务视为具体的公平交易义务、竞业禁止义务、控制权转让中的义务和股东对从属公司债权人的义务。③ 多数情况下，中国学者从未把多数股东信义义务作为法律上独立的一般性规定来研究，要么直接探讨具体领域中多数股东应当如何规制的问题，要么就是在阐述完多数股东信义义务的原理后逐个列举需要设置该义务的具体领域。更有甚者，是考虑整个立法体系对多数股东违反信义义务的规制，即在限制多数股东表决权方面建立累积投票、股东投票权征集和表决权回避制度；在赋予少数股东法定权利方面，给予少数股东召集权、提案权、质询权和评估权。④ 在这样的理解中，股东信义义务规则本身早已失去了直接规范行为本身的意义，而是完全蜕化成为一项制度构建的法律原则。

2. 责任的承担方式为损害赔偿

《公司法》第 20 条将违反股东信义义务的法律后果确定为损害赔偿。中国学者是在损害赔偿的基础上理解违信责任的承担方式的。王保树教授认为，多数股东违反信义义务，给公司和其他股东造成损失的，应该停止该行为，并承担相应的赔偿责任；多数股东虚假出资应该补足出资，承担出资填补责任；操纵公司营业及操纵公司利益分配的，可由法院强制执行或者要求其承担损害赔偿责任；多数股东虚假陈述的应当承担损害赔偿责

---

① 参见王保树、杨继《论股份公司多数股东的义务与责任》，《法学》2001 年第 2 期。
② 参见王华杰《公司多数股东诚信义务及其民事赔偿责任》，《法律适用》2004 年第 10 期。
③ 参见习龙生《多数股东的义务和责任研究》，法律出版社 2006 年版，第 28—29 页。
④ 参见朱慈蕴《资本多数决与多数股东的诚信义务》，《法学研究》2004 年第 4 期。

任；多数股东侵吞公司或者其他股东财产应当要求多数股东承担返还财产、折价赔偿并对受害人的有关损失予以赔偿的责任。[①] 王华杰认为，界定多数股东诚信义务的内容，分析多数股东诚信义务的具体表现，其目的是为多数股东民事赔偿责任的承担奠定基础。因多数股东违反的具体信义义务的不同，承担的损害赔偿责任也不同。一般分为违约的损害赔偿责任和侵权的损害赔偿责任。[②] 刘凯认为，多数股东的违信责任的承担，以坚持过错与连带责任为前提。多数股东的违信责任以过错为基础，主要是这些人员在交易中因故意或者过失未尽到信义义务而导致对中小股东利益损害。在存在多数股东的公司，对他们的滥用控制权的行为，当然应该由多数股东承担对公司股东的赔偿责任。[③] 总之，中国立法和学者的观点认为违反信义义务的后果将导致损害赔偿责任，也有的认为还需承担原物返还、停止侵害以及填补出资的责任形式。由于将违信责任的承担局限于上述方式，显然其无法满足股东权利配置冲突案件中股东压迫情形各异，对救济方式变通性要求较高的现实需要。

（三）股东信义义务的宏观变化情况

股东信义义务植入中国公司立法有着深刻的经济背景。上市公司中大股东恣意妄为，面对失衡的权力结构和大股东毫无忌惮的侵害行为，中小股东只能成为多数股东违规操作"刀俎"下的"鱼肉"。[④] 在封闭的有限公司和未上市的股份公司中，多数股东排挤、压迫少数股东的发生本就在立法者早先创制法律的预期之内。在此背景下，植入股东信义义务，规范中国特殊股权结构所导致的多数股东滥权行为成为法制演进道路上的必然选择。

但法律植入的股东信义义务条款却未能很好地契合中国的法制传统和社会转轨背景。在法制传统上，中国属于大陆法系国家，采用制定法的形式，司法的能动功能相对受到抑制。而股东信义义务来源于英美法系，且发端并于判例法中不断演化，强调法院对该项义务的灵活运用。从目前的司法适用来看，很难看到中国法院援引股东信义义务径行判决的案件，中国公司立法中的股东信义义务条款尚未被法院所"激活"。由于社会转轨

---

① 参见王保树、杨继《论股份公司多数股东的义务与责任》，《法学》2001年第2期。
② 王华杰：《公司多数股东诚信义务及其民事赔偿责任》，《法律适用》2004年第10期。
③ 刘凯：《多数股东的信义义务及违信责任》，《政法论坛》2009年第2期。
④ 汤欣等：《多数股东法律规制比较研究》，法律出版社2006年版，第1页。

的因素，与秩序、稳定相联结的强制性的法律和规范通常易于为决策者优先考虑。在这种选择偏好下，带有强制性色彩的法律规范与后植入的域外规范混杂在一起，相互之间必然产生磨合与选择的问题。在现阶段，法院或者出于法律适用的惯性，或者出于司法创造上的限制，通常都在极力避免将股东信义义务直接适用于受裁案件。

总之，股东信义义务在植入中国之后，于微观层面出现了转换和解读上的偏差，于宏观层面呈现出与现行体制和社会背景相抵触的状况。股东信义义务并未如立法者所期望的那样达到药到病除的理想状态，反而沦为一款具文，被法院束之高阁，无从适用于股东之间的权利配置纠纷。

二 股东信义义务的构成和效果

中国《公司法》虽然有部分制度是立基于本土资源而构建的，但更多的是法律移植后的产物。多数股东信义义务即是在借鉴并吸收德国法中的股东诚信义务和英美法中股东信托义务法例的基础上形成的。因此，在考察完中国关于股东信义义务规定的缺陷后，不妨先来对比下域外法中的相关规范和判例。

（一）股东信义义务的涵盖范围极为宽广

股东信义义务的涵盖范围极为宽广。信义义务这一术语源于英国衡平法，它是指当事人之间基于信义关系而产生的义务，信义关系从本质上看，它是指特定当事人之间的一种不对等的法律关系，受信人处于一种优势地位，受信人作为权力拥有者具有以自己的行为改变他人法律地位的能力，而受益人或委托人则必须承受这种被改变的法律地位且无法对受信人实施控制。法律为了保护受益人或委托人的利益，防止受信人滥用其权力，以确保双方的信任，就要求受信人对受益人或委托人负有信义义务。① 通常为众人所引用的最佳定义是纽约州上诉法院首席大法官本杰明·N. 卡多佐（Benjamin N. Cardozo）于 Meinhard v. Salmon 一案中针对风险事业的表述：风险事业，例如合伙，彼此间需要相互辅助和最善意的真诚，企业也同样如此。许多行为在具有"一臂之距"的普通情况下是允许的，但却在具有信义纽带的特殊情境下则是受到禁止的……不要只注意到诚信本身，也不要过分敏感地拘泥于它的具体的形式，关键的是它所

---

① 张开平：《英美公司董事法律制度研究》，法律出版社1998年版，第151—152页。

内涵的行为标准。① 在公司之中，信义义务被施加于持有多数股份或者掌控公司的单独或者复数的股东群体。这一原则适用于所有类型的公司，无论是封闭公司，还是公开公司。② 但是在过往的半个世纪中，无论是法院还是立法者都试图重新定位封闭公司中的股东关系问题。起初，封闭公司和公开公司均适用同样的法律。但由于在封闭公司和公开公司之间存在一些明显不同的特征，将调整公开公司的法律适用于封闭公司导致了不公正的判决结果。作为回应，法院开始流行采用衡平法来解决封闭公司中的股东间的纠纷，包括强化封闭公司中股东的信义义务。各州将这些衡平法的规则法典化的程度存有不同，但多数已经制定了专门的法典章节调整有关封闭公司的法律关系。③ 总之，美国各州的股东信义义务规则目前处于衡平法与制定法并存的情形。

早在 1917 年，俄勒冈高等法院即确立了这样的规则，要求多数股东必须承担为了公司所有股东的利益，而不是自身的利益来从事控制公司的行为。俄勒冈州最近的判例重申了控制公司事务的行为必须要对少数股东承担善意和公平交易的信义义务。这些判决与美国最高法院的权威判例以及其他州的判决是相一致的。④ 加利福尼亚州高等法院在 Jones v. H. F. Ahmanson & Co. 的判决中认为，多数股东从事控制公司的活动不得只为自身牟取利益，却有害于少数股东。哪些强加于公司的行动或者控制公司的权力必须与各股东所持股份的比例相称，且并不与适当的公司经营行为相违背。⑤ 马萨诸塞州高等法院于 1975 年的 Donahue v. Rodd Electrotype Co. of New England 一案中开启了强化封闭公司中股东信义义务的先河。在 Donahue 案中，少数股东挑战了公司决定购买行将退休的董事 Harry Rodd 股份的决议。那些赞同以每股 800 美元购买的超过三分之二多数票的股东是 Rodd 的儿子们。此前，他们否决了公司以每股 40 美元到 200 美

---

① Meinhard v. Salmon 164 N. E. 545, 546 (N. Y. 1928).

② Robert C. Art, "Shareholder Rights and Remedies in Close Corporations: Oppression, Fiduciary Duties, and Reasonable Expectations", 28 *Journal of Corporation Law*, 371, 391 (2003).

③ Shannon Wells Stevenson, "The Venture Capital Solution to the Problem of Close Corporation Shareholder Fiduciary Duties", 51 *Duke Law Journal*, 1139, 1167 (2001).

④ Robert C. Art, "Shareholder Rights and Remedies in Close Corporations: Oppression, Fiduciary Duties, and Reasonable Expectations", 28 *Journal of Corporation Law*, 371, 401 (2003).

⑤ Cliff Spencer, "Minority Shareholder Rights After Naito v. Naito", 3 *Organ Business Law*, 2, (2002).

元的价格购买原告股份的决议。马萨诸塞州高等法院判决公司应当给予每一位股东"拥有平等的机会且按照比例由公司依照同等的价格回购股票"①。这一判决的核心被称为"平等机会规则"。但在此后的 Wilkes v. Springside Nursing Home, Inc. 一案中,高等法院收窄了这一规则的范围。法院认为,如果为了正当商业目的且无其他的选择余地,股东是可以被区别对待的。在 Wilkes 案中,三个合计持有公司 75% 股份的股东没能改选第四位股东的董事兼经理职位。这是由于依据此前四位股东的相互默许,Wilkes 对于维系自己的职位存有合理的期待。因此法院认为多数股东不能将其改选,除非是基于正当的商业目的。②

尽管缺乏各州对于封闭公司股东承担信义义务具体范围的严格统计,但是诸多主要的州法院已经承认了加重适用信义义务的情形。③ 同时,尽管股东信义义务规则或许是迄今为止解决(封闭公司)陷阱的最有效的方法,但是这一规则的演进尚不确定且并未完成,它的进化需要依赖案件判决的逐渐推移。④ 从美国各州关于股东信义义务的历史来看,这一规则迄今仍旧处于发展和进化的道路上,相关的判例仍在丰富着它极具包容性的内涵。

(二) 股东信义义务与多种救济措施相联结

杨署东教授指出,股东信义义务起着制定法法条上"兜底条款"的作用,适用于很多无其他明确诉因基础的股东权益救济情形。⑤ 因此,与其相联结的救济措施也是多种多样的。在英美法中,股东信义义务的救济措施都是法院根据案件的具体情形灵活安排的,并不受限于一种单一股东的方式。⑥ 美国俄勒冈州高等法院在 Baker v. Commercial Body Builders, Inc. 一案中,列明了法院可以选择的十种救济方式,法院可以依据案件

---

① Donahue v. Rodd Electrotype Co. of New England, 328 N. E. 2d 505, 512 (Mass. 1975).
② Wilkes v. Springside Nursing Home, Inc., 353 N. E. 2d 657, 663 (Mass. 1976).
③ Shannon Wells Stevenson, "The Venture Capital Solution to the Problem of Close Corporation Shareholder Fiduciary Duties", 51 *Duke Law Journal*, 1139, 1157 (2001).
④ James M. Van Vliet Jr. and Mark D. Snider, "The Evolving Fiduciary Duty Solution for Shareholders Caught in a Closely Held Corporation Trap", 18 *Northern Illinois University Law Review*, 239, 265 (1998).
⑤ 杨署东:《中美股东权益救济制度比较研究》,知识产权出版社 2011 年版,第 81 页。
⑥ 参见范世乾《多数股东滥用控制权行为的法律规制——中国公司法相关制度的构建》,法律出版社 2010 年版,第 171—174 页。

的具体情况在这些方式之中作出选择。① 同样在德国法上，股东会决议内容违法还体现在违背法律的一般条款上，这类一般条款主要是指诚信义务和股东平等原则，该两项原则构成了限制多数股东滥用权利的法律基础。通常认为，多数股东在股东大会上作出的决议干涉了少数股东权利的行使或者不适当地损害了少数股东利益，并且这种危害超出了保护公司利益之必要的限度、无法通过公司利益的补偿而合法化，或者经过权衡仍损害了公司及中小股东的利益，就属于股东权利的滥用，相应地这种决议因违背了股东诚信义务的一般规则而否定。② 根据德国《股份法》的规定，违反第241条第三项、第四项和第六项所规定的一般条款的股东大会决议将导致无效的法律后果。具体规定包括决议内容与股份公司性质不符、决议内容违背了保护债权人和公共利益的规定、决议内容违背善良风俗以及决议内容违背了登记的法律程序。总之，德国法上作为一般条款而存在的股东信义义务具有采用多种救济方式的选择可能。

三 股东信义义务成文化和适用

许成钢（Chenggang Xu）以及卡塔琳娜·皮斯托（Katharina Pistor）指出，普通法国家的公司法上的信义义务内涵模糊、外延宽泛，包容性极强，因此很难直接移植。因而应把重点转到整体的结构移植上来，即将注重从宏观层面配置立法和司法权力，最终实现由法院主导的信义义务立法和执行权。③ 笔者认为，股东信义义务作为权利受到不当配置的股东的救济措施，应当在立法表述上明确其一般条款的地位，同时还应在司法操作层面给予法院适用以适当的灵活性。

（一）明确股东信义义务一般条款地位

所谓的一般条款，是指未规定具体的适用条件和特定的法律效果而交由法官根据具体情势予以确定的规范。张新宝教授认为，一般条款是指在成文法中居于重要地位的，能够概括法律关系共通属性的，具有普遍指导

---

① Baker v. Commercial Body Builders, Inc., 507 P. 2d 387, 395 – 96（Or. 1973）.
② 王彦明：《股东代决议的无效与撤销——基于德国股份法的研究》，《当代法学》2005年第7期。
③ Chenggang Xu, Katharina Pistor, "Fiduciary Duty in Civil Law Jurisdictions-Lessons from the Incompleteness of Law Theory", ECGI-Law Working Paper No. 01/2002. Available at SSRN: http://ssrn.com/abstract = 343480 or http://dx.doi.org/10.2139/ssrn.343480.

意义的条款。① 其一，一般条款是一种既包罗万象，同时又十分恰当的表达方法，确立了概括性的、可普遍接受的行为准则。其二，一般条款能克服严格规则主义工具理性之不足，实现形式理性与价值理性的完好结合。

一般条款是伴随着法律的法典化运动而出现的。从近代以来的大陆法系国家的法典化运动中，由于法典制定者希望借助法典全面规范社会生活，使法典成为唯一的法律渊源。但如果法律规定的过于具体和详尽将难以具有足够的包容性，也可能使法典内容过于庞杂。在此背景下，一般条款应运而生。② 王利明教授指出，中国学者所指称的一般条款具体包括两种类型：一是具有基本原则性质的一般条款，此类条款是指在性质上具有双重属性，既可以作为一般条款，又承担基本原则功能的条款。二是作为具体裁判规则的一般条款，大量的一般条款主要存在于具体规则之中。③ 需要明确的是，中国公司立法中的股东信义义务正是一项具有具体裁判功能的一般条款。股东信义义务在内涵上包容性强，在法律效果上与灵活多样的救济措施相衔接。明确其一般条款的地位，既可与防止法院向一般条款的"逃逸"，又可为立法中具体救济方式所无法预期的违法行为设置兜底性的规范。

在美国，越来越多的州开始认识到这样的问题，即至少某种类型的封闭公司中应当施加类似合伙的信义义务。这种判例所发展的规则极大地扩展了由法院救济哪些落入封闭公司陷阱股东的能力。④ 一般条款确立了概括性的、可普遍接受的行为准则，实现了形式理性与价值理性的完好结合，有利于保障法的确定性。一般条款确定性的获得有赖于法官司法功能的发挥，制度的设计必须且应尽其可能地避免一般条款运用中的任意性。⑤ 由于一般条款是一种未阐明的，尚且需要证成的规则，所以法官在一般条款的适用中起着关键的作用。

法典中的一般性条款与法官的自由裁量权有内在联系，二者甚至可以说是某种"共生"关系，因为一般条款的本质特征就是赋予法官较大的自

---

① 参见张新宝《侵权责任法的一般条款》，《法学研究》2001年第4期。
② 参见王利明《民法解释学》，中国人民大学出版社2011年版，第187页。
③ 同上书，第188页。
④ James M. Van Vliet Jr. and Mark D. Snider, "The Evolving Fiduciary Duty Solution for Shareholders Caught in a Closely Held Corporation Trap", 18 *Northern Illinois University Law Review*, 239, 266 (1998).
⑤ 谢晓尧、吴思罕：《论一般条款的确定性》，《法学评论》2004年第3期。

由裁量和法律解释的权力。一方面，法典必然会包含遗忘、疏忽甚至是错误等漏洞，而最为有效的补救办法就是法官的法律解释；另一方面，任何将法典条文制定得过分详尽以限制法官裁量权的做法，都将会损害法典的适应性，加速其衰老，减损其生命力。① 通过设定一般条款，法典为法官确立了某种参照标准，使得法官可以将社会现实与其时代的某些社会价值相结合，调整法律规范的价值，由此实现判决的个别化效果。② 法官在整个法律体系中的重要职能远不只是适用法律；如果我们抛弃对法律的纯粹形式主义的狭义理解，毋庸置疑的是，法官对法律的创造是克服成文法内生性缺陷的最重要手段，而法官创造法律的活动显然以法官享有自由裁量权限为前提。总之，股东信义义务一般条款实质是一种弥补立法识别能力有限性的技术措施，通过法院事后的自由裁量权可以弥补立法事前识别能力不足的问题。

（二）落实股东信义义务的法律适用

威廉·M. 兰德斯（William M. Landes）和理查德·A. 波斯纳（Richard A. Posner）认为，人类理性的限制、语言的模糊性以及立法审议的高昂成本使得大多数的法律都呈现出不完备的状态，这些不完备的状况将留待法院解决。③ 中国学者黄辉认为，多数股东义务仅仅空泛而原则性的要求多数股东对自己有利害关系的事宜真诚的依照公司最佳利益表决，就只是为有良心的绅士制定的义务。④ 对于一个内涵包容范围极广且所采救济措施灵活性很大的法律规则而言，成文法国家从立法角度对它进行准确的成文化是存在难度和技术上的风险的，在法律适用层面则面临着更为严峻的考验。

股东信义义务长久以来是为了满足平衡多数股东决定公司事务的特权的原因而不可避免地存在的。⑤ 因此在技术上，多数股东对少数股东所承担的信义义务通常与董事对公司的义务相比较。⑥ 也有人将其视为一种态

---

① 石佳友：《民法典与法官裁量权》，《法学家》2007 年第 6 期。
② 同上。
③ William M. Landes, Richard A. Posner, "The Independent Judiciary in an Interest-Group Perspective", 18 *Journal of Law & Economic*, 875, 899 (1975).
④ 黄辉：《股东派生诉讼制度研究》，载王保树主编《商事法论集》（第七卷），法律出版社 2002 年版，第 361 页。
⑤ Gabhart v. Gabhart, 370 N. E. 2d 345, 353 – 54 (Ind. 1977).
⑥ Hrne Bros., Inc. v. Ray Lewis Corp., 731 S. W. 2d 190, 193 (Ark. 1987).

度，而不是一项规则。① 难怪有法官批评认为，信义义务的表述多种多样且多为道德方面的修辞，包含诚信、善意以及充分的信息披露以及公平的交易等词汇。信义义务如此抽象的表述并不总是有所助益，即使承认并适用过这一义务的判决也将其形容为某种"陈词滥调的集合"②。因此，对于这样一个生长于判例法的土壤中，意涵广泛、变动不居，且救济灵活性强的法律规则而言，股东信义义务成文化后所面临的最大问题，就在于它如何切实地返回到法院的具体实践中去。

卡塔琳娜·皮斯托（Hideki Kanda）和柯提斯·J. 米尔霍普（Curtis J. Milhaupt）列举了日本法从立法移植到司法适用的例子。信义义务在日本成文法化后近四十年的时间里，法院没有适用信义义务判决的任何案例。直到1989年东京高等法院援引该规则裁判后，才意味着法律的"激活"。此后该条法律才日渐为法院所适用。③ 在中国，将股东信义义务适用于股东之间权利配置冲突纠纷正面临着这种缓和司法拘束与司法能动功能之间紧张关系的问题。若要切实发挥股东信义义务作为抑制多数股东不当配置股东权利最后防线的作用，就必须由法院切实落实中国《公司法》第20条中股东信义义务条款的法律适用问题。

---

① Cliff Spencer, "Minority Shareholder Rights After Naito v. Naito", 3 *Organ Business Law*, 2, 17（2002）.

② Klinicki v. Lundgren, 695 P. 2d 906（Or. 1985）.

③ Hideki Kanda, Curtis J. Milhaupt, "Re-examining Legal Transplants: The Director's Fiduciary Duty in Japanese Corporate Law", 51 *Journal of Company Law*, 887, 906（2003）.

结语

公司法转型的中国路径

对于公司自治的法治意涵，历来有两种不同的理解。一种是从公司与股东的关系来理解，另一种是从政府与企业的关系来认识。① 英美法系公司法以前者为构建的基础，即视公司为区别于股东的独立主体，股东不能随意干预公司内部事务；但中国公司法在某种程度上是在政企分开的意义上构建其制度结构的。这种根深蒂固的差异无疑体现了中国公司立法在自治理念的指导下意图摆脱国家干预因素造成的路径依赖现状的努力。因为前提性的事实是中国属于从计划经济向市场经济过渡的转轨国家，转轨过程中由立法设计出的法律制度受制于客观条件以及地方性知识的局限，未必经过了通盘的设计与考虑。这类制度的形成通常暗含历史的惯性，继而引发后续法律创制活动的路径依赖效应。

美国著名公司法学者卢西恩·阿里·拜伯切克（Lucian Arye Bebchuk）和马克·J. 罗伊（Mark. J. Roe）将公司产权配置关系进化过程中的路径依赖区分为两种类型：结构驱动型路径依赖——关注初始所有权结构对随后的所有结构的直接影响；规则驱动型路径依赖——产生于初始所有权结构，通过对公司规则的影响，对其后的所有权结构产生影响。② 其中，结构驱动型路径依赖具有更为基础性的作用，决定并影响着规则驱动型路径依赖。这一结论给我们的启示是，寻求破解中国章程配置规则中的路径依赖问题，既要重视立法上的制度移植和法律构建以克服规则驱动型路径依赖，更要从结构驱动型路径依赖的要害入手，清除制度进化的不利

---

① 参见蒋大兴《公司自治与裁判宽容—新〈公司法〉视野下的裁判思维》，法学家 2006 年第 6 期。

② Lucian Arye Bebchuk & Mark J. Roe, "A Theory of Path Dependence in Corporate Ownership and Governance", 52 *Stanford Law Review*, 127, 129 – 133 (1999).

障碍，探寻公司法制转型的中国路径。

本书择取了中国公司法制变迁中国家干预因素导致公司章程修正案配置股东权利领域发生扭曲的制度片段，并以此作为研究的对象。笔者在考察了新的公司自治被引入章程配置规则之后，发现新的法律调整模式对传统国家干预领域产生了不均衡的影响。在股东权利配置冲突的规制领域，国家干预因素的痕迹呈现出明显的消退迹象，但自治规范与强制规范之间变得错综交叉，立法文本并未厘定出清晰的法律规制路径；在股东权利配置冲突的救济领域，国家干预因素并未出现动摇，仍旧维持着法律强制模式下单一、僵化的救济措施。概括而言，就是法律强制与公司自治的关系并未理顺，支撑公司自治运行的配套机制并不健全。那么应当如何破解存在于中国公司法中的结构驱动型路径依赖，达到在法律规制方式选择和救济措施构建两个方面完成国家介入程度最小化的目标，使得国家干预的限度和领域得到合理定位呢？

首先，应当明确区隔事前规制方式和事后救济措施，防止救济领域中的法律强制因素向规制领域渗透。一方面，中国应在公司立法中明确的区分事前规制与事后救济的关系，使得二者相互独立，彼此不相干扰。现行立法仍旧沿用的是与法律强制相衔接的救济规则，与公司自治衔接的救济措施尚且缺位。而规制领域中公司自治的空间仍旧十分狭小，自治基础并不牢固。因此在立法中必须明确地将事前规制和事后救济予以区隔，保障强制规范、自治规范与其各自的救济措施相衔接，而非出现均与强制救济措施相衔接的局面。另一方面，中国法院应当在审判实践中避免将法律强制下的救济措施适用于章定股东权利的保护（公司自治的规制领域）。中国司法实践中广为适用的固有权利规则在本质上就是与法律强制相连接的救济机制。该项规则通常被不加区分地适用于法定和章定股东权利，目前已成为法律强制因素向公司自治的规制领域渗透的主要渠道。中国法院应当彻底摒弃该项规则，维护股东对公司章程自治的稳定预期。

其次，对于事前规制制度，应当注重考察社会需求与法律规定之间的关系和张力，及时创制或填补满足社会需求的法律规则。一方面，立法机关需要根据中国股东之间权利配置关系的实际状况，不断归结和汲取商业实践层面的经验和智慧，对于法定股东权利的类型和内容应适时、适度地予以收窄。只有根据社会实践对公司章程自治的实际需求调整自治规范与强制规范的比例，才能确保法律执行的实际效果。另一方面，法院可以在法律适用过程中适度超前的运用规范属性的司法识别技术，以弥补成文法保守僵化之不足，弥合法律与社会现实之间的缝隙。虽然中国属于具有成文法传统的国家，但法院在发掘规范和创制规则中的地位同样是不可忽视的。通过法院的个案裁判，可以由其逐渐地"蚕食"法定股东权利的领地，逐步拓展章定股东权利的范围，引导股东合法的通过公司章程修改的方式调试公司组织的适应性，以及自身的利益需要。

最后，对于事后救济制度，应当尽快完善符合公司组织自治特点的多元救济措施；同时注重股东信义义务功效的挖掘和发挥，借以补充和填补救济规则缺位的影响。一方面，中国公司立法应当尽快建立多元的救济措施。公司组织的长期性和关系性的特点使得与其匹配的救济措施必然具有灵活性和多元性的特点。因而中国立法应当尽快构建起以股权回购、损害赔偿、解散公司为核心的多元救济体系，以满足法院裁处股东权利配置冲突的实际需要。另一方面，法院在相应救济措施尚且不敷适用的情况下，应当注重股东信义义务的一般条款功用的发挥，赋予其灵活的法律效果。股东信义义务是伴随公司组织特性而存在的一种特殊的法律义务，它可以随着公司组织状况的不同而灵活地变换其适用效果，是保持公司法规范能够与时俱进的重要制度安排。同时它也是生成新的救济措施的规范源泉，中国法院应当在这一规范公司自治关系的"帝王条款"的指引下，勇于探索救济创新的法域空间。

章程配置规则中法律调整模式的变迁不仅是立法文本单纯的自我调整过程，而是历史上政府、股东、公司、董事及管理层共同参与，不断协调彼此关系的结果。查尔斯·林德布洛姆（Charles Lindblom）指出，一个政府同另一个政府的最大不同，在于市场取代政府或政府取代市场的程度。① 而亚瑟·W. 刘易斯（Arthur W. Lewis）指出，没有一个国家不是在明智政府的积极刺激下取得经济进步的……另一方面，经济生活中也存在着这么多由政府引出的弊病，以至于很容易就训诫政府参与经济生活一事

---

① [美]查尔斯·林德布洛姆：《政治与市场：世界的政治——经济制度》，王逸舟译，格致出版社、上海三联书店、上海人民出版社1995年版，第99页。

写上满满的一页。① 现阶段，如何对待国家干预因素在公司法中的有序退出和诱致性制度的理性生成问题仍旧是一个亟待解决的研究课题。通过本书的研究，我们可以得出这样的启示：在以法律强制性变迁为主导的法制进程中，国家干预退出的领域呈现出不均匀分布的状态；而在诱致性变迁的作用下，司法裁判标准的生长也未必能够弥合自治与强制融合不足所导致的立法缝隙，因此，只有适时导入诱致的因素与强制的因子，促其相互作用并归纳总结，方能完成适合中国国情的法律制度创新。

---

① Arthur W. Lewis, *The Theory of Economic Growth*, London: George Allen & Urwin, 1955. 转引自林毅夫《关于制度变迁的经济学理论：诱致性变迁与强制性变迁》，载 R. 科斯、A. 阿尔钦、D. 诺斯编《财产权利与制度变迁——产权学派与新制度学派译文集》，刘守英等译，格致出版社、上海三联书店、上海人民出版社 1994 年版，第 402 页。

参考文献

一　中文文献

（一）中文著作类

1. 程啸：《侵权行为法总论》，中国人民大学出版社2008年版。
2. 丁玫：《罗马法契约责任》，中国政法大学出版社1998年版。
3. 董辅礽：《中华人民共和国经济史》（上卷），经济科学出版社1999年版。
4. 董慧凝：《公司章程自由及其法律限制》，法律出版社2007年版。
5. 樊云慧：《英国少数股东权诉讼救济制度研究》，中国法制出版社2005年版。
6. 范世乾：《多数股东滥用控制权行为的法律规制——中国公司法相关制度的构建》，法律出版社2010年版。
7. 费方域：《企业的产权分析》，格致出版社、上海三联书店、上海人民出版社2009年版。
8. 冯果：《现代公司资本制度比较研究》，武汉大学出版社2000年版。
9. 傅穹：《重思公司资本制原理》，法律出版社2004年版。
10. 甘培忠、刘兰芳主编：《新类型公司诉讼疑难问题研究》，北京大学出版社2008年版。
11. 甘培忠：《公司控制权的正当行使》，法律出版社2006年版。
12. 葛伟军：《公司资本制度和债权人保护的相关法律问题》，法律出版社2007年版。
13. 何勤华：《西方法学史》，中国政法大学出版社1996年版。
14. 贺少峰：《公司法强制性规范研究》，厦门大学出版社2010年版。

15. 黄茂荣：《法学方法与现代民法》，中国政法大学出版社 2001 年版。
16. 江平：《法人制度论》，中国政法大学出版社 1994 年版。
17. 蒋大兴：《公司法的观念与解释Ⅱ：裁判思维 & 解释伦理》，法律出版社 2009 年版。
18. 蒋大兴：《公司法的观念与解释Ⅰ：法律哲学 & 碎片思想》，法律出版社 2009 年版。
19. 蒋大兴：《公司法的展开与评判：方法·判例·制度》，法律出版社 2001 年版。
20. 李建伟：《公司诉讼专题研究》，中国政法大学出版社 2008 年版。
21. 李响：《美国侵权法原理及案例研究》，中国政法大学出版社 2004 年版。
22. 李晓春：《在自由与管制间寻求利益平衡——公司取得自己股份制度研究》，法律出版社 2010 年版。
23. 梁宇贤：《公司法》，台北三民书局 1993 年版。
24. 林诚二：《民法债编总论——体系化解说》，中国人民大学出版社 2003 年版。
25. 林毅夫、蔡昉、李周：《中国奇迹：发展战略与经济改革》，格致出版社、上海三联书店、上海人民出版社 1999 年版。
26. 林毅夫、姚洋主编：《中国奇迹：回顾与展望》，北京大学出版社 1999 年版。
27. 林毅夫：《经济发展与转型——思潮、战略与自生能力》，北京大学出版社 2008 年版。
28. 林毅夫：《中国经济专题》，北京大学出版社 2008 年版。
29. 刘俊海：《股份有限公司股东权的保护》，法律出版社 2005 年版，第 57 页。
30. 刘俊海：《新公司法的制度创新：立法争点与解释难点》，法律出版社 2006 年版。
31. 刘连煜：《公司法理论与判决研究》，法律出版社 2002 年版。
32. 刘连煜：《公司治理与公司社会责任》，中国政法大学出版社 2001 年版。
33. 罗培新：《公司法的合同解释》，北京大学出版社 2004 年版。
34. 梅慎实：《现代公司治理结构规范运作论》，中国法制出版社 2002

年版。
35. 苗壮：《美国公司法：制度与判例》，法律出版社 2007 年版。
36. 宁向东：《公司治理理论》，中国发展出版社 2006 年版。
37. 钱弘道：《法律的经济分析》，清华大学出版社 2006 年版。
38. 沈四宝：《西方国家公司法概论》，法律出版社 2006 年版。
39. 施天涛：《关联企业法律问题研究》，法律出版社 1998 年版。
40. 汤欣：《控股股东法律规制比较研究》，法律出版社 2006 年版。
41. 汪丁丁：《制度分析基础讲义》，上海世纪出版集团、格致出版社、上海三联书店、上海人民出版社 2005 年版。
42. 王利明：《法律解释学导论——以民法为视角》，法律出版社 2009 年版。
43. 王利明：《民法解释学》，中国人民大学出版社 2011 年版。
44. 王利明：《民法总则研究》，中国人民大学出版社 2003 年版。
45. 王林清、顾东伟：《新公司法实施以来热点问题适用研究》，人民法院出版社 2009 年版。
46. 王泰铨：《欧洲公司企业组织法》，台北五南图书出版公司 1998 年版。
47. 王文宇：《公司法论》，台北元照出版有限公司 2005 年版。
48. 吴建斌：《现代日本商法研究》，人民出版社 2003 年版。
49. 吴建斌：《最新日本公司法》，中国人民大学出版社 2003 年版。
50. 吴金群：《公司治理变迁的政治基础》，浙江大学出版社 2009 年版。
51. 吴敬琏：《中国经济改革教程》，上海远东出版社 2010 年版。
52. 吴庆宝：《公司纠纷裁判标准规范》，人民法院出版社 2009 年版。
53. 吴越：《公司法先例初探》，法律出版社 2008 年版。
54. 奚晓明、金剑锋：《公司诉讼的理论与实务问题研究》，人民法院出版社 2008 年版。
55. 习龙生：《控制股东的义务和责任研究》，法律出版社 2006 年版。
56. 杨署东：《中美股东权益救济制度比较研究》，知识产权出版社 2011 年版。
57. 叶林：《公司法研究》，中国人民大学出版社 2008 年版。
58. 殷召良：《公司控制权法律问题研究》，法律出版社 2001 年版。
59. 虞政平：《美国公司法规精选编译》，商务印书馆 2004 年版。
60. 张开平：《英美公司董事法律制度研究》，法律出版社 1998 年版。

61. 张穹：《新公司法修订研究报告》（上册），中国法制出版社 2005 年版。
62. 张维迎：《产权、激励与公司治理》，经济科学出版社 2005 年版。
63. 张文魁、袁东明：《中国经济改革三十年：国有企业卷》，重庆大学出版社 2010 年版。
64. 张文魁：《中国国有企业产权改革与公司治理转型》，中国发展出版社 2007 年版。
65. 张文魁：《中国混合所有制企业的兴起及其公司治理研究》，经济科学出版社 2010 年版。
66. 张文显：《法哲学范畴研究》，中国政法大学出版社 2001 年版。
67. 张五常：《经济解释卷一——科学说需求》，中信出版社 2010 年版。
68. 张学文：《有限责任公司股东压制问题研究》，法律出版社 2011 年版。
69. 章迪诚：《中国国有企业改革编年史》，中国工人出版社 2006 年版。
70. 张民安：《公司法上的利益平衡》，北京大学出版社 2003 年版。
71. 赵红军：《小农经济、惯性治理与中国经济的长期变迁》，格致出版社、上海人民出版社 2010 年版。
72. 赵万一：《公司治理法律问题研究》，法律出版社 2004 年版。
73. 赵旭东：《公司法学》，高等教育出版社 2006 年版。
74. 周太和等：《当代中国的经济体制改革》，中国社会科学出版社 1984 年版。
75. 周天勇：《中国行政体制改革 30 年》，格致出版社 2008 年版。
76. 周友苏：《新公司法论》，法律出版社 2006 年版。
77. 朱伟一：《美国公司法判例解析》，中国法制出版社 2000 年版。
78. 朱羿锟：《公司控制权配置论——制度与效率分析》，经济管理出版社 2001 年版。

（二）外文译著类

1. ［澳］琳达·维斯、约翰·M. 霍布森：《国家与经济发展——一个比较及历史性的分析》，黄朝辉、廖志强译，吉林出版集团 2009 年版。
2. ［波］米哈乌·费德罗维奇、［西］鲁特·V. 阿吉莱拉编：《转型经济和政策环境下的公司治理：制度变革的路径》，罗培新译，北京大学出版社 2007 年版。

3. ［德］贝恩德·舍费尔、克劳斯·奥特：《民法的经济分析》，江清云、杜涛译，法律出版社 2009 年版。
4. ［德］卡尔·拉伦茨：《法学方法论》，陈爱娥译，商务印书馆 2003 年版。
5. ［德］柯武刚、史漫飞：《制度经济学：社会秩序与公共政策》，韩朝华译，商务印书馆 2001 年版。
6. ［德］克雷斯蒂安·冯·巴尔：《欧洲比较侵权行为法》（上），张新宝译，法律出版社 2001 年版。
7. ［德］托马斯·莱塞尔、吕迪格·法伊尔：《德国资合公司法》，高旭军、单晓光、刘晓海、方晓敏译，法律出版社 2005 年版。
8. ［韩］李哲松：《韩国公司法》，吴日焕译，中国政法大学出版社 2000 年版。
9. ［加拿大］布莱恩·R. 柴芬斯：《公司法：理论、结构和运作》，林华伟译，法律出版社 2001 年版。
10. ［美］Y. 巴泽尔：《产权的经济分析》，费方域、段毅才译，格致出版社、上海三联书店、上海人民出版社 2006 年版。
11. ［美］E. 博登海默：《法理学——法律哲学与法律方法》，邓正来译，中国政法大学出版社 1999 年版。
12. ［美］R. M. 昂格尔：《现代社会中的法律》，吴玉章等译，译林出版社 2001 年版。
13. ［美］阿道夫·A. 伯利、加德纳·C. 米恩斯：《现代公司与私有财产》，甘华鸣等译，商务印书馆 2005 年版。
14. ［美］阿维纳什·迪克西特：《法律缺失与经济学：可供选择的经济治理方式》，郑江怀、李艳东、张杭辉、江静译，中国人民大学出版社 2007 年版。
15. ［美］埃里克·弗鲁博顿、［德］鲁道夫·芮切特：《新制度经济学——一个交易费用分析框架的提出》，姜建强、罗长远译，格致出版社、上海三联书店、上海人民出版社 2006 年版。
16. ［美］爱泼斯坦：《简约法律的力量》，刘星译，中国政法大学出版社 2004 年版。
17. ［美］奥利佛·威廉姆森：《资本主义经济制度》，段毅才、王伟译，商务印书馆 2002 年版。

18. [美] 保罗·萨缪尔森、威廉·诺德豪斯：《微观经济学》，萧琛主译，人民邮电出版社 2004 年版。
19. [美] 伯纳德·施瓦茨：《美国法律史》，王军等译，法律出版社 2007 年版。
20. [美] 查尔斯·林德布洛姆：《政治与市场：世界的政治——经济制度》，王逸舟译，格致出版社、上海三联书店、上海人民出版社 1995 年版。
21. [美] 戴维·瓦尔德纳：《国家构建与后发展》，刘娟凤、包刚升译，吉林出版集团 2011 年版。
22. [美] 道格拉斯·G. 拜尔、罗伯特·H. 格特纳、兰德尔·C. 皮克：《法律的博弈分析》，严旭阳译，法律出版社 1999 年版。
23. [美] 道格拉斯·C. 诺斯、罗伯特·保罗·托马斯：《西方世界的兴起》，厉以平、蔡磊译，华夏出版社 2009 年版。
24. [美] 道格拉斯·C. 诺斯：《经济史上的结构与变革》，厉以平译，商务印书馆 1992 年版。
25. [美] 约瑟夫·E. 斯蒂格利茨、沙希德·尤素福编：《东亚奇迹的反思》，王玉清、朱文晖等译，中国人民大学出版社 2003 年版。
26. [美] 弗兰克·H. 奈特：《风险、不确定性与利润》，安佳译，商务印书馆 2006 年版。
27. [美] 弗兰克·伊斯特布鲁克、丹尼尔·费希尔：《公司法的经济结构》，张建伟等译，北京大学出版社 2005 年版。
28. [美] 哈罗德·德姆塞茨：《所有权、控制与企业——论经济活动中的组织》，段毅才译，经济科学出版社 1999 年版。
29. [美] 杰弗里·N. 戈登、马克·J. 罗伊：《公司治理：趋同与存续》，赵玲、刘凯译，北京大学出版社 2006 年版。
30. [美] 科斯、诺思、威廉姆森：《制度、契约与组织：从新制度经济学角度的透视》，刘刚等译，经济科学出版社 2003 年版。
31. [美] 莱纳·克拉克曼、[英] 保罗·戴维斯、[美] 亨利·汉斯曼、[瑞] 杰拉德·赫蒂格、[德] 克劳斯·霍普特、[日] 神田秀树、[美] 爱德华·洛克：《公司法剖析：比较与功能的视角》，刘俊海、徐海燕等译，北京大学出版社 2007 年版。
32. [美] 理查德·A. 波斯纳、威廉·M. 兰德斯：《侵权法的经济结构》,王强、杨媛译,北京大学出版社 2005 年版。
33. [美] 理查德·A. 波斯纳:《法理学问题》,苏力译,中国政法大学出版社 1994 年版。
34. [美] 理查德·A. 波斯纳:《法律的经济分析》,蒋兆康译,中国大百科全书出版社 1997 年版。
35. [美] 罗伯特·克拉克:《公司法则》,胡平等译,中国工商出版社 1999 年版。
36. [美] 罗伯特·W. 汉密尔顿著:《美国公司法》,齐东祥等译,法律出版社 2008 年版。
37. [美] 罗伯特·阿克塞尔罗德:《合作的进化》,梁捷、高笑梅译,上海人民出版社 2008 年版。
38. [美] 罗纳德·哈里·科斯:《企业、市场与法律》,张乃根译,格致出版社、上海三联书店、上海人民出版社 2009 年版。
39. [美] 罗斯科·庞德:《法理学》,封丽霞译,法律出版社 2007 年版。
40. [美] 曼昆:《经济学原理》(微观经济学分册),梁小民等译,北京大学出版社 2009 年版。
41. [美] 曼瑟尔·奥尔森:《集体行动的逻辑》,陈郁等译,格致出版社、上海三联书店、上海人民出版社 1995 年版。
42. [美] 美国法律研究院:《公司治理原则:分析与建议》(下卷),娄建波、陈炜恒、朱征夫、李骐译,法律出版社 2006 年版。
43. [美] 乔迪·S. 克劳斯、史蒂芬·D. 沃特:《公司法和商法的法理基础》,金海军译,北京大学出版社 2005 年版。
44. [美] 文森特·R. 约翰逊:《美国侵权法》,赵秀文等译,中国人民大学出版社 2004 年版。
45. [日] 落合成一:《公司法概论》,西村朝日律师事务所、西村高等法务研究所译,法律出版社 2011 年版。
46. [日] 末永敏和:《现代日本公司法》,金洪玉译,人民法院出版社 2000 年版。
47. [日] 前田庸:《公司法入门》,王作全译,北京大学出版社 2012 年版。
48. [日] 青木昌彦:《比较制度分析》,周黎安译,上海远东出版社 2001 年版。

49. ［英］A. J. 博伊尔：《少数派股东救济措施》，段威、李扬、叶林译，北京大学出版社 2006 年版。

50. ［英］保罗·L. 戴维斯：《英国公司法精要》，樊云慧译，法律出版社 2007 年版。

51. ［英］丹尼斯·芬南：《公司法（第十二版）》，朱羿锟等译，法律出版社 2006 年版。

52. ［英］弗里德利希·冯·哈耶克：《法律、立法与自由》（第一卷），邓正来等译，中国大百科全书出版社 2000 年版。

53. ［英］罗纳德·拉尔夫·费尔摩里：《现代公司法之历史渊源》，虞政平译，法律出版社 2007 年版。

54. ［英］斯蒂芬·嘉奇：《商法》，屈广清、陈小云译，中国政法大学出版社 2004 年版。

55. ［英］亚当·斯密：《国富论》（下卷），郭大力等译，商务印书馆 1974 年版。

56. ［英］亚瑟·赛瑟尔·庇古：《福利经济学》，何玉长、丁晓钦译，上海财经大学出版社 2009 年版。

57. ［英］约翰·穆勒：《功利主义》，徐大建译，上海世纪出版集团 2008 年版。

58. 张五常著：《经济解释——张五常经济论文选》，易宪容、张卫东译，商务印书馆 2000 年版。

（三）中文学术论文类

1. 常州市中级人民法院民二庭课题组：《股权转让若干审判实务问题研究》，《人民司法·应用》2008 年第 23 期。

2. 陈本寒、艾围利：《怎样确定民法上的过错程度及其区分标准》，《中国社会科学院研究生院学报》2011 年第 3 期。

3. 陈艳、郑梦状：《资本多数决原则的思考》，《浙江学刊》2005 年第 5 期。

4. 程啸、张发靖：《现代侵权行为法中过错责任原则的发展》，《当代法学》2006 年第 1 期。

5. 邓峰：《公司利益缺失下的利益冲突规则——基于法律文本和实践的反思》，《法学家》2009 年第 4 期。

6. 丁俊峰、闫志旻：《股东请求法院审查公司章程的效力》，《人民司法·案例》2010 年第 6 期。
7. 董辅礽：《发挥证券市场作用，推进国有企业改革》，《经济研究》1999 年第 10 期。
8. 董慧凝：《公司章程修改的法律限制》，《中国社会科学院研究生院学报》2006 年第 5 期。
9. 董正远、杨涛：《股份转让符合公司章程——有效》，《江苏法制报》2005 年 2 月 25 日。
10. 范黎红：《公司章程"侵权条款"的司法认定及救济——以"强制离职股东转让股权"之章程条款为例》，《法律适用》2009 年第 1 期。
11. 范黎红：《论司法对公司僵局纠纷的分类介入》，《政治与法律》2005 年第 1 期。
12. 范黎红：《有限责任公司司法裁判解散的困惑及法理思考》，《法学》2007 年第 4 期。
13. 冯果：《论公司资本三原则理论的时代局限》，《中国法学》2001 年第 3 期。
14. 冯兴俊：《中国法学会商法学研究会 2010 年年会综述》，《法商研究》2010 年第 5 期。
15. 耿利航：《有限责任公司股东困境和司法解散制度——美国法的经验和对中国的启示》，《政法论坛》2010 年第 5 期。
16. 龚鹏程：《论公司司法解散——对修订后公司法相关内容的思考》，《南京社会科学》2006 年第 5 期。
17. 官晋东、冀蓓红：《公司治理结构弊端之监事会制度的完善》，《法律适用》2005 年第 11 期。
18. 郝磊：《试论利益平衡理念与我国公司立法》，《甘肃政法学院学报》2003 年第 4 期。
19. 黄辉：《股东派生诉讼制度研究》，载王保树主编《商事法论集》第七卷，法律出版社 2002 年版。
20. 江苏省高级人民法院民二庭：《审理有限责任公司治理结构案件中的三个基本问题》，《人民司法·案例》2007 年第 4S 期。
21. 蒋大兴：《公司自治与裁判宽容——新〈公司法〉视野下的裁判思维》，《法学家》2006 年第 6 期。

22. 蒋大兴：《团结情感、私人裁决与法院行动——公司内解决纠纷之规范结构》，《法制与社会发展》2010 年第 3 期。
23. 孔维寅、王东辉：《常熟审结一股东权纠纷案确认未经股东本人同意股权转让不能成立》，《人民法院报》2007 年 2 月 17 日第 4 版。
24. 雷兴虎：《论公司的介入权》，《法学研究》1998 年第 4 期。
25. 李国光、王闯：《审理公司诉讼案件的若干问题——贯彻实施修订后的公司法的司法思考》，《人民法院报》2005 年 11 月 21 日。
26. 李京华：《公司章程不能剥夺股东知情权》，《经济参考报》2006 年 7 月 3 日第 13 版。
27. 李曙光：《新〈公司法〉中破解"公司僵局"制度安排的探讨》，《武汉理工大学学报》（社会科学版）2006 年第 3 期。
28. 林欢：《公司章程能否约定"发生特定情况，股权当然转让"条款》，《中国工商报》2007 年 7 月 7 日第 A3 版。
29. 林毅夫：《关于制度变迁的经济学理论：诱致性变迁与强制性变迁》，载［英］R. 科斯、［美］A. 阿尔钦、［美］D. 诺斯编《财产权利与制度变迁——产权学派与新制度学派译文集》，刘守英等译，格致出版社、上海三联书店、上海人民出版社 1994 年版。
30. 刘辅华、李敏：《资本多数决——股东大会决议规则的反思》，《法学杂志》2008 年第 1 期。
31. 刘俊海：《滥用资本多数决所作股东会决议无效》，《人民法院报》2006 年 7 月 6 日，第 6 版。
32. 刘凯：《多数股东的信义义务及违信责任》，《政法论坛》2009 年第 2 期。
33. 刘慎辉：《关于股东权约定限制规制的确定》，《法律适用》2006 年第 12 期。
34. 刘雁冰、贾治国《股东表决权纠纷法律适用问题研究》，《民主与法制》2010 年第 10 期。
35. 刘毅：《司法解散公司诉讼之规则补遗与再论证——以最高人民法院关于适用〈公司法〉若干问题的规定（三）（征求意见稿）为视角》，《法律适用》2008 年第 1、2 期。
36. 罗培新、胡改蓉：《瑕疵出资与公司司法解散之若干问题——2006 年华东政法学院公司法律论坛综述》，《法学》2006 年第 12 期。

37. 罗培新：《公司法强制性与任意性边界之厘定——一个法理分析框架》，《中国法学》2007 年第 4 期。
38. 罗培新：《填补公司合同"缝隙"——司法介入公司运作的一个分析框架》，《北京大学学报》（哲学社会科学版）2007 年第 1 期。
39. 马明生、张学武：《资本多数决的限制与小股东权益保护》，《法学论坛》2005 年第 4 期。
40. 彭小娜、袁辉根：《公司司法解散认定标准分析》，《法律适用》2010 年第 2 期。
41. 钱玉林：《公司章程"另有规定"检讨》，《法学研究》2009 年第 2 期。
42. 施天涛、孙逊：《公司取得自己股份法律问题研究》，《政法论坛》2002 年第 4 期。
43. 石佳友：《民法典与法官裁量权》，《法学家》2007 年第 6 期。
44. 宋智慧：《资本多数决的异化原因与回归路径》，《南昌大学学报》（人文社会科学版）2010 年第 1 期。
45. 孙谦：《首例公司僵局诉讼的实例分析》，《中国审判》2007 年第 2 期。
46. 孙晓燕：《我国公司司法解散制度的检讨和完善》，《扬州大学学报》2009 年第 4 期。
47. 汤兵生：《公司解散诉讼的现实困境与司法对策》，《东方法学》2011 年第 4 期。
48. 汤欣：《论公司法的性格——强行法抑或任意法》，《中国法学》2001 年第 6 期。
49. 王保树、杨继：《论股份公司多数股东的义务与责任》，《法学》2001 年第 2 期。
50. 王培蓓：《公平与效率的均衡：法经济学对社会发展目标的追求》，《学术月刊》2006 年第 4 期。
51. 王红：《公司章程变更法律探析——从动因和规制层面》，《北京化工大学学报》（社会科学版）2004 年第 1 期。
52. 王华杰：《公司多数股东诚信义务及其民事赔偿责任》，《法律适用》2004 年第 10 期。
53. 王文杰：《大陆国有企业发展与公司制度之变革》，载江平、赖源河主编《两岸公司法研讨》，中国政法大学出版社 2003 年版。

54. 王彦明：《股东代决议的无效与撤销——基于德国股份法的研究》，《当代法学》2005 年第 7 期。

55. 吴建斌、赵屹：《有限公司收购设限股权效力解析》，《社会科学》2009 年第 4 期。

56. 吴建斌：《关于我国公司冲突权利配置效率观的反思与重构》，《南京大学学报》（哲学·人文科学·社会科学版）2011 年第 2 期。

57. 吴建斌：《合意原则何以对决多数决——公司合同理论本土化迷思解析》，《法学》2011 年第 2 期。

58. 吴晓锋：《江苏大丰丰鹿建材公司转让股权案小股东二审胜诉》，《法制日报》2007 年 5 月 27 日。

59. 谢晓尧、吴思早：《论一般条款的确定性》，《法学评论》2004 年第 3 期。

60. 徐浩：《股东会、董事会职权的兜底条款质疑》，《北方法学》2010 年第 6 期。

61. 张恋华、胡铁红、沙洵：《公司章程条款与〈公司法〉强制性规定冲突问题研究——兼评一则股东权益纠纷案》，《法律适用》2008 年第 9 期。

62. 张新宝、李倩：《纯粹经济损失赔偿规则：理论、实践及立法选择》，《法学论坛》2009 年第 1 期。

63. 张新宝：《侵权责任法的一般条款》，《法学研究》2001 年第 4 期。

64. 张艳、马强：《法院判决解散公司相关问题之研究——公司法第 183 条适用引发问题之探讨》，《法律适用》2008 年第 9 期。

65. 赵新泽：《大股东如何不再欺负小股东》，《法制日报》2010 年 8 月 18 日第 12 版。

66. 赵兴武、睢军杰：《公司强制从小股东手中收购股权法官：类似新型纠纷很多》，《金陵晚报》2008 年 5 月 20 日 B5 版。

67. 赵旭东：《公司法修订的基本目标和价值取向》，《法制日报》2004 年 11 月 4 日。

68. 赵学刚：《效率的公平矫正——债权人视野下公司法对经济学理论的超越》，《政法论坛》2009 年第 6 期。

69. 周友军：《德国民法上的违法性理论研究》，《现代法学》2007 年第

1 期。

70. 朱慈蕴：《资本多数决与多数股东的诚信义务》，《法学研究》2004 年第 4 期。

71. 朱岩：《"利润剥夺"的请求权基础——兼评〈中华人民共和国侵权责任法〉第 20 条》，《法商研究》2011 年第 3 期。

二　外文文献

1. A. Alchian and H. Demsetz, Production, Information Cost, and Economic Organization, 62 American Economic Review 777, (1972).

2. Albert K. Orschel, Accrued Dividends in Delaware Corporations—Form Vested Right to Mirage, 57 Harvard Law Review 894, (1944).

3. Alexander Khutorsky, Coming in From Cold: Reforming Shareholders' Appraisal Rights in Freeze-out Transactions, 1997 Columbia Business Law Review 133, (1997).

4. Angie Woo, Appraisal Rights in Mergers of Publicly-held Delaware Corporations: Something Old, Something New, Something Borrowed, and Something B. L. U. E., 68 Southern California Law Review 719, (1995).

5. Brett W. King, The Use of Supermajority Voting Rules in Corporate America: Majority Rule, Corporate Legitimacy, and Minority Shareholder Protection, 21 Delaware Journal of Corporate Law 895, (1996).

6. Cal J. Dahlman, The Problem of Externality, 22 The Journal of Law and Economics 141, (1979).

7. Chenggang Xu, Katharina Pistor, Fiduciary Duty in Civil Law Jurisdictions-Lessons from the Incompleteness of Law Theory, ECGI-Law Working Paper No. 01/2002. Available at SSRN: http://ssrn.com/abstract=343480 or http://dx.doi.org/10.2139/ssrn.343480.

8. Chenggang Xu, Katharina Pistor, Incomplete Law: A Conceptual and Analytical Framework, 35 New York University Journal of International Law & Politics 931, (2003).

9. Claess, Stijn, Simeon Djankov and Larry H. P. Lang, Expropriation of Minority Shareholder: Evidence from East Asia, Policy Research Working Pa-

per, World Bank, Financial Sector Practice Department, Washington D. C. , 2088 (1999).

10. Clark, Agency Costs versus Fiduciary Duties, 1 Principles and Agents: The Structure of Business 55, (1985).

11. Cliff Spencer, Minority Shareholder Rights After Naito v. Naito, 3 Organ Business Law 2, (2002).

12. Dan B. Dobbs, The Law of Torts, West Group, St. Paul, Minn. , 2000.

13. Darrell Hall, No Way Out: an Agrument Against Permitting Parties to Opt Out of U. S. Securities Laws in International Transactions, 97 Columbia Law Review 57, (1997).

14. E. Merrick and Dodd, Dissenting Shareholders and Amendments to Corporate Charter, 75 Pace Law Review 723, (1927).

15. F. Hodge O' Neal, Oppression of Minority Shareholders: Protecting Minority Rights, 35 Cleveland State Law Review 121, (1987).

16. Guido Calabresi and Douglas Melamed, Property Rules, Liability Rules, and Inalienability: One View of the Cathedral, 85 Harvard Law Review 1089, (1972).

17. Guido Calabresi, Transaction Cost, Resource Allocation and Liability Rules: A Comment, 11 Journal of Law and Economics 67, (1968).

18. H. Hansmann, The Ownership of Enterprise, Harvard University Press, 2000.

19. Harold A. Laufer, Corporate Control Contests: Judicial Dissolution of Closely Held Corporations, 67 Wisconsin Lawyer 18, (1994).

20. Harry J. Haynsworth, The Effectiveness of Involuntary Dissolution as a Remedy for Close Corporation Dissension, 35 Stanford Law Review 25, (1986).

21. Henry Campbell Black, Black's Law Dictionary (eighth edition), West Group Published, 2006.

22. Hideki Kanda, Curtis J. Milhaupt, Re-examining Legal Transplants: The Director's Fiduciary Duty in Japanese Corporate Law, 51 Journal of Company Law 887, (2003).

23. Hovenkamp, The Classical Corporation in American Legal Thought, 76 Geo-

town Law Journal 1593, (1988).

24. Hunter J. Brownlee, The Shareholders' agreement: a Contractual Alternative to Oppression as Aground for Dissolution, 24 Stetson Law Review 267, (1994).

25. James M. Van Vliet Jr. and Mark D. Snider, The Evolving Fiduciary Duty Solution for Shareholders Caught in a Closely Held Corporation Trap, 18 Northern Illinois University Law Review 239, (1998).

26. Jeffrey G. Macintosh, Minority Shareholder Rights in Canada and England, 27 Osgoode Hall Law Journal 561, (1989).

27. Jeffrey N. Gordon, The Mandatory Structure of Corporate Law, 89 Columbia Law Review 1549, (1989).

28. Jody S. Kraus, Steven D. Walt, The Jurisprudential Foundations of Corporate and Commercial Law, Cambridge University Press, 2000.

29. John C. Coffee, The Mandatory/ Enabling Balance In Corporate Law: An Essay On The Judicial Role, 89 Columbia Law Review 1618, (1989).

30. John Lowry, The Pursuit of Effective Minority Shareholder Protection: s 459 of the Companies Act 1985, 17 The Company Lawyer 3, (1996).

31. Kades, Constitutional & Equitable Limitation on the Power of the Majority to Amend Charters so as to Affect Shareholders' Interests in the Corporation, 77 Pennsylvania University Law Review 256, (1928).

32. Lattin, A Primer on Fundamental Corporate Change, 1 Western Research Law Review 3, (1949).

33. Lawis A. Kornhauser, Constrained Optimization: Corporate Law and the Maximization of Social Welfare, The Jurisprudential Foundation of Corporate and Commercial Law, Cambridge University Press, 2000.

34. Lucian Arye Bebchuk, Limiting Contractual Freedom in Corporate Law: The Desirable Constraints on Charter Amendments, 102 Harvord Law Review 1820, (1989).

35. Lucian Arye Bebchuk, The Debate on Contractul Freedom in Corporate Law, 89 Columbia Law Review 1395, (1989).

36. M. Harris and A. Raviv, Corporate Governance: Voting Rights and Majority Rules, 20 Journal of Financial Economics 203, (1988).

37. Mark J. Roe, Can Culture Constrain the Economic Model of Corporate Law, 69 University of Chicago Law Review 1251, (2002).
38. Mark J. Roe, German Codermination and German Securities Markets, 5 Columbia Journal of European Law 199, (1999).
39. Mark J. Roe, Legal Origins, Politics, and Modern Stock Markets, 120 Harvard Law Review 460, (2006).
40. Mark J. Roe, Political Preconditions to Separating Ownership From Corporate Control, 53 Stanford Law Review 539, (2000).
41. Mary Siegel, An Appraisal of the Model Business Corporation Act's Appraisal Rights Provisions, 74 Law and Contemporary Problems 231, (2011).
42. Mary Siegel, Back to the Future: Appraisal Rights in the Twenty-first Century, 32 Harvord Journal on Legislation 79, (1995).
43. Melvin Aron Eisenberg, The Structure of Corporation Law, 89 Columbia Law Review 1461, (1989).
44. Michael C. Jensen, Eclipse of the Public Corporation, 67 Harvard Business Review 61, (1989).
45. Michael C. Jensen, William H. Meckling, Theory of the Firm: Managerial Behavior, Agency Costs and Ownership Structure, 3 Journal of Financial Economics 305, (1976).
46. Nicolas C. Hawson, Regulation of Company with Publicly Listed Share Capital in the People's Republic of China, 38 Cornell International Law Journal 237, (2005).
47. Oliver D. Hart, An Economist's Perspective on the Theory of the Firm, 89 Columbia Law Review 1757, (1989).
48. Oliver D. Hart, J. Moore, Foundations of Incomplete Contract, 66 Review of Economic Studies 115, (1999).
49. Oliver E. Williamson, Transaction-Cost Economics: The Governance of Contractual Relations, 22 Journal of Law and Economic 22, (1979).
50. Paul L. Davies (ed.), Gower's Principles of Modern Company Law, Sweet & Maxwell, 1997.
51. Peter A. Mahler, Shareholder Wars: Internal Disputes in Close Corporations do not Always Lead to Judicial Dissolution, 76 New York State Bar Journal

28, (2004).

52. R. C. Clark, Corporate Law, Boston: Little, Brown & Co., 1986.

53. R. LaPorta, Lopez de Silanes, F. A. Shleifer, Corporate Ownership around the World, 54 Journal of Finance 471, (1999).

54. Rhodes, M. B. Van Apeldoorn, Capitalism Unbound? The Transformation of European Corporate Governance, 3 Journal of European Public Policy 406, (1998).

55. Robert B. Thompson, Corporate Dissolution and Shareholders' Reasonable Expectations, 66 Washington University Law Quarterly 193, (1988).

56. Robert B. Thompson, The Case for Iterative Statutory Reform: Appraisal and the Model Business Corporation Act, 74 Law and Contemporary Problems 253, (2011).

57. Robert C. Art, Shareholder Rights and Remedies in Close Corporations: Oppression, Fiduciary Duties, and Reasonable Expectations, 28 Journal of Corporation Law 371, (2003).

58. Ronald H. Coase, The Problem of Social Cost, 3 The Journal of Law and Economics 1, (1960).

59. Ronald J. Gilson, Controlling Shareholders and Corporate Governance: Complicating the Comparative Taxonomy, 119 Harvard Law Review 1641, (2006).

60. S. Gossman and O. Hart, One Share-One Vote and the Market for Corporate Control, 20 Journal of Financial Economics 175, (1988).

61. S. Rose-Ackerman, Inalienability and the Theory of Property Right, 85 Columbia Law Review 931, (1985).

62. Shannon Wells Stevenson, The Venture Capital Solution to the Problem of Close Corporation Shareholder Fiduciary Duties, 51 Duke Law Journal 1139, (2001).

63. Thomas J. Bamonte, Should the Illinois Court About Corporate Deadlock, 29 Loyola University Chicago Law Journal 625, (1998).

64. Thomas P. Billings, Remedies for the Aggrieved Shareholder in a Close Corporation, 81 Massachusetts Law Review 3, (1996).

65. William J. Carney, Fundamental Corporate Changes, Minority Shareholde-

rs, and Business Purpose, 1980 American Bar Foundation Research Journal 69, (1980).

66. William M. Landes, Richard A. Posner, The Independent Judiciary in an Interest-Group Perspective, 18 Journal of Law & Economic 875, (1975).

后　记

伴着黄灯下的书卷，领略着孤寂下的平淡，抚在手中书稿行将告成，使我焦虑的心绪倏然间获得了安宁。时光荏苒，岁月如梭，暮然回首，生活中的点滴禁不住一一浮现。从欢愉的陶园到严谨的逸夫楼，从熙攘的运动场到威严屹立的北大楼，在南大留下的是我匆匆过往的身影，南大给予我的是学术的翅膀和一颗飞向蓝天的决心。

感谢的话送给我的恩师吴建斌教授。初来南大之时，严谨的研究氛围和激烈的学术竞争曾一度压得我有些喘不过气，是吴老师的潜心教诲和悉心关怀帮助我迅速克服了这一迷茫和困顿的适应期。在学术上，吴老师言传身教，专注科斯理论，践行公司法律经济学，使我开启了更为广阔的理论视野，帮助我完成了研究技巧的提升。在生活上，吴老师宽厚仁爱，时常关心我们的课余活动、健康状况、职业选择，是我们的良师益友。吴老师的渊博学识和谦谦风骨不但是我学习上的标尺，更是我待人处事的榜样。

感谢博士沙龙给予我的学术训练，更要感谢各位指导教师的谆谆教诲和无私奉献。李友根老师为提高我们的学术水平不辞辛苦，其案例研究方法更是深深的影响了我，由于素材搜集上的局限，学生虽未能至，心向往之。邵建东老师对学术的严格要求，以及对外文材料的熟练掌握时常让我感到震撼，学生也以此作为鞭策的动力。肖冰老师对待学术的认真态度令人钦敬，记得老师曾经因病缺席，没想到第二天即收到了老师对论文的批改邮件，内容详尽、意见中肯，学生内心为之感动。感谢南大的各位指导教师！可敬可爱的张淳老师总能够提出自己的真知灼见，并为学生的点滴进步送上鼓励。谦和有加的王太高老师为我提出了宝贵和具体的修改意见，使我对论文的修改和润色能够更加的到位。吴英姿老师基于法社会学角度的审视使我受益不少，也为本文的改进助力良多。感谢北京交通大学中国产业安全研究中心博士后工作站的各位师长和同仁，李孟刚、李建革、黄树卿、佟冬老师，你们给予了我许多无私的帮助和指导，让我感激不尽。

需要感谢的还有那些旧时的同窗和一同走过的挚友，时建厅、武京义、刘凯、高艳庆、白玉虎、刘贺强、王汉禄、刘晨宇、苏永辉、赵欣冉、娄延鹏、樊帅、左涛、郭文利、熊赖虎、吴启铮、宋亚辉、黄星、谢绍芬、谭正航、张晓云、鲁忠江，你们的友谊是我人生中的宝贵财富。感谢各位学兄、学姐，郭富青、胡一奎、徐浩、朱娟、祝彬，大家对我的关心和帮助使我感受到师门中的温暖和欢乐。感谢同窗刘惠明老师的帮扶和照顾，欠您的太多，回馈的太少。还有同窗孙远辉，你我之间，感谢之语已无需多言。

都说父爱如山，翻越这座山却很难。在某种意义上，本书既是对我学业生涯的总结，也是对父亲期待的些许慰藉。感谢父亲孙继民，在成书的过程中给予我思路上的启迪，在论证方法和文章脉络的塑造上给了我最急需的指点。都说母爱如水，母亲总是用自己最无私的爱浸润家里的每一个人，特别是我。感谢母亲蔚兰亭，帮助我完成了校对工作，并理顺了文句中的每一处疏漏。

还有妻子张园，有你的相助和学术讨论，书稿中的论点才更经得起推敲，论据才更详实，文献才会更加准确。我们共同经历了硕士、博士的种种磨练和考验，一路走到现在。你是我奋进的动力、心灵的港湾。

二〇一六年十一月十七日于珠峰花园